福建教育学院资助出版

"福建省'十三五'中小学名师名校长培养工程丛书"编委会

（福建教育学院培养基地）

丛书主编：郭春芳

副 主 编：赵崇铁　朱　敏

编 委 会：（按照姓氏笔画顺序排列）

　　　　　于文安　杨文新　范光基　林　藩　曾广林

名校长卷

主　　编：于文安

副 主 编：简占东

编　　委：陈　曦　林文瑞　林　宇

名 师 卷

主　　编：林　藩

副 主 编：范光基

编　　委：陈秀鸿　唐　熙　丛　敏　柳碧莲

福建省"十三五"名师丛书

核心素养视域下的"鲜活语文"教学主张

陈春明 ◎著

厦门大学出版社
XIAMEN UNIVERSITY PRESS

国家一级出版社
全国百佳图书出版单位

图书在版编目(CIP)数据

核心素养视域下的"鲜活语文"教学主张/陈春明著.—厦门:厦门大学出版社,
2020.11

(福建省"十三五"名师丛书/郭春芳主编)

ISBN 978-7-5615-8001-1

Ⅰ.①核⋯ Ⅱ.①陈⋯ Ⅲ.①中学语文课—教学研究 Ⅳ.①G633.302

中国版本图书馆 CIP 数据核字(2020)第 233520 号

出 版 人	郑文礼
责任编辑	郑 丹

出版发行 厦门大学出版社

社 址	厦门市软件园二期望海路 39 号
邮政编码	361008
总 机	0592-2181111 0592-2181406(传真)
营销中心	0592-2184458 0592-2181365
网 址	http://www.xmupress.com
邮 箱	xmup@xmupress.com
印 刷	厦门集大印刷厂

开本	720 mm×1 000 mm 1/16
印张	13.25
插页	2
字数	232 千字
版次	2020 年 11 月第 1 版
印次	2020 年 11 月第 1 次印刷
定价	58.00 元

本书如有印装质量问题请直接寄承印厂调换

厦门大学出版社
微信二维码

厦门大学出版社
微博二维码

◎ 总　序

　　"百年大计，教育为本；教育大计，教师为本。"教师队伍建设是教育质量提升的关键。2018年，中共中央、国务院印发《关于全面深化新时代教师队伍建设改革的意见》，吹响了新时代教师队伍建设改革的集结号，提出教师队伍建设改革的目标是"到2035年，教师综合素质、专业化水平和创新能力大幅提升，培养造就数以百万计的骨干教师、数以十万计的卓越教师、数以万计的教育家型教师"。福建省委、省政府牢记习近平总书记"福建没有理由不把教育办好"的殷切嘱托，以高度责任感、使命感，坚持教育优先发展，始终将建设一支师德高尚、业务精湛、结构合理、充满活力的高素质专业化教师队伍作为基础工作，出台了一系列政策措施，激发广大教师投身教育综合改革的积极性、主动性、创造性。福建省教育厅为打造基础教育高层次领军人才队伍，实施"强师工程"核心项目——中小学名师名校长培养工程，旨在培养一批在省内外享有盛誉的名师名校长，促进我省教育高质量发展。

　　"十三五"期间，福建教育事业紧紧围绕"新时代新福建"发展战略，坚定不移走以提升质量为核心的内涵发展之路，着力推动规模、质量和效益的协调发展，努力让教育改革发展成果更多地惠及民生，让人民群众有更多的获得感。2017年，省教育厅会同财政厅启动实施了"十三五"中小学名师名校长培养工程，在全省遴选培养100名名校（园）长、培训1000名名校（园）长后备人选、100名教学名师和1000名学科教学带头人。通过全方位、多元化的综合培养，造就一批师德境界高远、政治立场坚定、理论素养深厚、教学能力突出（治校能力突出）、教学风格鲜明（办学业绩卓越）、教育视野宽阔、富有开拓创新精神、在省内外有较大影响力的名师名校长,为培育闽派教育家型校长和闽派名师奠定基础,带动和引领全省中小学教师队伍建设,为推进我省基础教育优质均衡发展、办好人民满意教育,为"再上新台阶、建设新福建"提供有力的人才保障。

为扎实推进福建省"十三五"中小学名师名校长培养工程,保障实现预期培养目标,福建教育学院作为本次名师名校长培养工程的主要承担单位,自接到任务起,就精心研制培养方案,系统建构培训课程,择优组建导师团队,不断创新培养方式,努力做好服务管理,积极探索符合名师名校长成长规律的培养路径,确保名师名校长培养培训任务高质量完成,助力全省名师名校长健康成长,努力将培养工程打造成全省乃至全国基础教育高端人才培养示范性项目。

在培养过程中,我们从国家战略需求、学校发展需求和教师岗位需求出发,积极探索实践以"五个突出"为培养导向,以"四双""五化"为培养模式的基础教育高端人才培养路径。其中"五个突出":一是突出培养总目标。准确把握目标定位,所有培养工作紧紧围绕打造教育家型名师名校长而努力。二是突出培养主题任务。2017年重点搞好"基础性研修",2018年重点突出"实践性研修",2019年重点突出"个性化研修",2020年重点抓好"辐射性研修"。三是突出凝练教学主张(办学思想)。引导培养对象对自身教学实践经验(办学治校实践)进行总结、提炼、升华,用先进科学理论加以审视、反思、解析,逐步凝练形成富含思想和实践价值、具有鲜明个性的教学主张(办学思想)。四是突出培养人选的影响力与显示度。组织参加高端学术活动,参与送培送教、定点帮扶服务活动,扩大名师名校长影响。五是突出研究成果生成。坚持研训一体,力促培养人选出好成果,出高水平的成果。

"四双":一是双基地培养。以福建教育学院为主基地,联合省外高校、知名教师研修机构开展联合培养、高端研修、观摩学习。二是双导师指导。按照理论联系实际原则,为每位培养人选配备学术和实践双导师。三是双渠道交流。参加省内外及境外高端学术交流活动,积极承办高水平的教学研讨活动,了解教育前沿情况,追踪改革发展趋势。四是双岗位示范。培养人选立足本校教学岗位,同时到培训实践基地见学实践、参加送培(教)活动。

"五化"：一是体系化培养。形成"需求分析—目标确定—方案设计—组织实施—效果评估"的培养链路，提高培养专业化、精细化、科学化水平。二是高端化培养。重视搭建高端研修平台，采取组织培养人选到全国名校跟岗学习、参加国内高层次学术会议和高峰论坛、承担省级师训干训教学任务等形式，引领推动名师名校长快速成长。三是主题化培养。每次集中研修，都做到主题鲜明、内容聚焦，坚持问题导向和结果导向，努力提升培养的针对性和实效性。四是课题化培养。组织培养对象人人开展高级别课题研究，以提升理性思维、学术素养和科研水平，实现从知识传授型向研究型、从经验型向专家型的转变。五是个性化培养。坚持把凝练教学主张（办学思想）作为个性化培养的核心抓手，引导培养人选提炼形成系统的、深刻的、清晰的教育教学"个人理论"。

通过三年来的艰苦努力，名师名校长培养工作取得了显著成效，积累了丰硕成果，达到了预期目标。名校长培养人选队伍立志有为、立德高远的教育胸襟进一步树立，办学理念、政策水平和管理能力进一步提升，立功存范、立论树典的实践引领能力进一步提高，努力实现名在信念坚定、名在思想引领、名在实践创新、名在社会担当。名师培养人选坚持德育为先、育人第一的教育思想进一步树立，教书育人责任感、使命感和团队精神进一步强化，教育理论素养进一步提升，先进教育理念进一步彰显，教育教学实践和创新能力进一步增强，独特教学风格和教学主张逐步形成，教育科研和教学实践均取得了丰硕成果。一是专项研究深。围绕教学主张或教学模式出版了38部专著。二是成果级别高。84位名校长人选主持课题130项，其中国家级6项；发表CN论文239篇，其中核心16篇；53位名师培养人选主持省厅级及以上课题108项，其中国家级7项；发表CN论文261篇，其中核心81篇。三是奖项层次高。3位获2018年教育部基础教育国家级教学成果奖二等奖；15人获得2017年、2018年福建省基础教育教学成果奖，其中特等奖3位、一等奖7位、二等奖5位；1位评上国家级"万人计划"教学名师；34位培养人选评上正高级职称教师；13位获"特级教师"称号；2位获"福建省优秀教师"称号。四是辐射引领广。开设市级及以上公开课、示范课203节；开设市级及以上专题讲座696场；参加长汀帮扶等"送培下乡"活动239场次；指导培养青年骨干教师442人。

教育是心灵的沟通，灵魂的交融，思想的碰撞，人格的对话，名师名校长应该成为教育的思想者。在我省名师名校长培养对象即将完成培养期时,福建教育学院培养基地组织他们把自己的教学(办学)思想以著作的形式呈现给大家,并资助出版了"福建省'十三五'名校长丛书""福建省'十三五'名师丛书",目的就是要引领我省中小学教师进一步探究教育教学本质,引领我省中小学校长进一步探究办学治校的规律,使名师名校长培养对象成为新时代引领我省教师奋进的航标,成为办人民满意教育的先行者。结束,是下一阶段旅程的开始,希望我省名师名校长培养对象不忘立德树人初心,牢记为党育人、为国育才使命,积极投身新时代新福建建设,为福建教育高质量发展再建新功。是为序。

福建教育学院党委书记、教授、博士

郭春芳

2020 年 8 月

◎ 前　言

很长一段时间内，"鲜活"这个词语总在脑海中挥之不去。

"鲜活"之于语文，绝非独创的新词，也绝非无人涉足的新领域；恰恰相反，它可能因为滥用而显得陈旧、老套，甚至不合时宜而招人嫌弃。听过许多"鲜活"的课，之后只感觉除了热闹，听课的教师与学生收获寥寥；见过一些"鲜活"的文本解读，感觉除了任性、大胆，很难找到理据的支撑；也曾置身现场，在课堂亲自策划"鲜活"的师生互动，讨论看似激烈，偶尔还面红耳赤，但事后发现那只是一场流于形式而没有灵魂的作秀。

这让我不得不重新思考"鲜活"一词，什么才是"鲜活语文"？

我想，语文教学的整个过程应该就是一场教师自觉带领学生进行寻根、求真、向善、探美、怡情，进而培育其核心素养的发现和收获之旅。语文课堂教学不仅是传授知识，更是师生情感碰撞交流后产生的一种鲜活的创造性劳动。在高效的课堂里，透过活泼的情境、活跃的思维和活络的教学环节，无处不见鲜活的生命在律动、交融与成长，无时不见鲜活的智慧在闪现、流动，并焕发异彩。在这迷人的瞬间，生命变得活跃，大脑显出睿智，个体获得成长，师生因此俱进；在这美妙的时刻，师生互动，生生互动，彼此真情投入，共同创生鲜活的课堂。此时此刻，师生畅通，情理交融，意境和谐，教学相长。思维的碰撞，心灵的沟通，智慧的启迪，促使新的问题不断显露，新的认知不断产生，新的思维方式不断呈现，新的教学资源不断生成，课堂教学也由此充满着生机，洋溢着活力。与之相应，多元、立体的课堂教学运行体系也由此而生,并成为一种必然和可能。它们共同催生了课程文化鲜活灵动的生态系统。

提炼教学主张乃福建省"十三五"中学名师培养工程的考核标准之一,即通过研究,提炼和概括自己的教学思想和主张,构建和完善自己的教学模式,形成和完善自己的教学风格。初见考核标准,心下十分惶恐:构建和完善自己的教学模式,形成和完善自己的教学风格,努力一把或能奏效;提炼和概括自己的教学思想和主张,甚感倾尽全力也无法企及,只因语文教学思想与主张,大师与前辈早有宏论,如海立云垂,且皆精辟道出语文教学之真谛,值得穷尽一生去感悟、践行;创新与超越,我等只是心向往之,却仅能望洋兴叹。但转念又想,自己从教30余年,积有一些实践经验和粗浅心得,借名师培训平台,经专家引领和自主研修,沉潜于课堂教学,探寻如何体察涵泳,使语文因此而鲜活可感,从"术"起步,冀近于"道",或有所成。心念及此,也坚定了对"鲜活语文"教学主张的探究与思考。

成书之前,一些观点尚处于混沌状态,篇章脉络也不甚明晰。感谢导师鲍道宏教授指点迷津,鲍老师为我提供了课程视野,建议重组结构,将课堂教学问题置于课程理论体系的框架中讨论,殷殷之语,高屋建瓴,让我茅塞顿开。感谢导师陈日亮先生,在本书的出版论证会上,陈老师指点我要发挥一线教师教学实践经验丰富的特长,谆谆教导,语重心长,令我醍醐灌顶。特别感谢福建教育学院名师培养项目组所有老师在台前幕后的默默付出与全力支持,也特别感谢厦门大学出版社的编辑老师和顺昌一中的几位同仁在为我审校稿件时提出的宝贵意见。

本书分上下两篇。上篇定位为"寻绎",主要阐述核心素养视域下"鲜活语文"教学主张的建构。论及教学主张的"建构"之前,先尝试史海钩沉,对新中国的课程改革历史沿革作简单的追溯;再以语文学科核心素养为视域,体悟其丰富内涵,并以其为参照系,审视"鲜活语文"教学主张的逻辑起点、形成路径以及意义和价值。下篇着眼于"践履",重点观照核心素养视域下"鲜活语文"的实践探索。力求从课程观、教学观和学习观的角度多元掘进,借此反思"鲜活语文"教学主张之教学意义和实践价值。在此基础上，沉潜于"鲜活语文"之教学实践专题研究，对"鲜活语文"的相关教学目标、教学策略、教学思维和教学过程逐一进行探究。

　　有幸入选参加福建省"十三五"中小学名师培养工程的学习活动，通过专家引领、导师点拨，历经"理论学习""行动改进""研究提升"的洗礼与推动，逐渐有所开悟。特别是在"研究提升"阶段，笔者申报了福建省教育厅2017年福建省中青年教师教育科研项目课题——"'鲜活语文'之阅读教学方式研究"（课题编号：JZ170449），研究过程中，教学理念有所变革，教学方式有所创新，教学主张逐步凝练，形成了一些课例、研究报告和论文，此书的完成，亦是该课题的研究成果之一。

陈春明

2020年仲秋于顺昌一中

目 录
CONTENTS

◎ 绪　论

　　课程是国家意志的集中体现,承载着教育思想、教育目标和教育内容,决定着人才培养的方向与质量,寄寓着民族的希望和国家的未来。新中国成立以来,我国基础教育课程改革走过了 70 余年的历程,历经从教育教学规范的初创与受挫,到重建与试验,再到探索与初步确立符合国情形态的艰难跋涉。

　　70 多年以来,基础教育课程改革始终与时代发展同频率共步调,与社会进步息息相关。从规范为先的教学体系的建构到具有中国特色育人为本的课程制度的确立,中国基础教育课程改革始终朝向坚持探索实现服务人民、办好人民满意的教育目标之路,着力破解基础教育发展不平衡不充分的顽症痼疾。积极探寻落实"立德树人"培养目标的有效途径,培育和践行社会主义核心价值观,遵循德智体美劳全面发展的教育方针,坚持面向全体,促进全面发展,聚焦核心素养,使学生成为"有理想、有本领、有担当"的社会主义建设者和接班人;落实增强制度自信,追求在政治方向上坚守"为谁培养人",在育人内涵上明确"培养什么人",在课程实践上创新"怎样培养人";提出了核心素养的课程理念,并于 2014 年《教育部关于全面深化课程改革落实立德树人根本任务的意见》第一次在国家正式文件中将"核心素养"放置到全面深化课程改革的关键位置。

　　新课程改革自酝酿到全面实施至今,全国几乎所有地区的中小学校都完成了一轮改革实验,对中国的中小学教育和教学产生了深刻影响。课程是观念形态的文化,是沟通人类过去、现在与未来文化特质的重要中介。只有深层次观念的转变,课程改革才会取得实质性的进展。目前,我国课程改革已进入深水区,新课程改革也进入理论探究和实践总结的关键期,亟须从理论和实践上进行总结和分析。围绕新课程改革的目标、理论基础与实践动因、课程内容与教学方式,教育理论研究者与实践工作者也在不断地进行探索与讨论。

课程改革是一种文化重构,而课程文化又是课程改革的关键。素质教育归根结底是要改革传统的教育模式,构建新的学校文化和符合新时代要求的教育体系。要使课程文化居于学校文化的核心地位,改革创新势在必行。我国的基础教育新课程改革在文化本质上就是一种价值变革。我们不仅需要对课程在结构、内容等方方面面进行改革,而且,最为关键的是,需要对所有一线教育工作者所持有的一些价值观念也进行变革。

新课程改革一方面被认为具有务实高效的改革思路和积极自主的改革精神;另一方面,其理论准备和前期实验略显不足,诸如在教材的编写、内容的调整、教学方式的改变与教师观念的转变等许多方面遭到质疑。但是,基础教育新课程改革是一项持续不断的系统工程,需要从时间上的全程性与空间上的无限性来加以实践证明。我们必须认识到,基础教育新课程改革离不开课程理念的创新。如果没有课程理念的创新,课程改革就只能局限于技术层面,缺乏文化创新的动力。而正是这些课程理念的创新,推动了课程研究的发展与创新,促进了学校观、课程观、教材观、教学观、教师观和学生观的根本转变。与此同时,与上述理念层面的创新相伴而生的还有体制层面的同步变革。所有这些,都为基础教育新课程改革注入了新鲜的血液,激发了课程改革的生机和活力;也正是这场变革,促进了我国基础教育新课程改革的创新与发展。

社会变革时代,置身于课程改革大潮的教育教学工作者,尤其是中小学教师,都以自觉或不自觉的方式参与这一时段的当代课程改革历史的书写;一线教师纷纷“试水”,投身于基础教育课程改革浪潮,由传统意义上的“传道、授业、解惑”者走向具有现代教育意识的批判者、反思者、建构者,以开疆拓土的勇气与波澜壮阔的课堂教学实践印证课程改革的全新理念,体认新中国课程改革这一历史时段及其事件的非凡意义。

“鲜活语文”教学主张的提出,是在课程改革的宏大背景与核心素养的全新视域之下,基于以下几个方面的思考:一是“语文”内涵是一个动态发展、不断完善的鲜活过程,需要正本清源;二是“语文”的外延是包罗万象、无比鲜活的生活世界,需要回归、重构;三是语文教育的施教者与受教者均为灵动鲜活的个体,需要充分尊重;四是语文教学的整个过程是一场鲜活创新的探究之旅,需要审视观照。

　　在研究问题之前,有必要先简单追溯新中国课程改革的历史沿革,尽量描绘课程改革领域富有时代特征的教育治理现代化进程中令人难以忘怀的阔大景象,以厘清"核心素养"课程理念的来龙去脉;进而以其为视域,选择相关的参照系,审视观照"鲜活语文"教学主张的凝练萃取和实践探索,发掘语文课程研究的适切主题,重新定位语文课程研究的价值,开拓语文课程研究的多元路径,丰富语文课程的研究方法,方能全面客观地感知、体认和把握其意义与价值、内涵与创新,进而探讨"鲜活语文"教学主张实施的现实路径。如此,既立足于教学的实际,也符合教育教学研究的要义。正如美国课程学者坦纳夫妇所言,没有课程史研究,"我们就不可能对当代的问题有一个全面的了解;如果没有人能够查明从前发生的事情,我们只好重新发明教育之轮,而无法认识到过去已有的成功与不成功的教育模式"①。

---

　　①　丹尼尔·坦纳,劳雷尔·坦纳.学校课程史[M].北京:教育科学出版社,2006:7.

上　篇

寻绎——
核心素养视域下"鲜活语文"
教学主张的建构

第一章

钩沉:课程改革历史沿革追溯

回溯教育发展历程,自1949年中华人民共和国成立以来,我国共进行了8次基础教育课程改革,从课程改革的具体内容与实践探索来看,大致以"文革"结束为分野,可以将其分为前后两个阶段。两个阶段各进行了4次课程改革。

第一节 曲折的探索(1949—1976年)

一、吸故纳新的"大一统"课程模式(1949—1952年)

中华人民共和国成立之初,我国课堂教学主要是学习和借鉴苏联的做法。1949年12月,全国第一次教育工作会议明确提出要借助苏联经验来发展中国教育。在基础教育阶段,主要是以凯洛夫的《教育学》为蓝本对中小学教育进行改造。凯洛夫认为,课堂教学评价主要是对教师"教知识"情况的评价,即教师能否使学生精确而又牢固地掌握教学大纲所规定的知识,因此评价一堂课的标准在于知识教学的直观性、系统性、连贯性、巩固性以及可接受性。受此影响,1952年3月,经政务院批准,中央教育部颁布的《中学暂行规程(草案)》指出,"教师须根据教学计划、课程标准的规定,按照一定进度循序渐进地进行教学"。并实行了全国统一的教学计划、教学大纲、教科书,第一次制定了统一的课程政策,制定颁发了两套全国通用的教学大纲和教材。此次改革以"吸收旧教育有用经验,借助苏联经验,建设新民主主义的教育"为指导方针,初步确立了我国中小学新课程体系。1950 年 12 月成立人民教育出版社,承担编写国家统一教材的任务。1951 年出版了第一套中小学通用教材。

二、借鉴、整顿、巩固和发展(1953—1957 年)

1953 年,在借鉴苏联经验、参考苏联教学大纲模式的基础上,我国第一部中小学教学大纲于 1953 年颁布。此次改革目的是为适应我国第一个"五年计划"的需求,探索解决第一次课程改革中的结构单一、学生掌握知识片面性等问题;课程改革的重点是整顿、巩固和发展中小学,初步形成了比较全面的中小学课程体系,有计划地修订教学计划、教学大纲和教科书,为教师编写专门的教师参考用书等。

1957 年后,随着中苏关系的恶化及"左"倾思想的影响,我国的基础教育发展逐渐走上了摒弃外国模式、追求自主发展的曲折之路。这一阶段的课堂教学虽取得了一定的发展,但也经历了十分曲折的过程,在"革命思维"的影响下,课堂教学模式与评价标准迈入了思想主导的阶段。

三、教育与生产劳动相结合(1958—1962 年)

随着 1957 年我国教育方针的转变,我国又进行了第三次基础教育课程改革。1958 年 9 月,《中共中央国务院关于教育工作的指示》指出:"教育是为无产阶级政治服务的,在一切学校中必须进行马克思主义的思想教育,其目的在于培养又红又专的工人阶级知识分子。"政治思想成为课堂教学之纲,评价教师的教学工作首先要看其是否完成了对学生传授思想的任务;在评价学生学习成绩时,将思想觉悟置于重要地位,并以学生的实际行动来衡量其思想觉悟的程度。《中共中央国务院关于教育工作的指示》在肯定新中国成立以来教育工作取得巨大成绩的同时,还指出"教育工作在一定时期内曾犯过教育脱离生产劳动、脱离实际,并在一定程度上忽视政治、忽视党的领导的错误",提出了改进教育工作的 6 项任务,强调教育与生产劳动相结合。这次课程改革经历了调整时期、"大跃进"时期及调整与反思时期。调整时期强调知识教学和劳动教学有机地结合;"大跃进"时期改革的主题是缩短学制年限、精简课程;调整与反思时期主要对上个时期的教育改革进行相应调整,制订并颁布新的教学计划和教学大纲,起草并编写了第四套全国通用教材。

四、思想政治挂帅、以阶级斗争为纲（1963—1976 年）

1963 年 1 月教育部印发的《关于当前中学教学工作的几点意见》指出："衡量一个学校办得好不好，应该首先是以是否正确地全面地贯彻执行了党的教育方针思想为标准。"1963 年教育部颁布了《全日制中学暂行工作条例（草案）》，对文化课、品德课、生产知识课，对教学、生产劳动和假期工作都作了统一安排，该条例一直沿用到"文化大革命"开始。值得注意的是，1963 年的语文教学大纲只字不提语文的思想性，纯粹只谈语文的读写能力；"文革"期间又走向另一个极端，只字不谈语文的工具性和知识性。

1964 年 5 月国务院转批的教育部临时党组《关于克服中小学生负担过重现象和提高教学质量的报告》中指出，课堂教学应把思想政治教育放在首位，大力宣传党的教育方针，并强调教育要以劳动的方式改造学生的思想。此时的课堂教学评价不仅强调思想性，而且还强调改进思想的途径。

"文革"期间，原有课程全部废止，各省、市自治区、直辖市自行编订教学大纲、教学计划和教材，所有课程均突出以阶级斗争为纲，教材片面突出政治，开设工业基础知识、农业基础知识，严重破坏了学科科学体系，削弱了基础知识。

总之，这一阶段课程改革经历了曲折的探索，由于主要受苏联教育思想与教学模式的影响，模仿痕迹明显。由国家控制课程的管理与编制，统一科目与内容，课程结构单一；虽然初步形成了比较全面的中小学课程体系，但全国统一的课程内容推行过程困难重重。其间为了纠正苏联课堂教学知识主导的片面性，尝试对评价标准进行重构，改革探索在客观上基本符合国情。然而，受"左"倾思想的影响，在实践中片面夸大政治思想在课堂教学中的作用，在加强政治思想教育时，过分强调和夸大思想政治教育的作用。教育与生产劳动结合原本有利于学生发展，但在实践中将其异化为思想政治教育的手段，甚至将其作为阶级斗争、思想改造的工具，违背了教育规律。

第二节 从教学话语到课程话语(1977年至今)

一、恢复和重建教育秩序(1977—1984年)

"文革"过后,百废待兴,恢复和重建教育秩序迫在眉睫,教育领域进入拨乱反正阶段。此时,全国上下正在开展"关于真理问题的大讨论",以"调整、改革、整顿、提高"为指导方针对教育进行全面改革。1977年9月恢复高考;1978年,邓小平在全国教育工作会议上要求"提高教育质量,提高科学文化的教学水平"。1978年9月,教育部参照"文革"前17年的相关文件,参照1963年颁布的《全日制中学暂行工作条例(草案)》与《全日制小学暂行工作条例(草案)》,出台了《全日制中学暂行工作条例(试行草案)》和《全日制小学暂行工作条例(试行草案)》;颁布了统一的教学大纲,集中编写了第五套全国通用的10年制中小学教材。此后,又废除了"文革"期间的10年学制,恢复中小学12年学制。1979年出版的《教育学》对课堂教学评价标准提出了新理解:课堂教学评价应是全面的,不仅关注教师的知识传授情况,还关注教师在教学过程中表现出的能力。1980年版的《中学语文教学大纲(试行草案)》指出,语文课堂教学评价的标准在于学生能否养成良好的阅读习惯,获得较强的读写能力,逐步培养学生独立分析问题和解决问题的能力。

值得一提的是,1978年,《全日制十年制学校中学语文教学大纲(试行草案)》,将语文课程的特点表述为"思想政治教育和语文知识教学的辩证统一"。1980年,国家对中小学的语文教学大纲进行了修订,提出"思想政治教育必须根据语文课的特点进行,必须在读写训练过程中进行"。这对语文学科特点和学科定位做出了有益的探索,其建设性意义和开创性价值不容忽视。

二、新形势下的适时调整(1985—1991年)

此次课程改革是在国内与国际形势变化巨大、人才竞争日趋激烈的情况下拉开序幕的。1985年,国家开始推进素质教育,学生能力的发展、素质的形成日益成为评价课堂教学的重要标准,首次提出教学评价标准的设计应能够反映学生的学力,即学生智力、态度、方法、潜力、兴趣等方面的发展和变化。自1985年《中共中央关于教育体制改革的决定》颁布开始,我国逐步开展课程决策权力分配的改革。为了推进义务教育的实施,促进小学课程与中学课程的衔接,1988年国家教委制定了《义务教育全日制小学、初级中学教学计划(试行草案)》,将初中课程从中学课程中分离出去。1988年,国家教委发布《九年制义务教育教材编写规划方案》,开始实施"一纲多本"的改革方案,重新编制五年制小学和五年制中学的教学计划,组织编写了第六套教材,颁发了中小学各科教学大纲,对课程计划进行调整,并在教学计划中给课外活动留出固定和足够的空间:适当设置综合课,调整各学科课时比例,将自然科学的起始年级提前,地方有一定的自主权,学校课程中包括活动课和学科课。

三、课程意识开始进入改革视野(1992—2000年)

本次课程改革针对拨乱反正时期教育中出现的一些问题,如政府有关部门对学校统得太死、学校缺乏活力、教育结构不合理、普及义务教育、教育体制僵化等问题,在1988年国家教委制定的《义务教育全日制小学、初级中学教学计划(试行草案)》基础上,经过实验修订,1992年该试行草案更名为《九年义务教育全日制小学、初级中学课程计划(试行)》,改革的主要内容有:第一次把"教学计划"更名为"课程计划",在这个计划中,将课程表分为"六三制"和"五四制"两种,在课程表中将所有课程分为两大类,即学科类和活动类,课程表中还留有空间安排地方课程。允许一些地区和单位按大纲初审稿编写教材,在实验教材的基础上,对大纲不合适的地方进行修改,形成了24个学科义务教育教学大纲(试用)。这个阶段的基础教育课程改革关注的视野有所扩大,借鉴了国际上的先进经验,开始注重地区差异,废除了课程行政管理"集权制"的领导地位,确立了"一纲多本"课程改革方略。但是这一时期课程改革仍然以学科中心课程为主,课程内容偏深、偏难、偏重。

这次课程改革也延伸至高中,国家教委于 1990 年颁发了《现行普通高中教学计划的调整意见》,并于 1996 年正式颁发了同义务教育相衔接的《全日制普通高中课程计划(试验)》和语文等 12 个学科的教学大纲。高中课程计划规定,学校应该"合理设置本学校的任选课和活动课"。1993 年中共中央、国务院发布的《中国教育改革和发展纲要》明确指出:"中小学教材要在统一基本要求的前提下实行多样化。"1996 年的高中课程计划也明确规定,高中课程实施国家、地方、学校三级管理体制,以共同体现高中课程"适度的灵活性","三级课程"的管理体制逐渐形成。2000 年的《全日制普通高级中学课程计划(试验修订稿)》中"培养目标"已经开始出现"公民素养""实践精神""创新能力""择业能力"等代表 21 世纪现代教育精神的词语。

这一时期的课程,一方面强调学校教学内容中基础知识、基本技能的"双基"教育;另一方面,"育人为本,实施素质教育"也正逐步成为课程教学改革的主题。课程教学的政治思想和政治运动的辅弼功能和工具性质逐步淡化,课程教学较快地恢复到自身状态,初步找到了自己的叙事原则、叙事方式和叙事逻辑;课程教学变革和发展的科学化、民主化、制度化、专业化程度不断提高,课程自身建设能力和自我诉求愿望明显增强,课程教学无论是学科领域还是实践领域,其主体性都得到不断加强。

四、核心素养课程理念逐步确立(2001 年至今)

第八次课程改革被学界称为"新课程改革",是新中国成立以来规模最大、影响最深的一次课程改革,也是当代中国课程改革的主体。新课程改革的起始,以指导和推进新课程改革的"两决定一纲要"为标志,可以上推到 1999 年。一是 1999 年 1 月国务院批转教育部发布的《面向 21 世纪教育振兴行动计划》,二是 1999 年 6 月颁发的《中共中央国务院关于深化教育改革全面推进素质教育的决定》,两份文件均对新课程改革提出要求;而另一份《国务院关于基础教育改革与发展的决定》于 2001 年 5 月颁发,则预示着新课程改革即将正式启动。这一时期课程改革的特点是:国际视野与中国特色相结合,课程的继承与创新相结合,注重营造一种新的课程文化。

本次"新课程改革",从课改实验的基本特征与主要成就来看,在时间上又可划分为两个阶段:

（一）新课程改革启动和实验阶段（2001—2009 年）

2001 年 6 月 8 日教育部印发的《基础教育课程改革纲要（试行）》（以下简称《纲要》），是新课程改革正式启动的标志性文件。《纲要》继承与发展了 20 世纪 80 年代以来倡导的素质教育，并逐步将"素质"这一概念发展为"素养"。在此背景下，课堂教学评价标准进入了素养主导的新阶段。《纲要》颁布之后，2001 年 7 月教育部又相继颁布了义务教育各学科课程标准，同年 11 月教育部印发了《义务教育课程设置实验方案》。当年秋季，首批 38 个国家级课程改革实验区进入新课程实验。此后课程改革实验区范围迅速扩大。2003 年 4 月，普通高中课程方案和各学科课程标准正式颁布，并于 2004 年秋季在 4 个省市开始实验。及至 2012 年广西壮族自治区全面实施普通高中课程改革，标志着新课程改革的版图已覆盖全国。

这次课程改革主要内容如下：

（1）改变以往课程中知识传授的单一目标，形成知识与技能，过程与方法，情感、态度与价值观三位一体的课程目标；

（2）改变过去学科中心课程理论指导的学科课程，重视社会中心课程理论指导的综合课程，强调学生的经验与经历，重视学生学习过程中的参与意识；

（3）转变学生观，关注学生学习过程中创新精神与实践能力培养的教学方法与手段；

（4）改变课程评价过分强调甄别与选拔的功能，发挥评价促进学生发展、教师提高和改进教学实践的功能；

（5）改变课程管理过于集中的状况，实行国家、地方、学校三级课程管理，增强课程对地方、学校及学生的适应性。

国家课程标准实验教科书的编制和使用，是新课程改革的重要组成部分。20 世纪 80 年代后期，我国中小学教科书制度由国定制转变为审定制，在国家教委的统筹规划下产生了"八套半"义务教育教科书，一定程度上形成了"一纲多本"的局面。教材多样化政策的全面实施与新课程改革相伴而生。国定制与审定制并存，统编与竞编齐上，配发与选用分野。2001 年开始陆续审查通过的义务教育课程标准实验教科书共有 25 科 213 套，出版单位近 80 家。但普遍情形是，教科书选用制度，基本上还是由各省或地区统一选定，真正要使用教科书的教师或学生的意见得不到尊重，多地区教育行政部门想更换哪个教科书版本就更换，而不顾实际教学进程的需要。由于教科书选用权在学校、教师层面的落空,多样化的教科书管理体制以及编写和选用机制所期待的"课程发展者和使用者之间互相协商、调适"的课程审议在实践中并没有得到很好的实现。教科书多样化的编写制度,促进了教科书在自身层面上对课程标准的转换和实现。在新课程理念的引领下,多样化的教科书编写制度促进了新的教科书话语体系和话语风格的形成,总体脱离了政治话语的统帅,也跳出了知识话语的单一体系,形成了知识话语、社会话语、实践话语、学习话语等多种话语体系的结合,促进了教师从"教教材"到"用教材教"的转变,也促进了教学方法和学习方式的变革。

但是,有学者指出,十年声势浩大的课程改革所表现出来的种种证据表明,新课程所倡导的先进理念得到了很大程度的认同,但先进的理念与残酷的现实之间的"两张皮"现象不仅存在,而且十分严重。以致有学者形象地将之比喻为"穿新鞋走老路"。毋庸讳言,新课程改革普遍陷入了某种困境——明知推进新课程改革的必要与意义,但如若只有自己遵行而他人不遵行,势必在应试教育的现实境遇中处于下风。还有学者指出:"局部利益的驱动阻碍着教师改革理念的落实进程……他们最为担心和害怕的就是改革对学生的成绩产生影响。假如学生学习成绩下降,升学率降低,对他们而言,社会地位、教学威信随之会降低,奖金待遇和将来的职称评定也会受到影响,甚至会影响到学校的声誉和地位,因此,他们对改革产生焦虑情绪甚至排斥。"[1]尽管"不让改革者吃亏"是教育督导评估、教育质量监测和考试招生等相关政策制定和实施的初衷,但是像"综合素质评价"这样的中高考改革的重心还是难以避免被边缘化,"假挂钩""软挂钩"现象普遍存在。"素质教育轰轰烈烈,应试教育扎扎实实"的悖论即这一现象的形象描述。对此,有一类较为普遍的看法,就是新课程改革中"这些问题和阻力的出现,在很大程度上是由于简单挪用一些'当代西方新理论'"而"不顾长期耕耘的本国基础教育课程改革实际'土壤'去迎合西方的'理念种子'"。[2]

(二)新课程改革全面深化阶段(2010年至今)

2009年10月,教育部在南京召开全国基础教育课程改革经验交流会。

---

① 纪德奎.新课改十年:争鸣与反思——兼论新课改如何穿新鞋走出老路[J].课程·教材·教法,2011,31(03):18-24.

② 张绍军,张传燧.基础教育课程改革的国际化与本土化[J].教育科学研究,2014(03):17-23.

《人民教育》2009 年第 22 期刊发了题为《课程改革再出发》的文章。该文对此次会议述评时指出："经过了 8 年实践的课程改革，如今已进入了深化阶段。"此后，新修订的《义务教育阶段各科课程标准（2011 年版）》的颁发，以及普通高中各科课程标准的颁发，标志着新课程改革进入全面深化阶段。

实验期的课程方案均标有"实验"一词，义务教育阶段课程标准标有"实验"一词，普通高中阶段课程标准则标有"实验稿"一词，相应的教科书均标为"课程标准实验教科书"。而新的课程标准和教科书，均不再标注"实验"一词。课程标准和教科书的递变，是课程改革从实验期走向深化期的里程碑。其间，国家层面课程教材的组织机构也发生了重要变化。2010 年 4 月，国家基础教育课程教材专家咨询委员会和工作委员会成立。2017 年 3 月，教育部成立教材局。2017 年 7 月，国务院成立国家教材委员会。

在此期间，国家陆续出台了一系列深化课改的标志性文件：《教育部关于深化基础教育课程改革进一步推进素质教育的意见》（教基二〔2010〕3 号），《教育部关于推进中小学教育质量综合评价改革的意见》（教基二〔2013〕2 号），《教育部关于全面深化课程改革落实立德树人根本任务的意见》（教基二〔2014〕4 号），《国务院关于深化考试招生制度改革的实施意见》（国发〔2014〕35 号）。《教育部关于深化基础教育课程改革进一步推进素质教育的意见》明确指出："当前，基础教育课程改革进入到总结经验、完善制度、突破难点、深入推进的新阶段。"其对深化课程改革提出了七项主要任务。《教育部关于全面深化课程改革落实立德树人根本任务的意见》对深化课程改革提出了更高的目标要求，做出了更加全面、系统的工作部署。一系列文件的出台，构成了比较充分的政策系统，为全面深化课程改革提供了良好的政策环境和制度保障。

首先，高考改革成为这次新课程改革的重要组成部分。在 2014 年 12 月 8 日召开的普通高中课程标准修订工作启动会上，教育部副部长刘利民就指出："要做好高中课程标准修订与高考改革政策的衔接，确保学和考的有机结合，增强育人效果。"①随着国家关于高考改革一系列文件的连续出台，基本构成了一个较为完备的政策系统：《教育部关于推进中小学教育质量综合评价改革的意见》（教基二〔2013〕2 号），《国务院关于深化考试招生

---

① 　教育部召开普通高中课程标准修订工作启动会［EB/OL］.（2014-12-08）［2020-04-20］. http://www.moe.gov.cn/jyb_xwfb/gzdt_gzdt/moe_1485/201412/t20141208_180670.html.

制度改革的实施意见》(国发〔2014〕35 号),《教育部关于普通高中学业水平考试的实施意见》(教基二〔2014〕10 号),《教育部关于加强和改进普通高中学生综合素质评价的意见》(教基二〔2014〕11 号),《教育部关于进一步完善和规范高校自主招生试点工作的意见》(教学〔2014〕18 号),以及《关于进一步减少和规范高考加分项目和分值的意见》(教学〔2014〕17 号)。后 4 个文件的文本,均开宗明义地指出,"为贯彻落实《国务院关于深化考试招生制度改革的实施意见》",可见是"国发〔2014〕35 号"文件的下一个位阶的落实性文本。至于所列第一个"教基二〔2013〕2 号"文件,其对深化考试招生制度改革具有某种破冰意义上的统领地位和统摄功能。

其次,提出了核心素养的课程理念。2014 年《教育部关于全面深化课程改革落实立德树人根本任务的意见》第一次在国家正式文件中将"核心素养"放到全面深化课程改革的关键位置。就政策文本看,从 1992 年首次提出"活动课程""地方课程",到 1994 年第一次正式在中央文件中提出"素质教育"概念,到 2001 年《纲要》中首次提出"三维目标"的课程理念,再到 2004 年第一次使用"综合素质评价"的概念,"核心素养"乃是新课程改革从发展阶段到深化形态的跨越。在课程改革当代史视域,核心素养以及学科核心素养的课程理念,既是理论和实践的重要突破,也是理论和实践的逻辑必然。理由有三:其一,核心素养承继新课程改革三维目标的课程思想而来,又比较好地纾解了三维目标因为表述上的三维"分列"而容易导致理解和实践中三维"分裂"的窘困。其二,兼容了教育目标、课程目标、教学目标,庶几可以平缓人们对实验版课程方案和课程标准的执其一端而莫衷一是的纷争。其三,兼容教育目标、课程目标、教学目标,并未带来内涵的泛化,反而更加聚焦作为学习主体的学生成长与发展的内在性和内生性,将会进一步深化教学方法和学习方式的变革,深化学校内部的组织变革和文化变革,具有强劲的理论力量与实践力量。

再次,颁布了普通高中各科课程标准(2017 年版)。普通高中课程标准(2017 年版)对课程改革的引领性、影响力是全局性的,不独是普通高中阶段。一方面,新的普通高中课程标准,是实验版的精修版本,相较于 2003 年实验版课程标准和教科书,立意更高、更科学、更实用。而"学科核心素养""学业质量标准"更是新的高中课程标准的两大突破性成果,其强化了高中课程的育人目标和学业要求,进而引发了课程结构、课程内容以及教学的一系列变化。关于"学业质量标准",华东师范大学教育学部课程与教学研究所副所长杨向东在给教育部官网的撰文中指出:"核心素养导向的学业质量标准明确界定了学生核心素养的发展阶段及其具体特征,有助于突破现有考试过于注重碎片化知识和标准答案的窠臼,引导命题和评价人员构建指向核心素养的评价框架,为我国中高考命题的内涵变革提供理论框架和水平依据。学业质量标准将促进学校重视不确定性的(跨)学科探究主题和基于现实社会实践的日常评价活动,通过多种途径或方式收集学生多方面证据,实现对核心素养发展水平的合理评价。"[①]实验版的课程方案和课程标准,包括 2011 年版义务教育各科课程标准,关于类似"学业质量标准"方面内容的表述,仅仅是原则性的、宽泛的,可以说"学业质量标准"填补了此前课程方案和课程标准在这一方面的空白。因此,"学业质量标准"乃是新课程改革更加深入、更加科学、更加系统的明证。"学业质量标准"既基于"学科核心素养",又对"学科核心素养"发挥了独特的解释、实现和保障功能,构成了较为完整科学的课程标准体系。

为了贯彻落实全国教育大会精神,统筹推进普通高中新课程改革和高考综合改革,全面提高普通高中教育质量,2019 年 6 月 11 日,《国务院办公厅关于新时代推进普通高中育人方式改革的指导意见》(国办发〔2019〕29号)(以下简称《意见》)颁布。

《意见》指出,要坚持以习近平新时代中国特色社会主义思想为指导,全面贯彻党的教育方针,落实立德树人根本任务,发展素质教育,遵循教育规律,围绕凝聚人心、完善人格、开发人力、培育人才、造福人民的工作目标,深化育人关键环节和重点领域改革,坚决扭转片面应试教育倾向,切实提高育人水平,为学生适应社会生活、接受高等教育和未来职业发展打好基础,努力培养德智体美劳全面发展的社会主义建设者和接班人。

《意见》明确,到 2022 年,德智体美劳全面培养体系进一步完善,立德树人落实机制进一步健全。普通高中新课程新教材全面实施,适应学生全面而有个性发展的教育教学改革深入推进,选课走班教学管理机制基本完善,科学的教育评价和考试招生制度基本建立,师资和办学条件得到有效保障,普通高中多样化有特色发展的格局基本形成。

《意见》提出六个方面重点任务:一是构建全面培养体系。突出德育时代性,坚持把立德树人融入思想道德教育、文化知识教育、社会实践教育各

① 创建素养导向学业质量标准,实现学校育人模式根本转型[EB/OL].(2018-01-16)[2020-04-20].http://www.moe.gov.cn/jyb_xwfb/xw_fbh/moe_2069/xwfbh_2018n/xwfb_20180116/zjwz/201801/t20180117_324896.html.

环节;强化综合素质培养,拓宽综合实践渠道;完善综合素质评价,强化其对促进学生全面发展的重要导向作用。二是优化课程实施。制定普通高中新课程实施方案,2022年前全面实施新课程、使用新教材;完善学校课程管理,加强特色课程建设。三是创新教学组织管理。有序推进选课走班,满足学生不同发展需要;深化课堂教学改革,推进信息技术与教育教学深度融合;优化教学管理,严禁超课标教学、抢赶教学进度和提前结束课程。四是加强学生发展指导。注重指导实效,帮助学生树立正确理想信念、正确认识自我;注重利用各种社会资源,构建学校、家庭、社会协同指导机制。五是完善考试和招生制度。规范学业水平考试,深化考试命题改革;稳步推进高校招生改革,逐步改变单纯以考试成绩评价、录取学生的倾向。六是强化师资和条件保障。加强教师队伍建设,创新教师培训方式;改善学校校舍条件,完善经费投入机制。

《意见》强调,要全面加强党的领导,强化省级政府统筹,落实市、县举办普通高中教育的责任,要明确部门分工,强化考核督导,确保各项改革目标、任务、措施落实到位。

2019年11月,教育部考试中心推出《中国高考评价体系》,该评价体系是深化新时代高考内容改革的基础工程、理论支撑和实践指南,对发展素质教育、推进教育公平、实现教育现代化、建设教育强国、办好人民满意的教育具有重要意义。该体系全面把握高考评价体系的总体特征,深入理解高考的核心功能,准确把握高考的考查内容和考查要求,灵活运用不同类型的试题情境,恰当使用高考评价体系,有利于通过高考落实立德树人的根本任务,发挥高考对素质教育的促进作用。

总之,从教学话语到课程话语,是对课程改革当代史的总体描述。这一历史线索可以简要概括为:双基—三维目标—核心素养。其中,从双基到三维目标带有课程改革走向转折的意味,而从三维目标到核心素养则主要体现了课程目标顶层设计的递进性思考。从第五次到第七次课程改革,各种教学论、教学流派纷纷兴起,为新课程改革助力。这期间,课程意识也日趋深厚并渐有成果,并促进了新课程改革实验之后所形成的课程改革大发展、大繁荣之态势。新课程改革,更多从课程立场关注教学实践和学生学习,从而超越学科中心主义,为课程改革开启了新的视界。而且,教师正在成为课程的开发者、研究者,学生学习的主体性得到重视和加强。课程意识、课程能力、课程文化等成为新课程改革的理论视点和实践议题。

第二章

视域:语文学科核心素养的丰富内涵

为把党的十八大和十八届三中全会提出的关于立德树人的要求落到实处,2014年教育部研制印发《关于全面深化课程改革落实立德树人根本任务的意见》,提出"教育部将组织研究提出各学段学生发展核心素养体系,明确学生应具备的适应终身发展和社会发展需要的必备品格和关键能力"。

核心素养是党的教育方针的具体化,是连接宏观教育理念、培养目标与具体教育教学实践的中间环节。党的教育方针通过核心素养这一桥梁,可以转化为教育教学实践可用的、教育工作者易于理解的具体要求,明确学生应具备的必备品格和关键能力,从中观层面深入回答"立什么德、树什么人"的根本问题,引领课程改革和育人模式的变革。

林崇德教授带领的中国学生发展核心素养项目组历时三年研究,采取自上而下与自下而上相结合的整合型研究思路,整体设计研究方案,系统开展研究工作,为总框架的建构提供理论支撑。最终认为学生发展的核心素养是一种当代学生应该具备的、对于未来生活和工作以及个人发展进步都有至关重要意义的能力。由此可见,核心素养不是单纯的个人行为,而是与社会紧密联系,并在与社会互动中不断提升的学生核心竞争力以及优秀的品德。中国学生发展核心素养以培养"全面发展的人"为核心,分为文化基础、自主发展、社会参与三个方面,综合表现为人文底蕴、科学精神、学会学习、健康生活、责任担当、实践创新等六大素养,具体细化为人文积淀、人文情怀、审美情趣等18个基本要点。各素养之间相互联系、互相补充、相互促进,在不同情境中整体发挥作用。为方便实践应用,该研究又将六大素养所进一步细化的18个基本要点的主要表现进行了描述。根据这一总体框架,可针对学生年龄特点进一步提出各学段学生的具体表现要求。①

当前人们对语文核心素养内涵的研究紧密围绕学生自身语文能力和社会所需要的语文能力展开。赵莹莹认为语文核心素养是指通过语文课程的学习,逐步培养和形成一种对于未来的个人发展、社会进步都有较为重要的积极意义的语文学科素养。② 由此,在培养能够使学生受益终身的学习习惯和人格魅力的发展理念之下,语文的核心素养被描述成一种对于学生的听说读写等能力都有较为明显的促进意义的人格素养。其次,学者都强调终身学习取向,以及核心素养在整个语文素养中的关键性地位。李霄文对许多学者的研究进行了总结和研究,在他看来多数人对于语文素养的认识存在偏差,除去平常的听说读写能力的培养之外,对于文章或是语言、句式等的审美能力、文化内涵等要素都要加入其中。③ 倪文锦认为目前研究者对语文核心素养达成一定的共识,也就是对于语言表达、逻辑思维、审美观念以及文化传承的一致性。语文的核心素养应该由"对于语言的理解与运用""进行思维的发展与提升""增加审美的发现与鉴赏""承担文化的传承与发展"四部分组成。这四个组成部分之间,既存在相互关联的内在关系,也是语文核心素养的根本要求,更是对于学生的情感态度、个人修养、生活经验以及行为习惯等方面的品质的提升。④ 许多学者在阐述语文核心素养时,把审美、文化传承放在与知识、技能、思维同等重要的位置。

《普通高中语文课程标准(2017年版)》在明确了什么是"学科核心素养"的基础上,对语文学科核心素养进行了具体的说明:"学科核心素养是学科育人价值的集中体现,是学生通过学科学习而逐步形成的正确价值观念、必备品格和关键能力。语文学科核心素养是学生在积极的语言实践活动中积累与构建起来,并在真实的语言运用情境中表现出来的语言能力及其品质;是学生在语文学习中获得的语言知识与语言能力,思维方法与思维品质,情感、态度与价值观的综合体现。"并将语文学科核心素养概括为四个方面,即语言建构与运用、思维发展与提升、审美鉴赏与创造、文化传承与理解。

① 林崇德.构建中国化的学生发展核心素养[J].北京师范大学学报(社会科学版),2017(1):66-73.
② 赵莹莹.从"语文素养"看"语文核心素养"的内涵及特征[J].牡丹江大学学报,2016,25(11):173-176.
③ 李霄文.小学生高年级语文核心素养培养策略研究[D].锦州:渤海大学,2017:18-19.
④ 倪文锦.语文核心素养视野中的群文阅读[J].课程·教材·教法,2017(6):44-48.

第一节　核心素养体现"立德树人"的课程价值取向

核心素养充分整合了知识与技能，过程与方法，情感、态度与价值观，明确了学生学习该学科课程后应达成的正确价值观念、必备品格和关键能力，是基于学科本质的高度凝练。信息时代的来临，改变了人类获取知识的方式，也势必改变每个人的学习方式，教育模式也必须应时而动，人才竞争也应顺势成为国家软实力竞争的前沿问题。发展学生的核心素养就是充分发掘各学科课程教学对全面贯彻党的教育方针、落实立德树人的根本任务、发展素质教育的独特育人价值，就此而言，发展学生的核心素养，就是对党的教育方针的具体化和细化。

核心素养的提出，兼顾了时代特征与历史传统。首先，就时代性而言，语文课程并未刻意回避现代语言生活的特点和新问题、新事物，而是着力关注成长于现代社会语文生活中最活跃的青少年群体，重视培养其正确的价值观和较强的分辨能力。毋庸讳言，信息时代，知识更迭呈几何级数增长，传播工具的高科技化与日新月异，使得信息传播的速度与广度相应倍增；与此同时，泥沙俱下，如何分辨芜杂的信息对价值观念和思维品质就提出了更高的要求。为解决现代青少年语言生活中如何正确运用语言文字的问题，《普通高中语文课程标准（2017年版）》针对信息社会的新问题和新的传播手段，专门在学习任务群中提出了"跨媒介阅读与交流"和"当代文化参与"两项学习内容。其次，就历史传统而言，每一种语言都有其自身特质，其特质又与民族文化密切相关，这带来了语言强烈的民族性和人文性的特征。《普通高中语文课程标准（2017年版）》在学习任务群中设置了"中华传统文化经典研习""汉字汉语专题研讨""中华传统文化专题研讨"等学习内容，旨在引导学生关注民族语言的特质，深入体会古代汉语文本内在的丰富思想与文化内涵，进而把握其中包含的中华文化及其审美特征。同时，还在于引导学生认识传统文化的精华是国家的一种软实力，了解民族语言文字、文学、文化，不仅可以培养母语语感和爱国情怀，而且，语言素养的提高，可以加强"越是民族的，就越是世界的"体认，拓展国际视野，增强文化自信。

第二节　贯穿课程始终的整体内在品质

　　学生个体通过语文课程和语文实践呈现出来的言语经验和言语品质，并非单一向度反映其语文核心素养，而是综合了其知识与能力，情感、态度和价值观，概括描述了其最核心的内在品质和人格，也是其价值观念、必备品格和关键能力的集中反映。而且，语文学科中语言建构与运用、思维发展与提升、审美鉴赏与创造、文化传承与理解四个方面的核心素养本身就存在着内在的、不可分割的关系。

　　语言建构与运用是其他三个素养的基础，不可或缺，后三者皆是由此生发。其实施途径与培养要求主要有五条：一是积累较多的语言材料和言语经验，培养语感；二是建立语言素材的合理联系框架；三是理解并掌握汉语言的基本规律，不断探索积累，熟练运用语言进行沟通和交际；四是根据不同的情境，有效利用口头与书面表达方式传递信息进行交际，并且能够共情语言作品的情境和情感，用自己的方式去了解、分析和评价作品；五是拥有自我梳理整合语言知识的能力，能够将自己积累的语言素材和获取的言语经验转换成自己的语文学习模式，并在语言活动中灵活运用。

　　思维发展与提升依托语言工具，以语言为载体，实现思维的外化，体现思维的鲜活与缜密。从思维方面提升语文核心素养要做到以下几点：要对语言和文学形象有悟性；要有充足的联想力和想象力，并且懂得灵活运用于阅读与鉴赏、表达与交流、梳理与探究活动中，以此加强自己对现实生活、文学形象、言语经验、语言表达的鉴赏力和感受力；能够运用基本的语言规律和逻辑规则鉴赏语言，能够流利清晰地运用口头语言和书面语言表达自己的思想，与人沟通；拥有批判性思维，并且能够运用到文学鉴赏和语言表达上；能够自省自己的言语活动。

　　审美鉴赏与创造主要针对以言语为媒介的作品，归根结底，审美鉴赏与创造活动是以语言文字为载体来实现的。鉴赏是语文学习所需的重要能力，通过阅读鉴赏优秀文学作品，学生可以在品味语言艺术的同时了解世事人情、历史文化和人生哲理。鉴赏是激发学生审美意识和能力的重要环节。而对审美核心素养有三个要求：一是对汉字有崇敬和爱护之情，懂得汉语言的魅力所在。二是能够通过语言文字作品的一字一句感受到形象美和情感美,并且能够理解和感受、分析与评价不同时期不同风格的语言和文学作品,从语言和文学作品中寻找到正确的价值观和高雅的审美观。三是能够运用语言文字表达自己的心得体会,以及对美的感受和态度,创新对美的表达方式。

语言文字是文化传播和文化生活建构的不可取代的基础工具,它以口语和书面语的形式来负载文化信息,只有通过语言文字,才能理解文化、热爱文化,建立文化自觉与文化自信,文化传承与理解才能落到实处。对于培养文化核心素养主要有三个方面的要求:一是对中华文化有深厚的感情,能够通过语言文字了解中华文化的魅力,热爱中华文化,有良好的文化自信。二是能够接纳和理解不同民族、不同区域、不同国家的文化,尊重差异、理解个性,并且能够借鉴其他文化来丰富中华文化。三是拥有文化自觉,有民族振兴的使命感和社会责任感,积极推动中华文化的传承与发扬。

第三节　内蕴鲜明的学生主体意识

语文学科核心素养是通过学生自己积极主动的语文实践活动来形成和发展的。其具体体现于每一个不同的学生自身,它是语文课程教学对学生而产生的映射与效果,也是语文课程对学生成长过程中给予的内在影响,更是语文课程在学生步入社会之后留存于身的思想准则和行为能力。这决定了核心素养的培养必然以学生为主体。基于此,课程标准所提出的语文实践活动必须在真实的语言运用情境中进行。语言运用情境是否真实,在于语文课程设计的阅读与鉴赏、表达与交流、梳理与探究的语文活动是否以学生为主,是否由学生自己来进行。在具体教学中,教师应按照学生学习的实际,确定相关主题,这些主题涵盖学生生活、学习和日后工作需要的各种语言运用的真实情境,目的是激发学生学习与思考的兴趣,将学生吸引到综合性语文活动中去,让他们通过自主活动,亲自体验环境,完成任务,发展个性,增长思维能力,形成自己的理解、应用话语系统。

受传统教学习惯的影响,课堂教学以文本为纲、以知识为纲、以技能训练为纲的痼疾最难根除。以文本为纲之弊,在于将一篇文章有关的思想性、艺术性按照教参提供的内容,加上教师的心得体会,细细嚼碎,灌输给学生,完全忽略了学生的思考过程和主动的体验。以知识为纲之弊,在于脱离应用,将专业的语言学知识和文学知识拆成知识点,由点到面,步步为营,生怕遗漏,让学生死记硬背以应对考试。以技能训练为纲之弊,在于把听说读写拆分,分别贯穿学期和单元,完全当成纯技巧来训练。

培养语文核心素养并非轻视知识和技能,而是主张每一个知识、每一篇文章都不能被当成纯粹的知识点,都不能分解开来单独进行技术训练,而是要通过语言文字的成品和丰富、鲜活的语言文字现象,在学生自主学习的过程中,随时关注汉语的特点,提升他们感受汉语特点的敏锐性,在他们心里注入爱国的情怀,养成对自己民族文化的自信。这些都要落实到运用祖国语言文字、维护自己母语、发展自己母语的情怀和实践能力上。

让学生在真实的情境下进行自主学习,围绕主题进行语言实践活动,并在实践过程中将有用的知识激活、应用,加深对知识的认识,积累语言实践经验,提高语言运用能力和分析能力,提升思维品质和审美情趣,继承和借鉴优秀文化。这就可以使他们的学习经验移植到人生经验中,时时用社会主义核心价值观来衡量、品评、鉴赏事物,使正确的价值观深入他们的内心。把语文课的实施重点放在学生身上,在真实的情境下,在学生多样综合的语文活动驱动下选择教学资源,安排语文实践活动,让学生自始至终都在积极地读书、思考、写作、交流,任务完成了,学生的内在能力和品质就会发生变化。

第三章

建构：核心素养视域下的"鲜活语文"教学主张

第一节　国内外关于"鲜活语文"研究现状述评

一、国内研究现状

　　鲁迅在《读书杂谈》中论及读书时建议"必须和社会接触，使所读的书活起来"，陈日亮老师主张将一般的阅读兴趣转化为阅读智能，通过阅读（吸收）、思索（加工）、观察（融汇），使阅读成为一种"有效的阅读"。杨九俊老师认为，怎样培养学生的语文兴趣、语文感情，从而使他们将来能建构一种高品质的语文生活。这是语文教师的使命，也是语文课程的一个根本目标。这就需要语文教学是温暖的而不是冰冷的，是丰厚的而不是单调的，是生动的而不是枯燥的，是基于回归整体的而不是琐碎的。对于"鲜活"语文的课堂表现，他提出了三个方面的构想：第一体现在把语文还原到生活大地，一是回归生活，做到读写的生活化和生活的读写化；二是参与生活，直接引导学生参与到当下的生活当中；三是创造生活，在日常语文教学中带领学生不断行走语文的情感之旅，特别是在教学高潮中与学生共同享受审美的体验。第二体现在对语文教学的审美创造上，一是初识的敏感，作为一名语文老师，每一次带领学生在语文中行走，都会有初始的美感，这样的语文人生一定会是很美好的，这也一定会为学生的语文人生创造出更多美好的可能性；二是教学的立体感，教学长文，一般要用三四个课时才能完成教学任务,就必须把四节课变成像盖一栋四层楼那样,需要进行整体上的统筹安排,在设计时要着意引导学生拾级而上,教法中渗透学法的指导,如此,教学的立体感可以想见。第三体现在生成"我和你的故事",师生共同生成"我和你的故事",是相互映照的生命状态,完全是生命的共同体。关于开掘鲜活语文课程资源,朱兴杰老师认为有五条途径:一是在交际交往中,创造性地开展各类活动,增强学生在各种场合学语文、用语文的意识;二是在想象创新中,因为没有想象,就没有创新;三是在观察触摸中,长期以来,中学生作文"无米下锅""言之无物"的现状一直困扰着语文教师,只要我们引导学生留心观察周围的事物、周围的生活,解决写作素材欠缺的问题,学生写出来的文章自然鲜活动人;四是在动手操作中,让学生动手操作,多种感官协调活动,玩中学,学中玩,既能培养学生学习语文的兴趣,也能在学科整合中发挥特长;五是在通俗文化中,随着电视的普及和多媒体技术的迅猛发展,通俗文化已经成为我们生活中不可或缺的组成部分,它在深刻地改变人们生活行为、精神心理的同时,也悄悄地改变着传统的阅读方式,以印刷品为基础的文本阅读正日渐让位于直观、生动的图像阅读,尤其是青少年,已经习惯了在声、光、电的陪伴下"阅读",如果能够找到通俗文化与经典文化的衔接点,或许可以充分挖掘通俗文化中的语文教学资源。①

关于如何生成鲜活的语文课堂,余朝开老师认为,课堂教学是一个不可完全预料、不可逆转、不可复制的生成过程,在这一过程中会迸发出许多鲜活的东西,使得课堂教学成为一个创造的过程,呈现为一种鲜活的状态。② 由于受传统教育的影响,我们常常只注重语文本身的知识性,而忽略了语文的现实性、思想性、趣味性、探索性,把理应鲜活的语文课上成了程序化的语文课。若鲜活的种子没有激活,则学生学语文的热情和智慧难以激发。为了让学生主动发展,我们必须生成鲜活的语文课堂,用鲜活的语文课去吸引学生,使之感受到语文学习的快乐,体味到语言文字的魅力,品尝到习作成功的喜悦。那么怎样才能生成鲜活的语文课堂呢?他认为预设中的现实性是生成鲜活课堂的前提;生成时的开放性是生成鲜活语文课堂的条件;交往时的对话性是生成鲜活语文课堂的保障。

---

① 朱兴杰.开掘鲜活语文课程资源的五条途径[J].江苏教育·中学教学,2013(1):91.
② 余朝开.生成鲜活的语文课堂[J].新课程学习(社会综合),2009(12):267-268.

二、国外研究基本情况

当前，国外的语文教育模式基本上可以分为三类：一是以英国为代表的西方古典模式，二是以美国为代表的西方现代模式，三是以日本为代表的东西方混合模式。

（一）西方古典模式

西方古典模式，大致指以英国为代表的西欧国家传统的语文教育模式。此模式偏重教授经典文学名著和语法知识，对实际运用语言的能力训练较少。其优点是比较有利于塑造人文精神，陶冶道德情操，掌握系统的语言文学知识。其缺陷是教材内容贫乏单一，学生的阅读范围非常狭窄，所能够接触到的几乎都是经过挑选的本国优秀作家的代表作品，对其他方面的内容则知之甚少。而语言知识的教学更是让学生死记硬背语法规则，在语言表达和思维能力训练方面却无所作为。20 世纪 70 年代以后，由于西欧各国教育工作者的怀疑和反对，这种长期形成的语文教育传统有了较大的改变。以英国为代表的西方古典模式，开始由文学熏陶和语法教学，走向实际运用语言能力的训练。

（二）西方现代模式

西方现代模式，是指以美国为代表的现代语文教育模式。作为一个移民国家，美国缺乏根深蒂固的语言文化传统，所以非常重视培养实际有用的文字阅读能力和语言表达能力。在教材的编撰上，其大量吸收现代语言学的成果，选文以"时文"为主，内容涉及社会生活的方方面面；在教学过程中，教师以一定的社会生活需要为主题组织单元教学，进行听说读写的训练。此种模式的优点是，有利于培养学生广泛的阅读兴趣和一般的语言交际能力，以及学生的个性发展。其不足之处是，只注重语文教育的功利目的和近期效果，忽视了经典文学作品的阅读、欣赏训练和系统语言知识的教学，有急功近利之嫌。与西方古典模式相对，西方现代模式讲求语言的"实用"功能，不重视文学的"陶冶"作用，可以说是这种模式最鲜明的特点。20 世纪 50 年代以后，由于苏联第一颗人造卫星上天的强烈震撼，美国实施了大规模的课程与教学改革，其语文教育模式也随之发生了与西方古典模式相反的变化。如今，美国的语文教育已由单纯注重语言的实际运用，逐渐走上加强系统语言知识的训练和文学教育的道路。在以提升国际经济竞争地位为主要动力的课程改革大背景下,其总取向是"以发展学生的实际交际能力为目的"。

(三)东西方混合模式

东西方混合模式,是一种以日本为代表的综合性语文教育模式。这种模式的特点是兼收并蓄,既有学习和吸收西方语文教育经验的一面,又有坚持本民族语文教育特色的一面。在处理语言知识与语言运用能力的关系问题上,20世纪70年代,日本新的国语教学大纲提出了一事项(语言)、两领域(表达和理解)的教学结构。前者着眼于教授语言规律和语法规则,后者着眼于提高实际运用语言的能力。在处理语言运用能力训练与文学教育的关系问题上,日本较少西方古典模式和西方现代模式的偏颇,其一方面强调提高学生实际运用语言的能力,另一方面在阅读内容上安排了许多文学性的文章,凸显了二者兼顾的语文教育理念。在处理培养正确的语言理解力、表达力与训练思维力、想象力和语言感受力的关系问题上,日本也采取了互相兼顾的做法,充分体现了语文教育的多功能特点。日本的语文课程总取向主要表现在三个方面:一是立足于"语言教育的立场",着重"提高正确理解、表达国语的能力";二是"加深对国语的认识,丰富语感,培养尊重国语的态度";三是"在提高交流能力的同时","培养思考能力和想象力"。此外,日本的语文教育还有一个与众不同的特点,即除了日语的教学之外,还有汉字、汉语的教学。在处理这二者关系的问题上,日本也采取了兼容并包的态度,显示了日本语文教育独特的包容性。日本的语文教育之所以采取东西方混合模式,可能的原因至少有二:首先,从科学发展观看,日本人一直认为"综合也是科学",可见大和民族是一个善于综合的民族;其次,从国际关系看,日本虽然在经济、政治上属于西方世界,但是在地理位置和历史、文化渊源上又不可避免地具有东方民族的特点,这大概是东西方混合模式的客观社会基础使然。

(四)其他模式

此外,俄罗斯在语文课程的总取向上,着重于培养语文能力和开发智力,促进学生的一般发展。德国与法国执行全国统一的课程标准不同,各州执行不尽相同的课程标准,但是在语文课程总取向上仍有共性,即"以培养学习能力为中心任务"。加拿大的语文课程总取向是使学生掌握基本知识和基本技能,同时获得高水平的思考力。韩国的语文课程总取向强调通过探求语言现象,培养"致力于国语的发展和民族语言文化的创造发展的能力与态度",尤其是"从批判的角度了解多种类型的国语资料,培养创造性地表达思想和情绪的能力"。总之,国外语文课程总取向,由于受各国的经济、政治、文化、科技和教育理念的影响,呈现出一个多元共存的局面,也呈现动态发展的"鲜活"样式。

第二节 "鲜活语文"教学主张的建构

一、"鲜活语文"教学主张的逻辑起点

任何有价值的教学主张的提出,都有其生活基础、教学根源和逻辑起点。在课程改革的宏大背景与核心素养的全新视域之下,"鲜活语文"教学主张的提出,基于以下几个方面的思考:

（一）"语文"内涵的界定是一个动态发展、不断完善的鲜活过程,需要正本清源

"语文"一词产生于19世纪末,□□□□大儒张之洞首用。1904年清政府颁布"癸卯学制",语文开始□□□与"国文",传授的是历代古文。自此肇始,现代语文教育已经□□□□□年的历程。在这100余年之中,先是五四运动爆发以后,提□□□□□对文言文,国文课受到了冲击,小学改设"国语",语文于是有文言与口语之争。随之在20世纪30年代后期,叶圣陶、夏丏尊联名提出了"语文"的概念,并尝试编写新的语文教材,但因日本侵华战争而被迫中止。中华人民共和国成立后,叶圣陶等人再次提出将"国语"和"国文"合二为一,改称"语文"。该建议被华北人民政府教育机关采纳,随后推向全国,从此,"语文"成了中小学母语课程通用名称。语文于是经历从"国语""国文"到"语文"的嬗变。在此之后,语文内涵又历经几度关于从工具性、思想性,到工具性与思想性、工具性与人文性的激烈论争。新课程改革以来,语文内涵的争论焦点又转向围绕知识、技

能、素养等理念先后展开而不断演变,凡此种种,不一而足。由此可见,"语文"的内涵是一个动态发展、不断完善的鲜活过程,需要正本清源,需要语文工作者付出努力,反复探索。特别需要说明的是,笔者主张"鲜活"语文,不是对语文内涵的界定,而是对语文应有特征的描述与关注。

(二)"语文"的外延是包罗万象、无比鲜活的生活世界,需要回归、重构

美国教育家毕特指出:"语文的外延与生活的外延相等。"语文源于生活,但在一定程度上超越生活;反之,生活又影响并制约语文的发展。语文产生于生活实际的需要,随着人类生活的不断丰富而不断发展。同时,包罗万象、无比鲜活的生活世界为语文发展提供了丰厚基础,不断丰富着语文的内容。而语文教材中的每一篇课文均来自生活,也充分说明生活是培养语文能力的基础和源泉,语文的外延涵盖生活世界的方方面面。所以,我们理应以课堂为起点来实施生活化的教学,加强课堂教学与生活的沟通,让教学贴近生活、联系实际,在教学中遵循学生生活的逻辑。此外,语文教育与生活的关系一直是教育界关注的热点问题,而当前我国教育存在的最大问题之一就是语文教育与生活的疏离,所以,语文教育回归生活并对之进行重构是我国语文教育改革的必然。因为,教育世界是建立在生活世界的基础之上的,教育的意义及功效最终要回到生活世界中去评判。而语文素养的核心又指向能够适应生活意义所需、具有可持续发展前景的综合素养。因此,我们的语文教育应有计划、有系统、有组织地让学生融入生活,回归生活本真。同时,要对生活的内容进行选择,要深入生活的意义内核,进行适应学生核心素养发展的重构;吸收世俗文化生活中合理的成分,尽力排除生活环境中的不良因素,增强学生的判断能力,从生活中筛选出真正有价值、有益于学生身心发展、有利于语文教育教学整体推进的积极因素,并对其进行内容与价值的重构,以促进语文教育教学改革的深化。

(三)语文教育的施教者与受教者均为灵动鲜活的个体,需要充分尊重

在语文教学领域,作为语文教育的施教者,无数语文教师表现出执着的追求与顽强的探索,他们渴望创造,迷恋创新,锐意改革;他们精心设计,通盘考虑,刻意求新,力避呆板,拒绝平庸,努力使教学活动具有强烈的新鲜感与灵活性;他们立足于时代,兼收并蓄,广泛汲取人类社会的文明成

果，确立科学的教育思想，依据课程改革的发展趋势和教学的实际情况，创造出新鲜的教学模式。更有一些教师，他们从不陶醉于已有的教学经验，而是站在教学艺术的高度对自己以往的教学重新加以审视，另辟蹊径，教出新意；他们从不满足于教材一般意义上的理解，而是精思附会，潜心钻研；他们从不囿于教学的思维定式与教法的固定程式，而是认真反思，不断采用新的教育理念与新的教学方式浸润学生的心灵。这些灵动鲜活的教师个体，没有理由不受到教育教学研究的充分尊重。

鲜活的校园本是一个百花齐放、姹紫嫣红的花园，用心聆听花开的声音，呵护花朵的成长，欣赏花儿的天性与品格，是教师的本分和天职。作为鲜活的个体，学生的发展，除了具有某些共同的特征外，由于遗传、环境、教育、主体活动等诸多方面因素的不同，使得同一年龄段的青少年在发展速度、发展水平、发展倾向等方面具有不同的个人特点，表现为发展的差异性，也呈现出个体的鲜活性。学生的个性，不仅影响到他的思想素质，还对其文化知识的掌握、运用以及创造发展起着控制制约的作用。因此，在语文教学过程中，应当充分重视每个学生的个别差异，弥补其个人的短处与不足，选择最有效的教学途径，使具有个别差异的学生都能各得其所地获得最大限度的发展。而且，课堂教学首先要关注的是活生生的人，一个有思想、有情感的真诚的教育者，同时必定是一位真诚的人道主义者，他能够体谅、欣赏学生，诚心诚意去帮助学生、鼓励学生、感化学生。教师的一个甜美的微笑，一个欣赏的举动，一句称赞的话语，犹如在学生的心灵上播撒了缕缕阳光，能够使其获得愉快的情绪体验，体悟到生命成长的真实。因此，教师应该透析沸腾与喧嚣的教育现象，拨开遮蔽教育真实的浮华，真正认识到关注每一个鲜活个体的发展才是高效课堂的永恒追求。在此过程中，关注人性、追求个性是教育必然的趋势和结果；而保护学生的鲜活个性，促成其鲜活个性的健康发展，也应当成为教师永远的功课。

（四）语文教学的整个过程是一场鲜活创新的探究之旅，需要审视观照

语文教学的整个过程就是一场教师带领学生进行寻根、求真、向善、探美、怡情，进而培育核心素养的发现、收获之旅。语文课堂教学是一门艺术，它不仅是知识传授的过程，更是师生情感碰撞交流后产生的一种鲜活的创造性劳动。在高效的课堂里，透过活泼的情境、活跃的思维、活生生的教学环节，无处不见鲜活的生命在律动、交融与成长，无时不见鲜活的智慧

在闪现、流动,并焕发异彩。课堂上,面对一个个鲜活的教学文本,教师发挥自身对生活的思考和体验的优势,借助于语言的力量,调动学生进行广泛的联想和想象。当师生的思想感情与作品的思想内容融为一体,并进而引发新的联想,迸发新的灵感,产生新的感悟之时,语文课堂教学就成为师生互动的学习过程,成为师生共度的情感历程,成为师生共创的人生体验。那一刻,课堂成了学生放飞思想的天空,一个个鲜活的生命借助教师智慧的引导,撞击出智慧的火花。在这迷人的瞬间,生命变得活跃,大脑显出睿智,个体获得成长,师生因此俱进;在这美妙的时刻,师生互动,生生互动,彼此真情投入,共同创生鲜活的课堂。此时此刻,师生畅通,情理交融,意境和谐,知识共享,情感俱进,教学相长,师生的智慧与人格呈现出妙不可言的奇观;思维的碰撞,心灵的沟通,智慧的启迪,使新的问题不断显露,新的认知矛盾不断产生,新的解决问题的方法不断呈现,新的教学资源不断生成,课堂教学也由此充满着生机,洋溢着活力。

二、意义和价值

成尚荣指出:"教学主张是名师教学风格的内核,是一种个性化的教学见解,它坚定地指向教学改革的实践。教学主张植根于教育思想,是教育理念的深化与聚焦,是对学科和教学特质深度开发后的独到见解。"[①]关于教学主张是如何炼成的话题,他提出了四个问题:第一,教师现有的发展路径有哪些? 第二,一个要力争成为名师的教师,为什么一定要形成自己的教学主张? 第三,什么是教师的教学主张? 第四,怎么炼成教师自己的教学主张?

笔者强调"鲜活语文"教学,其理论意义主要有三个方面:一是树立了新的课程观,即语文课程不再只是特定知识的载体,而是师生共同探求如何使语文教学鲜活起来、共同参与并创造课程的过程;二是树立了新的教学观,它进一步强调互动的师生关系,力求多元、立体地构建鲜活的、充满生命力的课堂教学运行体系;三是树立了新的学习观,它在强调学生的自主学习、合作学习和探究性学习的同时,注重学生的学习体验,让学生在实践、质疑和感悟中激活"语感",真正进入鲜活的语文世界。其实践意义和探究价值主要有三个方面:一是对中学语文课堂阅读教学模式的重新探

---

① 成尚荣.教学主张的追求[J].教育视界,2016(5):4-8.

索,力求在教法与学法、课堂的有效性等方面实现阅读教学的最优化;二是重视发挥情感的作用,在语文教学中极力创造情境、激发感情,启发学生真切感受和体验语文之美;三是培育学生终身的语文素养,通过呈现"鲜活"的语文,让学生不断历练,教给学生语文学习的方法,形成语文学习的良好习惯,进而促成学生终身学习的语文素养。

三、内涵与创新

(一)"鲜活语文"基于以生为本的理念

美国心理学家罗杰斯曾指出,教学成功的关键,不在于教师的课程计划、教材的科学内容和读物的有吸引力上,重点在于和谐的人际关系,在于教师的素养和态度。因此,教师在进行教育之前,应做好"知人"的准备,要对教育对象做全方位的了解,明白他们的喜怒哀乐,理解他们的兴趣与需求,让教学能够从学生的认知点起步,让学生乐意接纳教师的建议,让学生清楚地认识到自己才是真正的学习的主人,教师只是协助者而已。①

全国劳动模范、有"改革先锋""人民教育家"之称的特级教师于漪认为,长期以来,语文教学一直以知识体系为本,新课改提倡"以人为本"。从"以知识为本"到"以人为本"是一大进步。"以人为本"的教育理念是先进的,而且与科学发展观是完全一致的。这个理念如何落实到教育教学活动当中,需要三个维度支撑。第一,知识和能力,要强主干,删枝节。第二,过程与方法,教育本身就是一个过程,一学年是一个过程,一学期是一个过程,一堂课也是一个过程。在具体的过程中,学生得到发展,所以应该重视过程和方法。我们通常比较重视教师的教法,却对学生的学法重视得不够。要生存,首先要学会求知,否则将跟不上信息化时代的发展步伐。虽然说我们在学生时期学了知识,但在实际工作中还必须边学边干,边干边学。第三,"情感、态度和价值观",教育的目的是培养人。人有智商,有情商。绝大部分人智商都差不多,但在情商(意志、毅力等)方面却存在很大差距,所以"情感、态度和价值观"是做人的基本点,而这三者又是融合在一

---

① 叶浩生.西方心理学理论与流派[M].广东:广东高等教育出版社,2004:298.

起的。①

于漪指出,新课标颁布之前的教学大纲也有情感态度等方面的相关要求,但因为表述时与语文能力的培养等分开,执教者未给予足够的重视。而新课标则将其统一于教学过程当中。教师教,不能代替学生学。师生关系不是过去的"我讲你听",也不是"他问你答",而是多角度的对话。进入21世纪,人的开放程度、社会发展的程度与20世纪是不一样的,语文教学应该与时俱进。比如说,教材有些地方要求偏高,可以适当降低要求;一些选修课,学生选学应该有弹性,可以学,也可以不学,要看学生的兴趣与基础。把大学阶段的一些课程压缩后放到高中阶段做选修课没有必要。过去曾经把大学的逻辑学知识压缩后编排到中学语文教材里,变成知识单元,把大学的汉语语法知识压缩后编排到中学语文课中进行系统的学习,其效果怎么样?中学的选修课到底要选修什么?中学语文教学究竟应该达到什么目标?这是值得进一步探讨的。②

"鲜活语文"主张思想是行动的先导。素质教育背景下,语文教师要想构建高效的语文课堂,必须树立科学的教育思想,以生为本,以思想引领行动,实现教学相长。在传统课堂教学中,教师往往以教材为中心,或者以课堂为中心,甚至以自己为中心,整节课围绕着教材或自己进行,学生处于被动状态,机械地接受教师灌输的知识。新形势下,教师应当以学生为中心,让一切教学资源均为学生服务。

由于学生个体存在多样性,所以课堂上也存在诸多变数和不确定性,因此,"鲜活语文"主张课堂教学设计要考虑课堂的生成性和开放性,并采取针对性、灵活性、多样性于一体的机制,便于课堂上及时调整。要求课堂以学生的学为主,以教师的教为辅,教学设计要能够充分按照教学过程中随时可能出现的现场生成做出相应变化,并留下可灵活调适的空间。要让学生意识到,自己在课堂上并不是"客体",而是"主体"。在这样的课堂上,学生感受到来自教师的理解和尊重,在课堂上也就会积极配合教学,从而实现教学相长。

在课堂教学过程中,采取怎样的教学方式,是教师一直在探索的问题。

---

① 桑哲.落实"以生为本"理念 追求"教书育人"实效——访全国劳动模范、著名特级教师于漪[J].现代语文,2007(10):4-6.

② 桑哲.落实"以生为本"理念 追求"教书育人"实效——访全国劳动模范、著名特级教师于漪[J].现代语文,2007(10):4-6.

这是因为教学方式对课堂教学效果有直接的、巨大的影响,而且还会影响学生的学习兴趣、师生之间的关系、学生全面发展情况等。素质教育背景下,"鲜活语文"主张语文教师应当摒弃传统的"填鸭式"教学方式,基于以生为本的理念而采取多元化的教学方式,旨在调动学生的课堂参与性,让学生做课堂上真正的主人。所以,为了体现以生为本,也为了让每个学生都能获得成长,教师可以对不同层次的学生设置不同的学习目标。这种分层教学方式将每个学生摆在适合他们的位置上,既可以让学生在达到目标后获得成就感,以此增强学生的学习信心,又能引导学生一步步提升自己,使之产生浓厚的学习兴趣。除了分层教学模式,教师还可以运用小组合作教学法、情境创设法等其他的教学模式,旨在突出学生在课堂上的主体地位,让学生把握学习主动权。

在课堂教学过程中,教学评价也是一个非常重要的环节,往往也是一个被教师忽视的环节。为了体现以生为本的理念,"鲜活语文"主张教师在实施教学评价的时候应当打破传统教学中以自己为唯一评价主体的局面,让学生也参与到教学评价之中。传统的语文教学评价是以教师评价为主,作为课堂主角的学生却被剥夺了评价的权利。新课程标准明确要求:"实施评价,应注意教师的评价、学生的自我评价与学生间互相评价相结合。"因此,在这一背景下,教师应该提倡评价主体的多元化,采用自评与互评、教师评价与学生评价相结合的评价方式,既要注重评价主体、评价内容、评价方式的多元化,也要追求评价的客观有效。

以生为本可以最大限度地调动学生的好奇心,他们会主动去发现问题,表现出强烈的求知欲。这样,把学生等待老师传授知识的状态改变为主动探索的状态,化被动为主动,学生成了学习的主人。消除依赖,以生为本,让凸显学生主体落到实处,张扬了学生的个性,发挥了学生学习的主动性。

(二)"鲜活语文"关注丰富多彩的生活

语文与生活的关系密切,语文在生活中无处不在。语文产生于生活实际的需要,并随着人类生活的不断丰富而不断发展。反之,生活为语文发展提供了基础,并不断丰富着语文的内容。随着语言的产生,人类的交际与思维就与之时刻不离。语文是一门开放性的学科,它与生活密切相连,它源于生活,因此也应走向生活。概言之,生活需要语文,语文也离不开生活,生活是语文永恒的源头活水。

陶行知说过:"教育要通过生活才能发出力量,而成为真正的教育。"陶行知一生致力于改革教育与教学工作,他从现实出发,创立了生活教育理论——生活即教育、社会即学校、教学做合一,三者乃是不可分割的辩证统一体。时至今日,此理论在教育领域仍历久弥新,魅力无限,充满先进性和实用性。"鲜活语文"的教学主张亦根植于此。

1."鲜活语文"主张教材开发与使用趋向生活化

教材是课堂教学的资源,是培养能力的依托,是培育人文素养的载体和沃土。如果要实现语文与生活的联系,首先就要实现教材与生活的联系。陶行知先生说:"我们要活的书,不要死的书;要真的书,不要假的书;要动的书,不要静的书;要用的书,不要读的书。"直白的话语道出一个教学真谛:我们要以生活为中心的教学做指导,不要以文字为中心的教科书。叶圣陶老先生也说:"生活犹如泉源,文章犹如溪水,泉源丰盈而不枯竭,溪水自然活泼流个不停。"此语生动形象地阐述了生活与文章(教材)的关系。法国18世纪启蒙思想家卢梭也提出了"自然教育"的教学目的,其核心就是强调对儿童的教育必须顺应人的本性,顺乎自然。由此出发,他反对教给儿童一些空洞的书本知识和文字说教,认为这种脱离人生实际的文字知识违背了自然主义教育初衷。他说:"这些知识和成人生活相隔已如此之远,和儿童的生活就相隔更远了,假如儿童能利用其中任何部分,那真是一桩奇事呢!"[①]卢梭理想中的学习内容重点放在了实际经验和实际生活上,主张学生要通过实际生活接触事物,在观察、探索之中受到启发和诱导,从而获得真正的知识;主张"要把儿童学习的事物安放在他们能够接触的范围内"。由此,"鲜活语文"主张语文教材的开发与使用应当趋向生活化,并力求语文教材的目标与内容更贴近生活,将教材编写所秉持的学科逻辑与生活逻辑有机结合,实现二者的协调发展。

2."鲜活语文"主张教学目标回归生活化

所谓语文教学目标的生活化,狭义理解为用语文解决生活中的实际问题,比如,读音识字解决看书看报,文言文的学习解决古文章的阅读理解,应用文写作的学习能够解决写正式书信文件或写假条等实际问题。但更精确的理解是,语文教学目标生活化不仅包括解决眼下的实用性问题,还应包括对学生德性、审美、情操等个人素养长远发展的熏陶培养。对于语文教学而言,要想真正实现生活化教学目标的回归,教师就应从自身做起,

---

① 卢梭.爱弥儿[M].北京:商务印书馆,1983:72.

更新观念,提高生活化意识;根据学生的生活实际,把语文课文素材与现实生活联系起来;解放思想,把学生的注意力从课文的束缚中解脱出来;通过认真学习语文课本知识,引申到生活中所遇到的、看到的、想到的问题,进而把学习扩展到生活中的每一处,让语文的课堂学习与生活息息相关,呈现出一种全方位渗透生活气息的学习形态。

3."鲜活语文"主张课堂教学贴近生活

陶行知说:"灌注的教授法最要不得。它把接受文化的人当作天津鸭儿填……学生和大众应该普遍从灌注的教授法里解放出来,跑到这种自由讨论的空场上呼吸些新鲜的空气,晒一晒太阳光。"生活教育理论要求我们把课堂与生活紧密相连,在教学过程中再现生活化的情境,让生活成为教育的话题,让教育成为生活的延续与提高。只有这样,我们的语文教学才会像生活一样不断掀开新的一页,才会充满无穷的活力和无限的魅力。

陶行知先生认为:"教育必须是生活的。一切教学必须通过生活才有效。"语文学科的特点决定了语文教学必须贴近生活,正所谓"生活的边界就是教育的边界,生活的范围就是课程的范围"。语文课堂教学不能只是传授解题的技巧、方法的运用,语文课堂也不应该是单独存在于生活世界之外的学习空间,教师应该将丰富的现实生活带入语文教学中去。所以,让语文思想注满生活的灵泉,让语文课堂插上生活的翅膀,让语文教学放射出生活多彩的光芒,应该成为每一位语文教育工作者不可推卸的责任和持续追求的梦想。

4."鲜活语文"主张教学内容联系生活

作为一门综合性强的学科,语文教学中来源于生活的素材不胜枚举。教师如何利用好这些课程教学资源,将教学内容联系生活,回归生活,任重而道远,需要做更多的功课,下更大的功夫。首先,要做学科整合,将语文学科与生活资源密切联系。"语文的外延是生活",因此要突破教材,放眼生活,确定生活化教学内容,既可以搜集宝贵的地方文化资源,如自然风光、文物古迹、风俗民情等;也可以留心学生身边的生活现象,如广告、错别字、姓氏、环境污染、资源浪费等;还可以关注学校、社会的热点问题。只要是学生感兴趣的,且利于提升语文素养的,都可以整合到语文学科中来。这不仅有利于进一步拓宽语文学习和应用的领域,而且使课堂更开放,真正实现教学做合一。其次,要做课内拓展,现今课文中所描写、论述的情况,与学生生活积累和体验有了太多的不同,教师在教学中不应漠视这种差别,而要知人论世,把课文所处的背景讲清楚,如此教学,可让学生从课文中看到自己的影子,看到不同的生活,借此扩展学生的思维和眼界,也让学生对课文和自己的生活产生新的认识和想法。

5."鲜活语文"主张教学方法紧扣生活

教材源于生活,课堂与生活贴近,采用生活化的语文教学方法,会让学生主动参与到语文学习中来,使课堂教学充满欢乐、友谊、合作和渴望,同时还可以提高学生学习语文的兴趣。现代教育技术的发展为语文教学生活化提供了保证,它可以形象、直观、生动地再现教学所需要的生活画面。文学源于生活,语文课本中大部分的内容多是引用社会生活中所发生的故事,旨在引导学生重视生活体验、思考生活中的现象,并对此加以延伸与讲解,进而引起学生情感上的共鸣,帮助学生树立起积极向上的世界观。此外,创设课堂教学情境也应考虑与生活接轨。基于此,"鲜活语文"主张在语文教学方法的选择上,教师应做好生活化的回归,紧扣生活,让语文教学"接地气",让生活化的语文教学方式充满浓郁的生活气息与温情,让学生自觉主动地进入语文学习的佳境。

(三)"鲜活语文"讲求激情与理性并重

1.情动于中而形于言

法国启蒙思想家狄德罗说:"没有情感这个品质,任何笔调都不能打动人心。"一篇好的文章,作者必先感动自己,而后才能感动读者。情感因素之重要可见一斑。同样,教师的教育教学也是如此,上课就好比是教师写文章,要有饱满的真情实感注入其中,甚至常常需要激情澎湃。语文教学的核心是言语教学,一个富有激情的语文教师,他的言语表达应当声情并茂、抑扬顿挫,富有哲理而幽默风趣。因此,"鲜活语文"主张以激情为鲜活课堂的催化剂,主张教师应当以自己的教育激情催生学生的学习激情,极力引导学生进入学习的激情状态,形成师生互动的愉悦欢快的课堂气氛,实现激情的催化效果。因为教育如同一场充满爱意、洋溢激情的舞蹈,教师的教学激情就好似一团火,能够融化麻木和冷淡,能够唤醒初心和良知,引起学生情感上的和谐共振,最终达到以情感人、以情育人的教育目的。教师如果没有教学激情,没有一种对鲜活文本和鲜活课堂的自我陶醉和倾心投入,就难以感动学生,也难以成为一名让学生喜欢、敬佩的老师。

真正的教育者不仅传授真理,而且向自己的学生传授对待真理的态度,激发他们对于善良事物受到鼓舞和钦佩的情感,对于邪恶事物的不可容忍的态度。教学激情,需要教师酝酿、储备、渲染,通过各种激情形式、各种教学手段，调动课堂气氛，引发学生注意，引导学生进入预设的情境，继而启迪学生的智慧，点燃学生的激情，使其情感达到最大限度的爆发，保持高涨的情绪状态。教学激情也需要教师饱含对学生的无限关爱，全身心投入课堂，神采飞扬，情绪饱满，精神焕发，始终保持良好的教学状态，让学生陶醉其中，产生心灵的震撼与情感的共鸣。教学激情还需要教师把自身对教学内容的理解外化为热情洋溢的语言、表情、动作，用自身的激情激发、感染学生进入学习情境中，把学习过程变成一种愉悦高效的情感互动过程，让学生始终在一种积极、愉悦的情感中去认知，去感悟，去探索。

传统的教学偏向于讲授、说教，枯燥乏味，难以引人入胜，就像节奏缓慢的戏剧，繁缛冗长，平淡无奇，很难进入高潮，也很难符合新课程构建和谐有活力的课堂、培养学生的探索精神、启迪学生的创新意识的理念要求。其理念滞后落伍，缺乏激情，更无法及时适应时代的变化和学生的需求。因此，鲜活的课堂，并非教师墨守成规，老调重弹，单一向度地蓄积、释放激情，旁若无人地自我陶醉、自说自话，而是应该善于"激情"——激发学生的学习热情，积极创新，设法营造充满激情的课堂，完善和创新教学方法，注入新的活力，使课堂教学焕发新的生命力，始终处于一种不断探索的过程。

2.立于高峰的理性追求

子曰：三思而后行。汉代徐干在《中论·治学》中也说："学也者，所以疏神达思，怡情理性，圣人之上务也。"《后汉书·党锢传序》有言："圣人导人理性，裁抑宕佚，慎其所与，节其所偏。"虽然古人著作中的"理性"内涵与现今存在较大差异，但其重视理性的精神却一脉相承。车尔尼雪夫斯基曾说："要使人成为真正有教养的人，必须具备三个品质：渊博的知识，思维的习惯和高尚的情操。"恩格斯也说过："一个民族要想站在科学的最高峰，就一刻也不能没有理论思维。"正是在这个意义上，是否具备理性思维，是一个人是否接受过良好教育的标志。理性思维作为一种高级思维，应该成为语文教育的重要目标之一。

何谓理性？《辞海》关于"理性"有两则义项：一是一般指概念、判断、推理等思维活动或能力；二是划分认识能力或认识发展阶段的范畴。前者把理性理解为相对于感性认识的思维活动，后者把理性理解为超越感性认识的能力评价工具。从认识意义上理解，理性是指人类的思维活动或认识能力，是一种理智思考和独立判断的思维品质。从实践意义上理解，理性是指人们对自我意识和行为的约束，是一种自由选择和自我实现的行动能力。理性从认识论到实践论的飞跃，在西方经历了从苏格拉底到康德的漫长发展,最终由康德引入实践领域。康德提出了实践目的的合理性问题,认为真正的理性关系到知识的获得,还关系到行为的合理与意志的自由。理性的价值便因此而获得丰富的内涵。哲学家里克曼认为:"理性具备有效地选择手段的能力;理性能够协调个人和社会的生活;理性把探求知识作为一个重要的社会目标;最后,理性是所有具有社会意义的主题的独立的道德源泉。"他不仅阐述了理性在工具、目的和认识等方面的价值,而且从伦理角度确认了理性对于社会变革的基础性作用。

(1)教师理性精神的自觉

教学理性指教师在课堂教学中具备的由人类普遍理性映射而来的思维品质和行动能力。作为构成教学实践的行为要素,教学理性既接受教育规律的约束与改造,又规范和引领教学思想与实践。根据石中英教授的研究,教学的理性基础包括四个方面,即教学的意向性与价值理性、教学的双边性与交往理性、教学的中介性与工具理性、教学的伦理性与实践理性。教学的理性主要体现为对教学目标、师生关系、教学内容和教学伦理等教学元素的冷静客观与科学合理的理解与实践。教师必须借助教学理性对教学理念、教学目标、教学内容和教学行为等做出自我评价与反思改变,使学生成为积极思维的学习对象,使课堂教学成为理性的课堂教学。在理性的课堂教学中,我们要培育学生的理性意识、理性能力和理性精神,指导学生理解并掌握逻辑思维、辩证思维与批判性思维,使其能在自由王国驰骋。只有掌握培育理性的工具,才能磨砺出真正的理性品质。[①]

语文课堂教学的理性自觉是指在教学理性追求中体现出高度觉悟的语文课堂教学境界。这是语文课堂教学追求的一种理想状态,事实上,语文教师对教学理性普遍缺乏理解。过去,在科学主义教育思想影响下,很多语文教师将教学理性误解为理性分析甚或是机械分析。当下,在人文主义教育思想浸润下,不少语文教师谈语文必避理性而行,语文课堂俨然是感性化、碎片化的生活世界,而非科学严谨、丰富有序的教学世界。人文精神被误解之后成为千篇一律的课堂教学的外衣。根治教学活动缺乏思想活力和理智美感的主要手段就是使教学活动充分理性化。传统语文教学恪守的雅正格调即闪耀着教学理性的宝贵思想。在中庸思想和中和哲学基础上成长起来的雅正格调,凝聚了中庸精髓的理性精神,焕发出浸润了中和精神的辩证光芒。践行雅正中和的理想追求,语文课堂教学庶几可以

---

① 石中英.教育哲学[M].北京:北京师范大学出版社,2001:167.

走向科学理性，达到一种理想境界。譬如，经典文本阅读教学就应当追求理性教学，才能达到更高境界，彰显更高品位。因为任何经典都有作为理性存在的意义，经典文本教学就必须将以理性方式理解其理性价值作为追求目标。

针对当下语文学科教学理性缺席的现状，我们必须着力充实和彰显语文学科的理性精神，主要应从科学精神、辩证思想、批判意识和教学逻辑等方面去加强和落实。只有充满理性精神的学科教学，才能较好地实现课程目标，才有利于培养具有理性精神的现代公民。教学理性不仅要成为语文课堂的固有内涵，还要作为衡量语文课堂教学的价值标准。

（2）学生理性思维的培养

在教学中落实《中国学生发展核心素养》已经成为当下高中语文界的重要话题。"核心素养"从总体上要求学生形成必备品格与关键能力，并提出了"文化基础、自主发展、社会参与"三大板块，而人文底蕴、科学精神共同构成"文化基础"这一板块内涵。其中"科学精神"具体包括理性思维、批判质疑、勇于探究等基本要素。依据上述要求，"理性思维"培养就成为高中语文教学须达成的重要目标之一。

语文学科的教学理性主要表现出科学精神、辩证思想、批判意识和教学逻辑等特征，体现在教学目标、教学内容、对象差异和学习方式等方面。语文课堂要关注学生在课堂上的理性思考，语文课堂应成为激励学生超越具体活动形态的理性精神活动场所，应成为超乎外显活动状态的理性思考的精神家园。从语文课堂活动来看，理性思考可以使教学效率得到提高，可以使学生在语文学习活动中摆脱权威与习惯的束缚，增强反思与批判意识；可以使学生增强对语文学习活动的观察与分析能力，品味活动的个人意义，在沸沸扬扬的活动中保持清醒独立，取得更大的收获。

理性思考在学生成长中起着不可或缺的作用，尽管语文课作为一种文化传递活动可以使学生获得较多的认识、经历和体验，但语文教育的价值绝不仅仅是为了使学生无休止地去认识、经历和体验，其更重要的使命在于使这些认识、经历和体验统一于学生个体身上，凝练为个人特质，而统摄这些认识、经历和体验的任务的完成，离不开学生的理性思考。

尽管学生的理性思考具有较高的价值，却经常容易被忽视。审视目前的语文课堂实践，理性思考缺失现象主要表现为目的性缺失、过程性缺失和手段性缺失三个方面。首先，理性思考目的性缺失主要是指在语文课堂教学取向上，教师只关注知识与外显的活动，不关心学生在课堂中的思考成分,不注重给学生提供思考的空间与机会,致使学生在课堂中不能对学习活动进行反省,不能自觉反思,从而不能使预先设置的活动发生富有个人意义的变化。其次,过程性缺失主要表现在,课堂活动设计严格地围绕着知识的传递与获取来进行,语文教师精心安排各种相关活动,活动进行的每一个环节都被预先制订好,活动的步调也是严密控制的,学生可以不加思考地按照设计行进。这时,师生双方的目光很容易被吸引到具体的活动内容上来,至于这一内容与学生个体的意义、与其他事物的连带关系以及这一内容所包含的方法论精神等形而上的需要理性思考的问题就经常被忽略了。再次,手段性缺失表现为课堂活动节奏过于紧凑,缺乏反思时间。在活动进行当中,由于受既定内容和相关设计的限制,学生时常处于"完成任务"和"跟上节奏"的状态中,很少有时间进行回味、揣摩,缺乏反思机会。学生在教学活动中发生错误时,语文教师往往以"应该怎么做"来教导学生,很少与学生探讨"为什么应该这么做",难以使学生形成理性思考的习惯和方法;而且学生间的交流缺乏思想的碰撞,在对课堂教学结果的评定中,师生的视角多集中在优劣的对比上,很难深入内心世界进行致思取向、运思途径等方面的比较,致使交流停留在实物与现象层面,不能进入精神境界。

理性思考既然成为语文课堂的必然追求,那么,在语文实践中就应坚持以下几个方面的理念:

第一,要把语文课堂定位在理性思考境界。课堂的价值可以表现在知识的理解性掌握、实践能力的增强、积极态度的养成等许多方面,但更为重要的是学生思想境界的升华,从而可以使学生有能力创造性地理解教学活动的内在意义,并使之与自己独特的精神世界建立联系,创生出新的属于自己的教育价值。因此,在课堂定位上,要超越现有的着眼于某项技能的提高、服务于某种知识的传授、立足于可见的短期性的发展等实用性、工具性的取向,以促进学生思想体系的完备、思想方法的成熟、思想境界的高远、思想内容的深刻为语文课堂建设的取向。用这种理念引导课堂,可以使师生在从事具体活动的同时,积极进行独立于活动之上的思考,在获得具体可见的收获的同时,增强精神与人格力量;在徜徉于经历与体验的同时,提升理论品格。这样可以避免教学活动在浅层次、短期效应上徘徊,从而增强其深刻性和长效性。

第二,语文课堂活动设计要预留理性思考空间。通常,语文教师在设计课堂活动时,总是试图使整个活动方案完美无缺,计划的完整性、内容的充实性、环节的严密性、节奏的紧凑性等都是大家关注的焦点。当这样的活动展开时，往往会出现活动控制学生、活动驱使学生的现象，使学生没有思考的余地。预留思考空间是指在活动设计中要适当留白，不用细致完备的内容填充整个活动，通过提供开放性问题、设置悬念、给定不完整条件、结果设置不确定、方法的不唯一等手段，留给学生思想自由伸展的领地。这样留白一方面为学生展开深入思考提供机会，留有余地；另一方面可以吸引学生以思考统领行动，进行创造性的阐发。

第三，语文课堂应呼唤师生的真实在场。本真的师生关系，是双方共同在场、互相吸引、互相包容、共同参与的关系，学生参与课堂教学的全过程，学生在课堂中的参与不应局限于独立思考和练习阶段，而应体现在教学的各个环节上，享受到参与成功带来的满足，特别是要从不同层次学生的学习基础出发组织学生参与教学活动，使他们在原有学习的基础上通过参与教学都有所发展，要引导学生参与学也参与教，不仅把学的主动权交给学生，而且把教的主动权交给学生，在课堂展开师生互教互学活动。语文教育的"在场"是人之成人和社会化的过程，它必然要求生命的全面出席和始终在场，吁求生命的激情投入和理性思考境界的积极建构。仅仅注重学生知识结构和认知图式的语文教学并不是整体的精神建构，因为它并没有真正进入学生的理性思考境界，语文教学"在场"的深层意义就在于使置身于其中的每一个学生，把经过交往形成的知识、经验、精神模式、人生体验等作为共享的生存资源，引领学生沉浸于理性思考世界中，使每一个学生不断获得完善自身、自我超越的动力，从而构建自我完整的生命世界。

四、"鲜活语文"教学主张形成的现实路径

（一）从强基固本到厚积薄发

名师的成长需要层层累加，厚实储备，需要丰富的专业知识和理论基础，需要深厚的教学功底和实在的教学态度。教师只有不断完善自己的知识结构，提高自身的文化素养，才能逐渐形成个性化的教学主张。除了上好每一堂课，还要不断学习，不断反思。名师的教学主张必须建立于扎实的学科知识基础，由普通教师成长为具有自己教学主张的名师必须经历一个艰苦的从强基固本到厚积薄发的过程。在此过程中，教师首先必须不断拓展知识的广度和深度，丰富自己的内心世界，优化思维方式和情感方式，

为自己教学主张的形成打下坚实的根基。正所谓"腹有诗书气自华",从"广度"看,既要读本专业的书籍,夯实自己的专业根基;也要读一些教育教学理论专著和名师实践经验总结的书籍,提高认识,修正观念;还要读一些文学、历史、哲学等方面的书籍,开阔视野,充足底气,进而提升文化素养。从"深度"看,单就文言素养而言,既要经常品读古诗文经典,也要懂点音韵学、训诂学和文字学知识,还要将古代的音律、天文、地理、历法、官职、科举、祭祀等文化知识自然而巧妙地融入课堂。同时,应树立"教学即教研,问题即专题"的意识,积极投身新课程改革教学实践研究,反思教学行为,总结教学得失,撰写教育教学心得体会、论文,努力培养教学自觉性和教研主动性;不断超越自我,经过长时间的准备和积累,从施展作为到大有可为。唯有如此,强基固本、厚积薄发才不至于落空。

(二)从牛刀初试到游刃有余

读《庖丁解牛》,文中庖丁"神遇而不以目视,官知止而神欲行。依乎天理,批大郤,导大窾,因其固然……以无厚入有间,恢恢乎其于游刃必有余地矣",其技艺之神奇,理趣之高妙,令人不禁击节赞叹。而其"依乎天理",根据牛的生理结构,从牛刀初试到游刃有余,对于我们语文教师教学技能的发展有莫大启示;对于指导广大教师遵循教学艺术规律和原则,充分发挥教育机智创造出"神乎其技"的教学情境,以达到省时高效的教学目的,也具有重要的现实意义。

普通教师成长为名师,要实现从教学技能到教学艺术的超越,要经历从模仿借鉴到创新发展再到自成风格的磨砺、蜕变方能破茧成蝶。借用王国维先生的比喻,如果说初涉教坛是"昨夜西风凋碧树,独上高楼,望尽天涯路",那么,模仿借鉴阶段则是"衣带渐宽终不悔,为伊消得人憔悴",在此阶段,教师通过听课学习,吸收优秀教师的课堂教学技巧和成功经验,模仿优秀教师的教学行为和教学方式,教学技能日渐娴熟,教学效果初步显现。在创新发展阶段,教师已经摆脱了模仿的束缚,优秀教师的成功经验、教学理念和教学技巧已经内化为自身的教学技艺,而且并不满足于此,他们开始自觉探索、修正和完善,一次次于"冥思""苦索"之中期待"顿悟",正所谓"众里寻他千百度,蓦然回首,那人却在灯火阑珊处"。之后不断体验创新与突破的艰难和苦闷,幸福与快乐,教学特色逐步凸显。在自成风格阶段,教师的教学思想已然形成,教学艺术已臻于成熟,以往的教学刻意已了然无痕,课堂的创造与创新自然生发,教师成竹在胸,相机行事,心无挂碍,收放自如,似乎达到庄子"乘天地之正,而御六气之辩,以游无穷者"的至高境地。据说,京剧大师梅兰芳在莫斯科演出《洛神赋》,一位苏联老太太连续看了九场,最后她走进后台不解地问:梅先生,您的水袖舞得出神入化,但是为什么每一次又都不一样?一旁的斯坦尼拉夫斯基解释道,梅先生这是有规则的自由啊!此说虽不可考,但斯坦尼拉夫斯基一语却道出教学艺术与戏剧艺术的异曲同工之妙。

(三)从经验之术到文道统一

教学之"术"指教学过程中为完成教学目标所采取的教学策略、教学方式和教学手段,是具体的教学技术、教学技巧和教学方法。多数语文教师在长期的教学实践中都会慢慢形成和积累一些行之有效的做法、策略,即所谓"经验"。这些经验又外化为教学招数、本领,使得课堂教学得心应手,成效明显;但是,如果课堂教学技巧仅局限于一招一式,充其量只能算一名合格的教书匠。教学既是一门科学,也是一门艺术。教学艺术的全部真谛,在于支持和促进学生学习的有效发生。换言之,教学艺术绝非一门独特的艺术门类,绝非教师个人的独立表现或表演,它根植于教学的过程之中,只能通过对学生学习与成长的支持与促进凸显出来。随着时代与社会的发展、教育观念的转变、教材的更新和教育对象的变化,"术"的作用将越来越暴露其局限性,且另一极端,语文教学"道"的泛滥或缺位现象也不容忽视。韩愈有云:"师者,所以传道受业解惑也。"要想成为追求卓越的名师,就必须不断提升自己的教育境界,从"术"的熟练走向"道"的追求。教学之"道"包含影响教师教学行为的教育教学的基本原理和基本规律,它体现并融合了执教者的教育思想、教育价值、教育理念与文化内涵,是课改的灵魂;而当今语文教学之"道"的核心就是培育语文核心素养。作为语文教师,应当学习于漪老师"教文育人"的教学之道,践行她教学实践与研究中所追求的"文道统一"的精神,兼顾工具性和人文性,实现以文育人,以文化人。叶澜先生说:"教育无论从什么角度看都不能离开真实的人来开展……无论在教育领域哪一个层面上工作,都期待有更多热爱人、尊重人、珍爱教育,在自我实现和提升他人生命价值、增添人生幸福和尊严作用的人来加盟。"要做一个珍爱教育、增添人生幸福和尊严的语文教师,就应当立志于道,醉心于道,终身追求教学之道。因为"没有理想,就没有企盼和期待;没有信念,就没有勇气和毅力不断生发的源泉;没有智慧,教育就只是心灵和精神的一种牵累;没有真情,生活就是无边的荒漠"①。

(四)从凝聚提炼到智性探索

教学主张是教师对教学问题系统、深刻、清晰的思考和见解。它是教师理性思考教学实践中遇到的问题,进行深入的教学研究,通过长期实践,不断摸索、反思和总结而产生形成的。教学主张是勾连接通教学理论与教学实践的一座桥梁,闪烁着理性与智性的光芒。它是教学经验的理性概括和提炼,又坚定地指向教学实践。教学主张的形成始于研究学生、研究教学中的问题;而且,教学主张的形成,必须把认识学生、研究学生和发现学生置于最核心的地位。党的十九大明确提出:"要全面贯彻党的教育方针,落实立德树人根本任务,发展素质教育,推进教育公平,培养德智体美全面发展的社会主义建设者和接班人。"只有从学生学习、发展中的问题出发,才能在分析问题、解决问题的过程中,促进学生的全面发展。基于此,追求卓越的名师需要面向学生发展,带着问题意识和理性思考,探寻有价值、有深度的教学思想的形成途径,在先进教学理论的指引下,经过理性思考与加工,将教学经验逐步凝聚提炼成为教学主张。

基础教育课程承载着党的教育方针和教育思想,规定了教育目标和教育内容,是国家意志在教育领域的直接体现,在立德树人中发挥关键作用。而教学主张的最大价值也在于课程化实践。教学主张课程化,是教师发展成熟的显著标志,是教学主张深化的必然要求,是教师加快成长的科学路径。在具体课程化实践过程中,需要教师围绕教学主张,集聚智性,发挥智性,实施智性探索,聚焦课程目标智性发展,聚焦课程内容智性开发,聚焦鲜活课堂师生智性共生。鞠九兵老师认为,智性是"人们运用智慧,客观、理性、科学地认识事物、关照生命,并在这一过程中有所体悟"。② 以此类推,教师的教学智慧,可以让学生从一块石头里看到风景,从一粒沙子里发现灵魂。智性的语文课堂,就是教师以广博的学养、独到的智慧和深刻的思想引导、启发和感染学生学习语文,开启学生悟性,增长学生智慧,引领学生登堂入室,步步走进语文堂奥之妙境的课堂。

---

① 肖川.教育的智慧与真情[M].长沙:岳麓书社,2013:20.
② 鞠九兵.教学主张课程化的价值与路径[J].中小学教师培训,2018(5):46-49.

下 篇

践履——
核心素养视域下"鲜活语文"的
实践探索

第四章

从静态文本走向体验生发
——"鲜活语文"之课程观

第一节　语文课程不再只是特定知识的载体

从人的全面成长与成才来看,学习有三个不同层次:一是学习知识本身,二是学习获得知识的方法,三是学习创造知识。因此,语文课程不只是"文本课程",更是体验课程、实践课程和生活课程。我国课程改革采取的是专家支持、政府推动、教师执行的模式,但是在执行改革的过程中则遵循政府理想的课程、专家规划的文本课程、教师解读的课程、师生互动的实践课程、学生体验的课程的路径予以开展,是一条自上而下的、路线严密的系统工程。语文课程由静态的文本课程走向实践课程、生成课程,重点在于关注学生的学习和学习体验,强调学习过程本身,强调教师、学生、教材、环境等方面形成的学习共同体。

基于上述定位与要求,需要明确语文课程设置的指导思想,除了充分考虑语文课程所涵盖领域的宽广性与纵深度,注意综合性、系统性和学科交叉性之外,也需要根据语文学科的人才培养特点,着力在语文课程中体现知识、思维、方法、能力以及创新意识等各种因素,包括这些因素在整个课程体系所占的比例,使语文课程体系真正成为知识、方法和创新的重要载体,而不再只是特定知识的载体,这就又需要对原有的语文课程资源进行重构和反思。

一、课程资源的重构与反思

在福建省分省命题期间,《考试说明》明确对文化经典《论语》《孟子》做出了考查要求。为应对考试要求,笔者借助已有课程资源,对文化经典《孟子》进行重构和反思,编写了相应的校本教材《孟子选读》。校本教材设置了政治思想、伦理思想、修养观念、教学观念 4 个专题。每个专题,先对该专题作总说,然后再对具体文本进行分说。每个专题,将所有相关文本材料分类选入,并作分析解读。所选入的文本材料均注明出处和提供译文。每个专题内容包括原文、译文、解读和强化训练:原文遵照版本体例,带有序号(版本依据杨伯峻的《孟子译注》);译文亦参照杨伯峻的《孟子译注》,并根据时代特点略作调整,淡化杨注《孟子》较为浓厚的时代印记;解读尽可能详细,部分参照李泽厚、傅佩荣等《孟子》研究专家的现代思想;强化训练按照政治思想、伦理思想、修养观念、教学观念 4 个专题设置试题。每个专题设置 10 道试题,视文本情况略有增减。试题以单项选择题和评析题的模式为主,部分试题将选择题调整为填空题。所选入的材料均注明出处和提供译文。题目附解析,简答题有采分点。另外,还命制综合练习(《论语》《孟子》合编)20 道。所选入的材料均注明出处和提供译文。题目附解析,简答题有采分点。

【案例分析】
校本教材《孟子选读》篇章示例:

专题三:修养观念
总　说

孟子是儒家思想的重要传承和发扬者,他被尊为亚圣,而"孔孟之道"亦被当作儒学的代名词,足见孟子在中华文化史的影响与地位。孟子的修养观念有着充满智慧和哲理的论述与阐释,今天仍能给我们很多启迪。

一、理想人格
(一)坚持以"道"的原则和理想作为价值取向和价值判断的最高标准
孟子之"道"继承于孔子之"道"。其内涵大体可以归纳为三个层次:首先,在社会结构上他肯定和维护以君、臣、父、子为核心的宗法等级制度。其次,主张在以上各等级层次之间有一种互相信守的行为准则和行为规范。再次，在以上基础上，还倡导一种在各等级层次之间，所有的人与人之间，应当普遍具有的道德观念，即"仁"。因此他所谓的"道"，在性质上就不是一种单纯的政治主张、伦理观念，而是具有完整的社会原则和社会理想。它是具有超政权、超阶级、超时代、超个人意志的意义。

（二）"人皆可为尧舜"

孟子主张人不分贵贱，在人格上都是平等的。他喊出一句响亮的口号："圣人，与我同类者。"（《孟子·告子上》）孟子这种思想的理论基础是"性善论"。在天性和人格上，圣人和凡夫俗子是生而相等的，他说："麒麟之于走兽，凤凰之于飞鸟，泰山之于丘垤，河海之于行潦，类也。圣人之于民，亦类也。"（《孟子·公孙丑上》）正因为每个人都具备善良天性和良好品德，如果人们不断发展自己的"四端"，也就是善性和道德，那么"人皆可为尧舜"。

孟子提倡学做圣人不仅有益于挽救社会风气，更为重要也更积极的意义则在于肯定众生人格平等。每个人经过努力都能够成为圣人的命题，从终极目标上激励人们后天的努力和奋斗，同时表明国君、大臣和庶民在人格上并没有高下之分。在等级分明的古代社会，这一思想无疑是大胆而带有进步意义的。

（三）善养"浩然之气"

在孟子看来，要想成为圣人就必须"保养本心"、善养"浩然之气"。孟子说这种"浩然之气""至大至刚"，能够"塞于天地之间"，表面看来似乎充满故弄玄虚的神秘色彩，实则仍以保养本性和加强仁义道德修养为旨归："其为气也，配义与道矣。"（《孟子·公孙丑上》）

如何能够让"浩然之气"充满天地之间，孟子认为有三个条件，一是要顺其自然去培养它，不能揠苗助长。（"以直养而无害，则塞于天地之间。"）二是浩然之气要和义与道结合而成，失去义与道，它就萎缩了。（"其为气也，配义与道；无是，馁也。"）三是浩然之气是不间断行义的结果，不是偶然的做几次好事就能培养成的。如果做了亏心的事，它就刚强不起来了。（"是集义所生者，非义袭而取之也。行有不慊于心，则馁矣。"）

（四）大丈夫人格

孟子还提出了理想的人生典范——大丈夫人格。有一次，弟子问孟子说：公孙衍、张仪难道算不上大丈夫吗？他们位居多国要职，发起怒来诸侯都恐惧不已，他们平静下来天下也就太平了。孟子不屑道，他们哪里能称为大丈夫呢？在孟子看来，保持自我和完善人格才是理想的人格即所谓大丈夫:"居天下之广居,立天下之正位,行天下之大道","富贵不能淫,贫贱不能移,威武不能屈,此之谓大丈夫"。(《孟子·滕文公下》)只有人格独立自主才能"无为其所不为",才能"仰不愧于天,俯不怍于人"。(《孟子·尽心上》)

有了这样的修养和大丈夫人格,就能够无所畏惧。孟子在与诸侯王公交往中不卑不亢,表现出高度的原则性和气节。当弟子问孟子,齐宣王对他很尊敬,为什么孟子对齐宣王反而不那么尊敬时,孟子用曾子的话说"彼以其富,我以吾仁;彼以其爵,我以吾义,吾何慊乎哉?"(《孟子·公孙丑下》)他还说:"说大人,则藐之。勿视其巍巍然······在彼者,皆我所不为也;在我者,皆古之制也,吾何畏彼哉!"(《孟子·尽心下》)孟子多次与诸侯论治,坚持仁政主张,言辞犀利,敢婴逆鳞,经常使国君们"勃然变乎色"(《孟子·万章下》),或者无言以对,只好"顾左右而言他"。(《孟子·梁惠王下》)

二、舍生取义

孟子对道义的崇尚是十分明显的。他在论述什么是浩然之气时说:"其为气也,配义与道。"(《孟子·公孙丑上》)意思是说浩然之气是由义与道合在一起所形成的。孟子称赞伊尹是"非其义也,非其道也,一介不以与人,一介不以取诸人"。(《孟子·万章上》)这就是说无论是取还是予,都要以是否符合道义为标准。

孟子认为道义高于一切。他说:"大人者,言不必信,行不必果,惟义所在。"(《孟子·离娄下》)这并不是说守信不重要,也不是说做事情是否始终如一是不重要的,而是说与义相比,前二者的价值要低一些。在与"义"发生冲突时,只能牺牲前二者来维护义。他又说:"天下有道,以道殉身;天下无道,以身殉道;未闻以道殉乎人者也。"(《孟子·尽心上》)"以道殉身"是用道陪伴着自己,也就是道不离身;"以身殉道"是不惜为道而献身,也就是身不离道。所谓"未闻以道殉乎人者也",是说不能以牺牲道的方法去迁就别人。孟子又说:"得道者多助,失道者寡助。"(《孟子·公孙丑下》)这说明孟子是一个确定无疑的道义主义者。

孟子虽然说过"养心莫善于寡欲"(《孟子·尽心上》),但其出发点是在强调人们尤其是君子应该注重道德修养,因而并不是反对人们追求物质利益。孟子成名后,每次周游列国,车马随从甚众,场面非常气派,所到之处,诸侯贵戚盛情款待。他的弟子对此不理解,怀疑这不符合儒家所讲的君子不言利的精神。孟子则坦然处之,他解释说:"非其道,则一箪食不可受于人;如其道,则舜受尧之天下,不以为泰。"(《孟子·滕文公下》)也就是说,问题的关键是要看是否违背道义,有道,利再大也不为过;无道,利再小也不能受。孟子反对的是大家都将"仁义"抛诸脑后而把眼睛紧盯在"利"上,反对"见利忘义"和"后义而先利"。他认为,如果人人都"怀利以相接","为人臣者怀利以事其君,为人子者怀利以事其父,为人弟者怀利以事其兄"(《孟子·告子下》),那就会导致人们不顾廉耻,互相倾轧,天下大乱。因此他提倡君子应该做到"仁民而爱物"(《孟子·尽心上》),在"鱼和熊掌不可得兼"的情况下,要舍利取义、"舍生取义"。(《孟子·告子上》)

三、积极入世

(一)拯民于水火、解民于倒悬的价值理念

孟子所处的时代较之春秋时期,兼并战争更为激烈,到处是兵刃,所见即饿莩。处在这样的社会环境中。孟子没有逃避,毅然决然地以天下为己任。"我亦欲正人心,息邪说,距诐行,放淫辞,以承三圣者"(《孟子·滕文公下》),同时豪迈地宣称:"待文王而后兴者,凡民也。若夫豪杰之士,虽无文王犹兴。"(《孟子·尽心上》)表达自己即使没有文王出现,也能奋发有为的豪情。为此大半生周游列国,呼号奔走,比孔子"知其不可而为之"的热心与执着有过之而无不及。

(二)以天下为己任的豪情

孟子流离颠沛、到处奔走呼号,推行仁政,他非常欣赏伊尹"自任以天下之重"的品格。他对伊尹的评价是:"思天下之民匹夫匹妇有不被尧舜之泽者,若己推而内之沟中——其自任以天下之重也。"(《孟子·万章下》)

与老子的清静无为不同,孟子奉行积极入世的人生观,孟子在刚一离开齐国踏上返回故乡的路上时,还希望齐王再把他召回去。他说:"王如用予,则岂徒齐民安,形而下之民举安。"(《孟子·公孙丑下》)设想假如齐王肯用他,不仅齐国的老百姓能够得到太平,而且天下的老百姓都可以得到太平。在离开齐国的路上,他对充虞说:"如欲平治天下,当今之世,舍我其谁也?"(《孟子·公孙丑下》)体现了一种轩昂霸气,这比孔子的"道不行,乘桴浮于海"的无可奈何更为坚毅和充满斗争意志。他相信即使暂时遇到挫折和困难,那不过是一些必经的考验,人要想成功,必须经风雨、见世面。孟子认为人只有在逆境中奋斗,才能激发出强烈的进取精神:"故天将降大任于斯人也,必先苦其心志,劳其筋骨,饿其体肤,空乏其身,行拂乱其所为,所以动心忍性,增益其所不能。"(《孟子·告子下》)"生于忧患、死于安乐",人只有在忧患中才能生存,贪图安乐就必然会导致灭亡。在面对困境时,"君子不怨天,不尤人","自任以天下之重"(《孟子·万章上》),以实现自我人生价值。

四、人格独立与自由

孟子对诸侯的态度,就体现了他对人格独立与人格自由的追求。为此,他还提出了一些直接与人格独立、人格自由密切相关的命题,如"乐其道而忘人之势"。所谓"乐其道而忘人之势",就是乐以坚持自己的道义而蔑视君王的权势。他说:"古之贤王好善而忘势;古之贤士何独不然?乐其道而忘人之势,故王公不致敬尽礼,则不得亟见之。见且由不得亟,而况得而臣之乎?"(《孟子·尽心上》)怎样做才是"乐其道而忘人之势"呢?那就是君王如果对自己没有礼貌,就不能召见自己,更不能把自己当作他的臣下。"王公不致敬尽礼,则不得亟见之。见且由不得亟,而况得而臣之乎?"(《孟子·尽心上》)

孟子认为不能"枉己从人"。所谓"枉己从人"就是委屈自己服从别人,或者是放弃自己的主张而听从别人的意见;这是人格不独立、不自由的表现。不能"枉己从人"就是要求人格的独立与自由。他的学生陈代认为他不去见诸侯是拘泥于一些小节,可是那些诸侯的权势都很大,你就委屈一下自己,见一见他们会有什么不行的呢?而且古书上也认为可以"枉尺而直寻",你为什么不能"枉尺而直寻"呢?孟子对陈代说:仁人志士是不怕死的,("志士不忘在沟壑,勇士不忘丧其元。")我为什么要屈辱自己的志向和主张去听从诸侯的意志呢?("如枉道而从彼,何也?")同时他又指出:"枉己者,未有能直人者也。"意思是说在自己的主张上打折扣,就不可能让别人实行你的主张,所以不能枉己从人。(详见《孟子·滕文公下》)

五、修身养性、闻过则改

孟子说:"尽其心者,知其性也。知其性,则知天矣。存其心,养其性,所以事天也。夭寿不贰,修身以俟之,所以立命也。"(《孟子·尽心上》)"尽心"即尽量地保持善良的本心。在孟子看来,培养身心,等待天命,就能做到安身立命了。显然,孟子是把修身与养性,把安身与立命,把安身立命与知天事天作为一个整体修养活动来对待的。此外,孟子还有一些关于修养心性的说法。例如:"大人者,不失其赤子之心者也。"(《孟子·离娄下》)再如:"养心莫善于寡欲。其为人也多寡欲,虽不存焉者,寡矣;其为人也欲,虽有存焉者,寡矣。"(《孟子·尽心下》)"寡欲"与"赤子之心"都讲的是保持心境的纯洁坦荡毫无挂碍,从而在身心两方面"配义与道"成为君子。

孟子认为,人们的差别不在于富贵贫贱,而在于能否保持高尚的道德,即做"仁人"。君子"以德服人","君子所以异于人者,以其存心也。君子以仁存心,以礼存心"(《孟子·离娄下》)。抵御外在物欲干扰,保养良好天性,既需要好的环境,更需要个人持之以恒的努力。因此,孟子更强调个人的立志和坚持,强调君子必须"穷不失义,达不离道"(《孟子·尽心上》)。

孟子说:"不得于心,勿求于气,可;不得于言,勿求于心,不可。"(《孟子·公孙丑上》)意思是说心里有所不安,不必求助意气,这是可以的;言论上有所不通,心里不寻求道理,这不可以。如果在思想上不能沟通,则要把握住心志,不要妄动意气,这是一种非常重要的修养。

孟子非常注重通过"改过"来提高自己的修养。孟子认为,即使是古之圣人也会犯错,但是人不怕犯错,只怕掩饰错误而又不加以改正,"过则改之"才是君子所为。他说:"古之君子,过则改之;今之君子,过则顺之。古之君子,其过也,如日月之食,民皆见之;及其更也,民皆仰之。今之君子,岂徒顺之,又从为之辞。"(《孟子·公孙丑下》)意思是说,古代的君子,犯了过错就改正;现在的君子,犯了过错却照样犯下去。古代的君子,他的过错就像日食月食一样,人民都能看到;等他改正后,人民都仰望着他。现在的君子,岂止是坚持错误,竟还为错误作辩解。

孟子还用十分风趣的例子来说明要提高自己的修养,就要做到一旦发现并认识到了错误,就要及时彻底改正,不要找任何借口以期待来日。戴盈之认为实行十分抽一的税率,免去关卡和市场上对商品的征税,今年不能实行了,就先减轻一些,等到明年再废止现行的税制。孟子说:"今有人日攘其邻之鸡者,或告之曰:'是非君子之道。'曰:'请损之,月攘一鸡,以待来年,然后已。'如知其非义,斯速已矣,何待来年?"(《孟子·滕文公下》)孟子用"请损之,月攘一鸡,以待来年,然后已"(请允许少偷一些,每月偷一只鸡,等到明年再停止偷鸡)一语中所显示的荒唐逻辑来揭示戴盈之知错不改的可笑,进而说明修身养性、闻过则改的道理。

分　说

【原文】2·5

齐宣王问曰:"人皆谓我毁明堂,毁诸?已乎?"孟子对曰:"夫明堂者,王者之堂也。王欲行王政,则勿毁之矣。"王曰:"王政可得闻与?"对曰:"昔者文王之治岐也,耕者九一,仕者世禄,关市讥而不征,泽梁无禁,罪人不孥。老而无妻曰鳏,老而无夫曰寡,老而无子曰独,幼而无父曰孤。此四者,天下之穷民而无告者。文王发政施仁,必先斯四者。《诗》云:'哿矣富人,哀此茕独!'"王曰:"善哉言乎!"曰:"王如善之,则何为不行?"(《孟子·

梁惠王下》)

【译文】齐宣王问道:"人家都建议我毁掉明堂,毁掉它呢,还是不毁呢?"孟子答道:"明堂是(施行仁政的)王者的殿堂。大王如果打算施行仁政,就不要毁掉它了。"宣王说:"仁政的道理,能说给我听听吗?"孟子说:"从前周文王治理岐地,农民只抽九分之一的税;做官的世代享受俸禄,关卡和市场(对商人)只稽查不征税;湖泊池沼不设禁令,(任人捕鱼)惩办罪人不牵连妻儿。年老无妻叫鳏,年老无夫叫寡,年老无子叫独,年幼无父叫孤。这四种人是天下最困难而又无所依靠的人。文王发布政令、施行仁政,必定先照顾这四种人。《诗经》上说:'富人的生活是称心啦,要怜悯这些孤独无依的人!'"宣王说:"说得好啊!"孟子说:"大王如果觉得好,那么为什么不照着去做呢?"

【解读】明堂是周天子东巡时接受诸侯朝见的地方,在泰山脚下。明堂的存在,用以提醒诸侯不要忘记天子是天下的共主。实际的情况是,天子根本不会来了,明堂留在那里,没有什么用处;但拆掉明堂的话,大家更容易忘记还有一个天子的存在。既然想施行仁政,就应该保存明堂,孟子借此向齐宣王宣传如何施行仁政。

【原文】2·8

齐宣王问曰:"汤放桀,武王伐纣,有诸?"孟子对曰:"于传有之。"曰:"臣弑其君,可乎?"曰:"贼仁者谓之贼,贼义者谓之残;残贼之人谓之一夫。闻诛一夫纣矣,未闻弑君也。"(《孟子·梁惠王下》)

【译文】齐宣王问道:"商汤流放夏桀,武王讨伐商纣,有这些事吗?"孟子回答道:"文献上有这样的记载。"宣王问:"臣子杀他的君主,可以吗?"孟子说:"败坏仁的人叫贼,败坏义的人叫残;残、贼这样的人叫独夫。我只听说杀了独夫纣罢了,没听说臣杀君啊。"

【解读】孟子认为,不仁不义将会众叛亲离。如果把仁德、义行破坏了,天下的人将无路可走。这样的人就是独夫,众叛亲离,所以该杀。而且这是铲除独夫,不是杀害国君,并不违背君臣伦理。

【原文】4·6

孟子为卿于齐,出吊于滕,王使盖大夫王驩为辅行。王驩朝暮见,反齐滕之路,未尝与之言行事也。公孙丑曰:"齐卿之位,不为小矣;齐滕之路,不为近矣,反之而未尝与言行事,何也?"曰:"夫既或治之,予何言哉?"(《孟子·公孙丑下》)

【译文】孟子在齐国担任卿,奉命到滕国去吊丧,齐王派盖地的大夫王骥作为副使与孟子同行。王骥（同孟子）朝夕相见，但在从齐国到滕国的来回路上，孟子不曾同他谈起出使的事情。公孙丑说："齐国卿的职位不算小了；齐国与滕国之间，路不算近了，往返途中不曾同他谈起出使的事情，为什么呢？"孟子说："那个人既然独自包办了，我还说什么呢？"

【解读】孟子对王骥作为副使却越权独自包办到滕国去吊丧的事务的做法很不满，认为这种做法是违背礼仪的。

【原文】3·2

"敢问夫子恶乎长？"曰："我知言，我善养吾浩然之气。""敢问何谓浩然之气？"曰："难言也。其为气也，至大至刚，以直养而无害，则塞于天地之间。其为气也，配义与道；无是，馁也。是集义所生者，非义袭而取之也。行有不慊于心，则馁矣。我故曰，告子未尝知义，以其外之也。必有事焉，而勿正；心勿忘，勿助长也。"（《孟子·公孙丑上》）

【译文】（公孙丑问：）"请问，老师擅长哪方面？"孟子说："我能识别各种言论，我善于培养我的浩然之气。"（公孙丑说：）"请问什么叫浩然之气？"孟子说："难说清楚啊。它作为一种气，最为盛大，最为刚强，靠正直去培养它而不伤害它，就会充塞天地之间。它作为一种气，要和义与道配合；没有这些，它就会萎缩。它是不断积累义而产生的，不是偶然地有过正义的举动就取得的。如果行为有愧于心，气就萎缩了。因此我说，告子不曾懂得义，因为他把义看作是外在的东西。（对浩然之气）一定要培养它，不能停止下来；心里不能忘记它，也不妄自助长它。"

【解读】孟子的优点一是"知言"，即能识别各种言论，是指听到别人说话就能知道别人的问题在哪里。二是"善养吾浩然之气"，它的特点是最为盛大，最为刚强。要培养这种"气"，关键要"直"，即修养要从真诚和正直着手，同时还要和义与道配合，没有这些，它就会萎缩。

【原文】6·6

孟子谓戴不胜曰："子欲子之王之善与？我明告子：有楚大夫于此，欲其子之齐语也，则使齐人傅诸？使楚人傅诸？"曰："使齐人傅之。"曰："一齐人傅之，众楚人咻之，虽日挞而求其齐也，不可得矣。引而置之庄岳之间数年，虽日挞而求其楚，亦不可得矣。子谓薛居州，善士也，使之居于王所。在于王所者，长幼卑尊皆薛居州也，王谁与为不善？在王所者，长幼卑尊皆非薛居州也，王谁与为善？一薛居州，独如宋王何？"（《孟子·滕文公下》）

【译文】孟子对戴不胜说："你希望你的君王学好吗？我明白地告诉你：假定有个楚国大夫在这里，想让他的儿子学齐国话，那么请齐国人教他呢，还是请楚国人教他呢?"戴不胜说:"请齐国人教他。"孟子说:"一个齐国人教他,许多楚国人哇啦哇啦干扰他,即使天天鞭打他,逼他学齐国话,也不可能学会的。如果带他到齐国都城的闹市上住上几年,即使天天鞭打他,要他讲楚国话,也是不可能的。你说薛居州是个好人,让他住在宋王宫中。如果在王宫中的人,不论年龄大小、地位高低,都是薛居州那样的人,宋王还能同谁一起干坏事呢?如果在王宫中的人,不论年龄大小、地位高低,都不是薛居州那样的人,宋王又能同谁一起做好事呢?仅仅一个薛居州,能对宋王起什么作用呢?"

【解读】孟子用"一傅众咻"的寓言说明客观环境对教育的影响。即要达到教育的目的,一定要全力改善受教育者的教育环境以适应教育的要求,这样才能产生教育的效果。

【强化训练】阅读下面的《孟子》选段,回答问题。(6分)

"敢问夫子恶乎长?"曰:"我知言,我善养吾浩然之气。""敢问何谓浩然之气?"曰:"难言也。其为气也,至大至刚,以直养而无害,则塞于天地之间。其为气也,配义与道;无是,馁也。是集义所生者,非义袭而取之也。行有不慊于心,则馁矣。我故曰,告子未尝知义,以其外之也。必有事焉,而勿正;心勿忘,勿助长也。"(《孟子·公孙丑上》)

(1)填空题。(3分)

孟子认为要"善养吾浩然之气",它的特点是最为盛大,最为刚强。要培养这种"气",关键要□,同时还要和□与□配合;没有这些,它就会萎缩。

(2)结合文本,谈谈孟子"养吾浩然之气"与"积义"的关系。(3分)

【答案示例】

(1)直、义、道。(每空1分,满分3分)

(2)孟子认为"浩然之气"是不断积累义而产生的,不是偶然地有过正义的举动就取得的;(1分)对浩然之气,一定要培养它,不能停止下来,如果行为有愧于心,气就萎缩了;(1分)不能像告子那样不懂得义,把义看作是外在的东西。(1分)

【译文】(公孙丑问:)"请问,老师擅长哪方面?"孟子说:"我能识别各种言论,我善于培养我的浩然之气。"(公孙丑说:)"请问什么叫浩然之气?"孟子说:"难说清楚啊。它作为一种气,最为盛大,最为刚强,靠正直去培养它而不伤害它,就会充塞天地之间。它作为一种气,要和义与道配合;没有这些,它就会萎缩。它是不断积累义而产生的,不是偶然地有过正义的举动就取得的。如果行为有愧于心,气就萎缩了。因此我说,告子不曾懂得义,因为他把义看作是外在的东西。(对浩然之气,)一定要培养它,不能停止下来;心里不能忘记它,也不妄自助长它。"

【综合训练】阅读下面的《论语》《孟子》选段,回答问题。(6分)

①定公问:"君使臣,臣事君,如之何?"孔子对曰:"君使臣以礼,臣事君以忠。"(《论语·八佾》)

②孟子告齐宣王曰:"君之视臣如手足,则臣视君如腹心;君之视臣如犬马,则臣视君如国人;君之视臣如土芥,则臣视君如寇仇。"(《孟子·离娄下》)

(1)下列对选段内容的理解,不正确的一项是(　　)。(3分)

A.孟子告诉齐宣王的话里,用了很多比喻,如手足与腹心、犬马与国人、土芥与寇仇等,都是为了生动形象,便于理解

B.鲁定公的哥哥鲁昭公曾被贵族季氏赶出国外。因此,鲁定公特意询问孔子如何正确处理君臣关系,是为了维持其政权

C.孔子对于鲁定公的询问,在回答时强调国君不能忽略礼仪与礼节;否则,臣子在事奉国君的时候很难做到忠心耿耿

D.孟子反对臣子对国君一味顺从,臣子对国君的态度要视国君对臣子的态度而定,如果国君珍惜臣子,臣子会更加珍惜国君

(2)结合文本,分析孔子和孟子关于君臣伦理关系见解的异同点。(3分)

【答案示例】

(1)选 A,"都是为了生动形象,便于理解"有误,应都是为了阐明君臣关系的相对性。

(2)参考答案:共同点:都认为君臣之间的伦理关系是相对的,强调人性的尊严与平等(1分)。不同点:孔子认为君臣之间的伦理关系应注重"礼"和"忠"(1分),而孟子则反对臣子对国君一味顺从(1分)。

【译文】①鲁定公问:"君主使用臣,臣事奉君主,应当怎样呢?"孔子回答:"君主使用臣应当以礼相待,臣事奉君主应当以忠诚相待。"

②孟子告诉齐宣王说:"君主看待臣下如同自己的手足,臣下看待君主就会如同自己的腹心;君主看待臣下如同狗马,臣下看待君主就会如同不相识的人;君主看待臣下如同泥土草芥,臣下看待君主就会如同仇人。"

传统文化经典凝聚了中华民族的智慧与思想,是中华文化的宝藏,能

够使我们真切触摸到中国的气质。传统文化经典对形成民族文化、民族心理、民族性格和民族精神起着至关重要的作用。《普通高中语文课程标准（2017年版）》中学习任务群8"中华传统文化经典研习"提出："本任务群旨在引导学生通过阅读中华传统文化经典作品，积累文言阅读经验，培养民族审美趣味，增进对中华优秀传统文化的理解，提升对中华民族文化的认同感、自豪感，增强文化自信，更好地继承和弘扬中华优秀传统文化。"通过《孟子》的学习，可以积累和梳理文言阅读经验，培养汉语语感，提高汉语表达能力，夯实民族审美趣味的根基，进而形成学生对祖国文化的理解与认同。同时，站在学习任务群1"整本书阅读与研讨"的课程内容角度来看，通过《孟子》对课程资源进行重构和反思，可以扩大阅读空间，训练学生的阅读概括能力，丰富想象和联想，提升思维品质和鉴赏能力，形成适合自己的读书方法，养成读书习惯，进而借此增广人生的格局，陶冶崇高的精神与博大的情怀。

二、课程资源的开发与优化

（一）综合实践活动

综合实践活动课程是一门与其他各门学科有着本质区别的新的课程，它是一门综合课程和经验课程。概括地说，综合实践活动是基于学生的直接经验，密切联系学生生活和社会生活，体现对知识的综合运用的课程形态。这是一种以学生的经验与生活为核心的实践性课程。从这一概念中我们应关注"生活"与"经验"两个词语。"生活"强调的是学生的个人生活和社会生活，"经验"强调的是学生个人实践经验和个人在学习过程中的直接经验。

1.综合实践活动课程的实施是语文学习方式变革的基础

首先，综合实践活动课程的实施是语文学习方式变革的基础，是由综合实践活动课程的特性决定的。

一是综合实践活动具有整体性。主题的选择范围包括学生本人、社会生活和自然界。对任何主题的探究都必须体现个人、社会、自然的内在整合，体现科学、艺术、道德的内在整合。综合实践活动必须立足于人的个性的整体性，立足于每一个学生的健全发展。

二是综合实践活动具有实践性。它是以学生的现实生活和社会实践为基础发掘课程资源,而非在学科知识的逻辑序列中构建课程。它以活动为主要开展形式,强调学生的亲身经历,要求学生积极参与到各项活动中去,在"做""考察""实验""探究"等一系列的活动中发现和解决问题,体验和感受生活,发展实践能力和创新能力。

三是综合实践活动具有开放性。它面向每一个学生的个性发展,尊重每一个学生发展的特殊需要,其课程目标具有开放性。它面向学生的整个生活世界,随着学生生活的变化而变化,其课程内容具有开放性。它关注学生在活动过程中所产生的丰富多彩的学习体验和个性化的创造表现,其评价标准具有多元性。

四是综合实践活动具有生成性。每一所学校都有对综合实践活动的整体规划,每一个活动开始前都有对活动的周密设计,这是综合实践活动计划性的一面。但是,综合实践活动的本质特性却是生成性,随着活动的不断展开,新的目标不断产生,新的主题不断生成,学生在这个过程中认识和体验不断加深,创造性的火花不断迸发。

五是综合实践活动具有自主性。它充分尊重学生的兴趣、爱好,为学生的自主性的充分发挥开辟了广阔的空间。

综合实践活动的这五个特性决定了综合实践活动课程的实施是学生语文学习方式发生变革的基础。综合实践活动的宗旨就是为了改变学生的学习方式,培养学生的创新精神与实践能力。通过综合实践活动课程的实施能够有效地促进学生语文学习方式的变革,以此为途径有效地引导学生质疑、调查、探究,在实践中学习,使学习成为在教师指导下主动的富有个性的过程。其对课程资源进行开发和优化,价值与意义不言而喻。

其次,综合实践活动课程的实施是语文学习方式变革的基础,是由综合实践活动课的内容决定的。

综合实践活动的主要内容包括研究性学习、社区服务与社会实践、劳动与动手教育、信息技术教育这四个方面。以研究性学习为例。学生基于自身兴趣,在教师指导下,从自然、社会和学生自身生活中选择确定研究专题,主动地获取知识、应用知识、解决问题。学生通过实践,增强探究和创新意识,学习科学方法,发展综合运用知识的能力。学生通过语文研究性学习活动,形成一种积极的、生动的自主、合作、探究的语文学习方式。

在综合实践活动课程的实施过程中,研究性学习活动使学科知识在实践活动中得以延伸、综合、重组与提升,综合实践活动中所发现的问题、所获得的知识技能可以进一步在各学科领域的教学中得到拓展和加深。

最后,综合实践活动课程的实施是语文学习方式变革的基础,是由综合实践活动的过程中所应遵循的原则决定的。

综合实践活动是教师与学生合作开发与实施的。教师和学生既是活动方案的开发者,又是活动方案的实施者。有效实施综合实践活动必须遵循正确处理学生自主选择、主动实践与教师的有效指导的关系。

倡导学生对课题的自主选择和主动实践是实施综合实践活动的关键。第一,学生要形成问题意识,善于从日常生活中发现自己感兴趣的问题。第二,学生要善于选择自己感兴趣的课题。第三,在课题的展开阶段,可以采取多种多样的组织方式。第四,在课题的探究过程中应遵循"亲历实践、深度探究"的原则,倡导亲身体验的学习方法,引导学生对自己感兴趣的课题进行持续、深入的探究,防止浅尝辄止。教师要对学生的活动加以有效的指导。在指导内容上,创设学生发现问题的情境,引导学生从问题情境中选择适合自己的探究课题,帮助学生找到适合自己的语文学习方式和探究方式。在指导方式上,倡导团体指导与协同教学。

总之,教师既不能"教"综合实践活动,也不能推卸指导的责任、放任学生,而要把自己的有效指导与鼓励学生自主选择、主动实践有机结合起来。

2.综合实践活动课程的实施是语文学习方式的变革的直接载体

要改变原有的单一、被动的语文学习方式,建立和形成旨在充分调动、发挥学生主体性的多样化的语文学习方式,促进学生在教师指导下主动地、富有个性地学习。要实现这一核心任务就必须以综合实践活动课程的实施为载体。

语文学习方式较之于学习方法是更为上位的东西,二者类似于战略与战术的关系:语文学习方式相对稳定,而学习方法相对灵活,语文学习方式不仅包括学习方法及其关系,而且涉及学习习惯、学习意识、学习态度、学习品质等心理因素和心灵力量。所以语文学习方式的转变对促进学生发展更具有战略性的意义。

转变学生的学习方式在当前推进素质教育的形势下具有特别重要的现实意义。单一、被动的学习方式,已经成为影响素质教育在课堂教学中推进的一大障碍。传统的语文学习方式把学习建立在人的客体性、受动性、依赖性的一面上,从而导致人的主体性、能动性、独立性的不断销蚀。转变语文学习方式就是要转变这种他主性、被动性的学习状态,把学习变成人的主体性、能动性、独立性不断生成、张扬、发展、提升的过程。

　　学生的语文学习方式一般有接受和发现两种。在接受学习中,学习内容是以定论的形式直接呈现出来的,学生是知识的接受者。在发现学习中,学习内容是以问题的形式间接呈现出来的,学生是知识的发现者。两种语文学习方式都有其存在的价值,彼此也是相辅相成的关系。但是传统的语文学习方式过分突出、强调接受与掌握,冷落、忽视发现与探究,从而在实践中导致了对学生认识过程的极端处理,使学生学习书本知识变成仅仅是直接接受书本知识(死记硬背书本知识即为典型),学生学习变成了纯粹被动地接受、记忆的过程。这种学习会阻碍人的思维和智力发展,摧残人的学习兴趣和热情。它不仅不能促进学生发展,反而成为学生发展的阻力。转变语文学习方式就是要改变这种状态,使学习过程更多地成为学生发现问题、提出问题、分析问题、解决问题的过程。强调发现学习、探究学习、研究性学习。

　　转变语文学习方式,要以培养学生的创新精神与实践能力为主要目的。也就是要构建旨在培养创新精神与实践能力的语文学习方式及其对应的教学方式。要注重培养学生的批判意识和怀疑精神,鼓励学生对书本的质疑和对教师的超越,赏赞学生独特性和富有个性化的理解和表达。要积极引导学生从事实验活动和实践活动,培养学生乐于动手、勤于实践的意识和习惯,切实提高学生的动手能力和实践能力。

　　总而言之,转变语文学习方式实质上就是教育价值观、人才观和培养模式的变革。而要较好地实现这一目标就必须以综合实践活动课实施为载体。

　　转变语文学习方式从根本上说就是要从传统的语文学习方式转向现代的语文学习方式。现代的语文学习方式的本质是以弘扬人的主体性为宗旨,以促进人的可持续发展为目的,由许多具体方式构成的多维度、具有不同层次结构的开放系统。

　　一是主动性。主动性是现代语文学习方式的首要特征,它对应于传统语文学习方式的被动性,二者在学生的具体学习活动中表现为:我要学和要我学。我要学是基于学生对学习的一种内在需要,要我学则是基于外在的诱因和强制。学生学习的内在需要一方面表现为学习兴趣。兴趣有直接或间接之分,直接兴趣指向过程本身,间接兴趣指向活动结果。学生有了学习兴趣,特别是直接兴趣,学习活动对他来说就不是一种负担,而是一种享受、一种愉快的体验。反之,如果学生对学习不感兴趣,只在逼迫的状态下被动地学习,学习效果必定是事倍功半。另一方面表现为学习责任。

如果学生自己意识不到学习的责任,不能把学习跟自己的生活、生命、成长、发展有机联系起来,这种学习就不是真正的自我学习。只有当学习的责任真正地从教师身上转移到学生身上,学生自觉地担负起学习的责任时,学生的学习才是一种真正的有意义的学习。

二是独立性。独立性是现代语文学习方式的核心特征,它对应于传统语文学习方式的依赖性。如果说主动性表现为我要学,那么独立性则表现为我能学。每个学生都有相当强的潜在的和显在的独立学习能力,同时都有一种独立的要求,都有一种表现自己独立学习能力的欲望。低估、漠视学生的独立学习能力,忽视、压制学生的独立要求,从而导致学生独立性的不断丧失,这是传统语文教学的根本弊端。我们应充分尊重学生的独立性,积极鼓励学生独立学习,并创造机会让学生独立学习,从而让学生发挥自己的独立性,培养独立学习的能力。

三是独特性。每个学生都有自己独特的内心世界、精神世界和内在感受,有着不同于他人的观察、思考和解决问题的方式,每个学生的语文学习方式本质上都是其独特个性的体现。有效的语文学习方式都是个性化的,这就意味着我们提倡转变语文学习方式,要尊重学生的独特个性和具体生活,为每个学生富有个性的发展创造空间。独特性同时也意味着差异性,学生的学习客观上存在着个体差异,不同的学生在学习相同内容时,实际具备的认知基础和情感准备以及学习能力倾向不同,决定了不同的学生对同样的内容和任务的学习速度和掌握它所需要的时间及所需要的帮助也不同。现代语文学习方式尊重学生的差异,并把它视为一种亟待开发和利用的教育教学资源,努力实现学生学习的个体化和教师指导的针对性。

四是体验性。体验是指由身体性活动与直接经验而产生的感情和意识。体验使学习进入生命领域,因为有了体验,知识的学习不再是仅仅属于认知、理解范畴,它已扩展到情感、生理和人格健全与发展的过程。体验性是现代语文学习方式的突出特征,在实际学习活动中,它表现为:第一,强调身体性参与。学习不仅要用自己的脑子思考,而且要用自己的眼睛看,用自己的耳朵听,用自己的嘴说话,用自己的手操作,即用自己的身体去亲自经历,用自己的心灵去亲自感悟。这不仅是理解知识的需要,更是激发学生生命活力,促进学生生命成长的需要。基于此,语文学习方式变革特别强调学生参与,强调"活动",强调"操作",强调"实践",强调"考察",强调"调查",强调"探究",强调"经历"。第二,重视直接经验,从课程上讲,就是要把学生的个人知识、直接经验、生活世界看成重要的课程资源。从教学角度讲,就是要鼓励学生对教科书的自我解读、自我理解,尊重学生的个人感受和独特见解,使学习过程成为一个富有个性的过程。从学习的角度讲,就是要把直接经验的改造、提炼、升华与发展作为学习的重要目的,否则,就会失去其教育意义和发展人的价值。

五是问题性。问题是科学研究的出发点,没有问题就不会有解释问题和解决问题的思想、方法和知识,所以说,问题是思想方法、知识积累和发展的逻辑力量,是生长新思想、新方法、新知识的种子。语文学习同样必须重视问题的作用。从本质上讲,产生学习动机的根本原因是问题。没有问题也就难以诱发和激起求知欲,没有问题,感觉不到问题的存在,学生也就不会去深入思考,那么学习也就只能是表层和形式的。现代语文学习方式一方面强调通过问题来进行学习,把问题看作是学习的动力、起点和贯穿学习过程中的主线;另一方面通过学习来生成问题,把学习过程看成是发现问题、提出问题、分析问题和解决问题的过程。这就要特别强调问题意识的形成和培养。问题意识是指问题成为学生感知和思维的对象,从而在学生心里造成一种悬而未决但又必须解决的求知状态。问题意识会激发学生强烈的学习愿望,从而注意力高度集中,积极主动地投入学习;问题意识还可以激发学生勇于探索、创造和追求真理的科学精神。没有强烈的问题意识,就不可能激发学生认识的冲动性和思维的活跃性,更不可能激发学生的求异思维和创造思维。

3.综合实践活动课程的实施与语文学习方式的变革是相辅相成、互为促进的

综合实践活动课程的实施与语文学习方式的变革是相辅相成,互为促进的,综合实践活动课程的实施促进了语文学习方式的变革,语文学习方式变革促进了综合实践活动课程的实施,二者相得益彰。

笔者于2007—2008学年上学期着手进行有关"民居文化"的综合实践活动课程的实施。首先进行有针对性的指导,引导学生认真阅读民居文化的单元知识,组织学生着手进行相关准备。然后开展活动。具体见表4-1。

表 4-1 单元计划实施表

活动阶段	活动内容	时间安排
第一阶段	介绍单元计划,教师用多媒体演示文稿将本次研究性学习的过程、计划和任务明确地告诉学生,使学生对完成本次计划的形式有一个大致的了解	45 分钟
第二阶段	确定小组及人员分工,每小组不多于 6 人,制定小组计划和行动方案,明确个人任务,提交"小组分工计划表"	一周
第三阶段	各小组分别做调查,搜集资料	二周
第四阶段	每个小组将查到的资料进行交流、汇总、分析,进行演示文稿结构的讨论,初步制作调查报告及演示文稿和筹办《民居文化的图片展示》展览会,组织学生分组进行交流和制作多媒体演示文稿	一周
第五阶段	组织学生进行汇报(形式多样:调查报告、回收成品、多媒体演示文稿、网站),共享研究成果,进行自我评价	45 分钟
第六阶段	组织学生进行交流,总结并完善自己的观点;教师对学生的作业进行评价	一周
第七阶段	以一个或几个小组为单位,制作网页,展示全班学习成果;学生根据"网站评价量规"评定学生自己制作的网页	一周

以上的《单元计划实施表》在设计时笔者考虑了如何将综合实践活动的实施与学生语文学习方式的变革有机地结合起来,在具体实施过程中,非常注重跟踪与研究学生语文学习方式变革的情况,并关注学生在系列活动中发现和解决问题,体验和感受生活,发展实践能力和创新能力。实践证明,课程资源的开发不仅是实施综合实践活动的基本前提,而且是课程内容的直接来源,是课程内容本身。同时,课程资源的性质和现状也直接影响着学生的学习活动方式,因此,在某种意义上可以说,综合实践活动课程资源的开发,决定着学生在教育活动中的语文生活方式或生存方式。

（二）当代文化参与

语文是母语课程,在社会日常生活中,个体都不可能脱离社会而独立存在于社会群体之外。同理,语文学习不可能也不应该脱离母语环境,忽略日常生活中取之不尽、源源不绝的语言资源。因此,语文课程应当引导学生利用当代文化生活中的语文资源,开阔视野,在更广阔的空间里运用语文,发展学生的语文特长与语文个性;在参与当代文化的过程中进行语文实践,积极参与中国特色社会主义先进文化的传播与交流。《普通高中语文课程标准(2017年版)》将"当代文化参与"任务群的价值与功能确立为:"旨在引导学生关注和参与当代文化生活,学习剖析、评价文化现象,积极参与中国特色社会主义先进文化的传播和交流,增强文化自信。"并在学习目标与内容中指出:"关注当代文化生活,开展社区文化调查,搜集整理材料,对社区的文化生活方式、风俗习惯、思想观念、生活演变等进行分析讨论,增强弘扬社会主义核心价值观的自觉性。通过各种传媒,关注当代文化生活观点,聚焦并提炼问题,展开专题研讨,解释文化现象,积极参与社会主义先进文化建设,提高对各种文化现象的认识能力和阐释自己见解的能力。"其功能与目标启示我们,一线教师实施语文教学时,"当代文化参与"的教学价值与育人取向不容忽视。

"当代文化参与"这一任务群的学习具有活动性、综合性、实践性强等特点,如何实现语文学习与实践活动的深度融合,是该学习任务群在具体实施课程目标时需要首先考虑解决的问题。因为文化现象的专题研讨与社区文化的调研大多是课内与课外相结合的学习任务,而"当代文化参与"项目式学习侧重文化现象的剖析与探究、文化生活参与等,注重对学生批判性思维能力、问题解决能力、团队协作能力和自我管理能力的培育。所以,项目式学习是"当代文化参与"任务群学习目标要求落地的重要实践方式。项目式学习是一种导向核心素养养成的学习方式,它强调以学生为主体,在"做中学",突出学习的过程性、实践性,因此,项目式学习可以与"当代文化参与"学习任务群目标要求的落地实现精准对接与价值转化。

【案例分析】

学生"当代文化参与"教学实践案例：

顺昌民居文化调查研究报告

一、研究项目的确定

现存的福建传统民居是华夏古代建筑的"活化石"之一。福建民居的独特的形制与风格，至今仍在不断激发当代建筑师的创作灵感。其精美的木雕、石刻、彩绘、剪黏装饰，是福建传统民居建筑艺术中最精彩的部分。顺昌民居尤其是顺昌县元坑镇谟武村至今保留较为完好的古代民居正是福建传统民居的典范，对其进行深入的研究调查，不仅具有重要的历史意义，而且具有重大的现实意义。

二、研究目的及意义

(1)发展关注和参与当代文化生活的意识；

(2)学习剖析、评价文化生活现象的方法；

(3)提高文化认同，增强文化自信。

本活动在内容上关涉社会、人生、历史、文化、艺术、民俗、道德等多个领域；在学习方法与手段上借鉴其他学科，注重在实际情境、社会实践和生活体验中培育人文素养和综合素质；在功能上注重兴趣爱好、情感态度与价值观、创新意识与合作精神等的培养，有利于促成健康人格的形成和身心诸因素的和谐发展。本活动通过了解顺昌民居现存古建筑情况及当地风土人情，感受家乡的历史文化，在实地调查访问中发现问题，向当地政府及民众提出在宣传与保护古建筑方面的合理化建议，借助整个实践过程，锻炼自己的能力，提高综合素质。

三、活动的可行性

项目组通过上网调查，了解到闽北关于民居方面的资料极少，因此这次活动有一定的意义和价值。我们还通过走访了解得知，顺昌县的乡镇中，还有一些有地域特色的民居，如元坑镇目前保留着的萧氏祖屋、廖氏祖屋、陈氏祖屋，岚下乡现存的临水而居的建筑群，等等。此外，高一年级近六成的学生来自乡镇，学生在节假日返家时就能了解这些自己早已熟悉而又较少关注的地方。

四、研究的主要内容

(1)本县乡镇现存的古代民居概况(包括结构、造型、规模、布局、摆设及地理位置、朝向等)；

(2)乡镇的氏族的祠堂文化；

(3)村镇的整体结构和布局；

(4)当地居民的生产生活与文化活动。

五、研究方法及手段

(1)查找资料；

(2)实地考察；

(3)参观居民,向专业研究人员调查、访问；

(4)拍照,录像；

(5)学习方式：自主学习、小组合作式学习、探究性学习。

六、项目活动设计

(1)学习《胡同文化》《西安这座城》《上海弄堂》等文章,理解民居与文化的关系,为项目活动提供借鉴参考与理论依托,使具体操作过程更具有针对性。

(2)拟定项目计划,确定小组及人员分工,每小组不多于 6 人,制定小组计划和行动方案,明确个人任务。提交"小组分工计划表",明确本次学习活动的目的、过程和任务。

(3)各小组分别做调查,搜集资料。

(4)每个小组将搜集到的资料进行交流、汇总、分析,初步撰写调查报告,准备演示文稿,筹办《顺昌民居文化图片展示》展览会。

(5)交流、汇报成果,形式可以多样,如调查报告、回收成品、多媒体演示文稿、自制网站等,共享研究成果,并进行自我评价。

(6)提炼升华,撰写论文。（不作硬性要求）

七、资料收集过程的体会

各小组在实地考察之前已经做了大量的准备工作,对这次的项目活动,大家都有浓厚的兴趣,小组的成员都利用课余时间积极收集有关此次活动的各种资料。例如我们为了了解顺昌民居的整体情况,查阅了包括《顺昌县志》《谟武民俗文化集》等在内的许多资料。在这些书籍中我们了解到了许多有关顺昌古民居的建筑风格、类型,那里的民俗、特有的节日及历史名人、家庭兴衰,还有别具特色的山歌等等材料。这些都对我们日后的研究工作起了重要的作用。

当然,在收集材料的过程中,由于种种原因,我们也遇见不少难题。例如我们没有精密的测量仪器及技术设备,无法亲自对古民居的占地面积、内部宽度、高度进行准确的测量,而只能依靠一些陈旧的数据作为依据。

同时我们提出的一切保护及宣传古建筑的建议并不被当地的管理部门采纳，也没有受到居民的重视。这或许是我们的社会实践经验不够丰富，也或许是我们提出的意见不够成熟。

八、实践调查活动及研究成果

（一）谟武文苑

利用周末及其他休假时间，我们小组成员到了顺昌各乡镇调查研究，其中元坑组走访了"谟武文苑"，从民居的整体建筑风格、形式、结构与造型等方面作了一番考察，并对一些特殊地方进行拍照，获得了宝贵的第一手资料。此外还走访了当地的农民，了解了一些相关知识。因时间关系对民风民俗只作了比较粗浅的了解。但可以说，我们不虚此行。

虽然，在这一阶段的实践活动中，我们有这样或那样的困难和疑惑，但在大家的努力下，我们还是取得了不小的收获。首先，通过实地调查，我们初步了解了谟武民居及其文化特征：谟武村位于顺昌县的西南方向，因完整地保留了许多古代民居而著称。那里的"谟武文苑"最具盛名，无论从外部造型还是内部结构上看，它都古色古香，传统文化气息浓厚。它讲究中国古建筑和谐对称的美，同时也不失江南建筑特有的轻巧与活泼；它充满与民风一般的朴实与清新，却也不失时代传承的华丽与精微，具有一种独特的美。而且，"谟武文苑"中的一书一案，一桌一椅都保留了它们在明朝时的模样，把古文化的繁荣与衰微都浓缩在了这里的每一块砖、每一片瓦、每一个修饰、每一处雕琢之中，让它们一一再现在人们面前，这其中蕴意实在值得我们细细地去品读。其次，在搜集资料的过程中，我们获得了有关民居建筑和由此产生的文化内涵等一些相关知识，懂得了民居建筑乃是一个地方文化的载体，是衡量和评价区域性文化的一个重要侧面。这些理论知识，既拓宽了自己的知识面，又为下一阶段的研究工作乃至论文的撰写做了较充分的准备，因此意义十分重大。再次，在这次的社会实践活动中，我们明白了一些为人处世的道理，学会了应该怎样更好地和别人相处，如何分工，又如何合作，如何各尽所能地把一项工作做好，如何从各种渠道通过各种方式获得所需要的信息，等等。

（二）洪地村

位于顺昌北部的洪地村是我国土地革命时期的根据地之一。近年来，在政府特殊政策的倾斜、扶持下，经济不断发展，经济实力显著提高，集中体现在住房条件的改善和民居格局的变化上。

洪地的居民房，外在布局充满现代化气息，美轮美奂的楼房，琉璃砖瓦，瓷砖墙面，三层框架式结构，为别墅式风格。楼房周围种有草坪，每个草坪中都种着小树。空地上一般都栽有杨柳，这些绿化设施都综合显示了洪地厚实的经济基础，也透露出人们不忘自然，创设美好环境的心态。同时，现代气息掩盖不住洪地传统的气质，它的总布局，是一个规则的多边形，跟它处在少河川、多丘陵的地形有必然关系。房屋的规划，成间隔式，统一规划的楼房分布在道路两侧，中间有人造草坪等。每幢楼为一色的方形，门、窗也为方形。

洪地民居的规则多边形布局，可以说是由许多相似的积木块拼接而成的。楼房每一列都呈正长方形，每幢楼的模式也几乎一成不变。门、窗为大小相似的方形，颜色都为一色的灰暗色，因为地处北半球，门窗都朝向南面。这些风格都是洪地沿袭中国传统文化与思想的典型表现。

在文化上，中国的民族习惯与文化，喜好热闹不枯燥的生活，而且特别喜欢邻里共享的生活。在洪地表现在房子前没有筑高墙、围院子，而且一列房中，相邻的两家总是共用一墙，而且除了地形不允许外，楼顶的小平台也是连为一体的。而西方则不然。西方人追求个性解放，人格独立，追求个体自由。他们的住宅一般没有庭院高墙，但是他们讲究个性的同时，还注意与周围环境和谐相处。尊重自然，既突出革新，又不凌驾于自然之上。中国的现代城市建筑多体现个体独立这一点。相比之下，洪地民居削减了现代化带来的封闭，借鉴了其富丽与豪华，追求物质外表，但保留了中国传统的大同与融合，人与人的和谐相处。

中国的文化来自中华民族的传统思想。古人云：无规矩不成方圆。儒学也说凡事须有度。中国人讲究方正，方形负载着浑厚的中国意识，显现中国建筑美学的基本观点，也是中国思想中正、统一的体现。洪地民居的布局也都为大致的正方形或矩形，不仅洪地，闽北的房屋及农田等都成方形分布，契合中国的正大光明的思想，也就是守"度"者即为明哲君子的古代思想的体现。

洪地的建筑在反映中国文化思想，保留着中国经典的同时，也吸收了外国的一些先进理念，在吸收基础上又加以创新、发展，"君子和而不同，小人同而不和"，儒家文化对建筑风格的影响也如此深厚。

洪地民居是顺昌民居的缩影，顺昌民居是闽北民居乃至中国民居的一个场景，其文化内蕴也是几千年汉文化源流的几朵小浪花。

（三）问题反思

这次活动，我们经过了准备—实践—讨论—实践—讨论—形成结论几个过程。其中既暴露了我们学习中的一些不足。我们也从中找到了一些有益的学习方式,如让问题引导我们前行等。

我们在实践活动前,虽然阅读了一系列有关民居文化的文章,也进行了分组,大多数项目组的分工注意了组员的各自特长,但到了实践中,往往喜欢那些感性的东西,更多关注的是民居外观等表面层次的东西,或者生活表层的事物。第一次活动,许多学生觉得只要拍照、测量就完事了,仅有两个小组对民居的主人进行了访问。老师与小组之间通过讨论,分析小组的搜集资料与实地考察的不足,之后再进行第二次实地访问调查,补充资料。在第二次活动中,有一个小组还画出了民居的平面图,有些同学上网找同一时期的建筑样式进行对照分析,从中获得不少在课堂上学习不到的知识。

实践中遇到一些问题,如果单个科任老师不能解决,我们就实践过程中的问题向其他学科的老师求教,如一些建筑学问题以及雕塑艺术、宗教等问题。经过老师分析,在闽北农村民居中有一些瑰宝,但现在的居住者因为观念的不同,或是无知,或是漠视,因而在访问中,我们发现居民对有些有特色的建筑格局、雕塑寓意、历史变迁一无所知;加上城镇中的房子因旧城改造多失去了闽北特色,与其他地方毫无区别,我们只能在周末往返城乡之间,被访问者的固定性也有一些问题,这是在课题设计初期我们始料未及的,但一个偶然的机会,我们发现可到每个村的贤才榜上找答案,如一些受过中等或高等文化教育且现在任职于顺昌的一些企事业单位中年人,例如大干组的同学就找到了大干小学的一名老师,为他们介绍大干镇的历史发展变迁。洋墩组的同学甚至还采访到新村的策划者与设计者及其设计意义。

多次反复,我们的思维方法与解决问题的方式都有所变化。带着这些问题,同学们又进行了一次深入的分析与探讨。在反复实践中我们找到了无限的乐趣。

在多次的实地考察、访问,多次的交流、探讨后,我们形成了结论,有了一个主题,大部分同学都为他们所拍摄的照片配上解说词,并根据自己的不同感受写下了不同的解说词,对自己不太了解的内容,或走访老师,或走访住户,或走访有识之士,或上网查询资料,最后找到有关内容进行补充说明。

但是,尽管我们在学习《胡同文化》时已经向同学们介绍了"文化"的含义,可到具体从实践提炼的时候,同学们遇到了一些难题,尤其对生活在这些民居中的人们在想些什么,做些什么了解得不是很到位。当然,我们地处农村,经济相对落后,大多数人对自我的认识很淡漠,也有许多人隐瞒自己的想法,给同学们的思考带来了一些难题。

这次实践活动,给予我们很大启发,生活的智慧在于,它看似简单,但常常蕴涵着深奥的哲理,同时它是需要相当积淀方能达到的。因此思考,对生活的思考,对我们最熟悉的东西思考,唯有如此,我们才能透过生活的表层,看到生活的特质。如通过思考我们看到了中国传统文化正在接受经济发展的冲击,正在接受大工业生产的挑战,正在接受多元价值观的艰难选择,等等。

从以上的学生调查报告看,学生能够聚焦特定文化现象,自主梳理材料,确定调查问题,编制调查提纲,访问调查对象,记录调查内容,完成调查报告,并就一些文化专题展开交流研讨。该学习项目以参与性、体验性、探究性的语文学习活动为主,增强了课程内容与学生成长的联系,通过开放式学习,学生积极参与当代文化生活的意识得到增强。尽管报告内容还略显稚嫩,观点比较浅显,逻辑性不够强,论据也不够充分,甚至语言表达还出现不规范之处;但是,此项活动注意调查访问与书面学习相结合,现状调查与比较研究相结合,分析研究与参与传播建设相结合,在提高学生语文综合运用的能力方面,还是一次不可多得的有益实践。

第二节　师生共同探求语文课程之鲜活途径

一、乡土语文课程资源的开发

南平是闽越文化的发源地,朱子文化的诞生地,历史悠久,文化底蕴深厚。古越先民的刀耕火种,多种宗教的传播交融,朱子理学的光大发扬,众多的民俗文化、红色文化,都在这里留下了历史的印记。这里的山水既得天工造化之力,格外秀丽旖旎,更因文化的积淀和传承,形成了自身的魅力与特色。如朱熹之于武夷山、欧冶子之于松溪湛卢山、道教之于政和洞宫山……每座山都有每座山的文化标签。

顺昌宝山也是如此。顺昌被称为"闽江源起处、顺达昌盛地",境内拥有宝山、华阳山、富金湖等众多旅游景点。宝山系武夷山支脉,宝山风景区是大武夷旅游圈的重要景区之一,总面积 95 平方公里,有国家级景点 15 处。宝山山水形胜,佛光、雾凇、花潮、云海、奇石为"宝山五绝",宝山寺大殿、千年银杏林、金斑喙凤蝶为"宝山三宝"。宝山的吸引力,不独在于秀美的自然风光,更在其深邃的文化内涵。

顺昌自古就有崇拜齐天大圣和通天大圣的民俗信仰。从目前掌握的资料分析,最迟到宋代,顺昌就已存在大圣崇拜现象。自 20 世纪末,顺昌县文物工作人员在宝山最高峰——宝峰顶的南天门后考古发现"齐天大圣、通天大圣"墓以来,随着他们深入不懈地考察研究,大圣民俗信仰之物质和非物质文化遗存在全县各地不断浮出水面。这种文化现象以其独特性引起了国内外媒体和学术界的广泛关注,其丰厚的历史价值、科学价值、艺术价值不断吸引越来越多的专家学者和热心游客亲临考察探访,成为顺昌一份厚重的历史文化旅游资源。

为此,顺昌一中语文组教师着力编写一本乡土校本教材——《顺昌宝山与大圣文化》。这本教材的编写是为了弘扬顺昌文化,在学习与探究中引导学生亲近乡土,了解家乡的文化根源,从而激发学生热爱家乡的美好情感。

该教材分成三个单元,从"毓秀奇幻,宝山传说""灵山秀水,宝山探胜""扑朔迷离,大圣文化"三个方面由浅入深探求宝山自然文化与人文文化。每节都配有"探究·讨论"题目,这些题目帮助同学们在阅读探究时打开思路、把握要点,在途径上、方法上作适当的提示或点拨。每单元还配有"相关链接"进一步提供有关背景资料和信息。希望学生和顺昌宝山及大圣文化之间,架起一座沟通的桥梁,让学生怀着愉快的心情,走进顺昌的自然与人文文化,共享历史人文与自然景观的交相辉映所留给人们的深刻的感悟和无限的遐想。

【案例分析】

《顺昌宝山与大圣文化》校本教材示例

一、教材目录

二、章节示例

第三单元　扑朔迷离，大圣文化

第一节　走近宝山大圣文化遗迹

1.顺昌宝山与"石摩空"

始祖以来，人类就利用发音来表现某种行为与目的。各个区域都有自己的独特语言——方言。那时交流极不方便。后人聪明，发明了文字，把各个区域都联系起来，能够相互沟通交流，形成了人类文明。而方言却没有随着文字的到来而消失改变，独特地成为区分是哪一个区域人的准绳，虽经历了无数风雨，也没有销声匿迹，如活化石般，世代相传。顺昌方言同样承载着历史，延续至今。

说顺昌方言的人群主要分布在顺昌城西北部各地，以宝山为中心，周边的村落基本都说顺昌方言，甚至与顺昌相邻的将乐县也有许多地方说顺昌方言，只是有些口音、意思上稍有变化。

在宝山周边村落，活化石方言中流传着一个"齐天大圣"的名字，当地人叫"齐天大圣"为"*shuo mo kong*",换成普通话就是"石摩空"。《西游记》中"齐天大圣"孙悟空换成方言是"*shun wu kong*",两个发音极为相似,然而在顺昌民众看来,"石摩空"就是"齐天大圣",他是活化石的历史产物,不知传了多少辈人而延续至今。在顺昌人尚不知《西游记》时,却先知宝山双圣墓主之一"齐天大圣"叫"石摩空"。

当地老人常会说起"石摩空"有七十二变化,猪八戒有三十六变化,他们是如何厉害等。在《西游记》中齐天大圣是孙悟空,也就说明石摩空就是孙悟空。两者能否画等号?结合徐晓望教授的齐天大圣是出生于福建的说法,王益民副研究员的齐天大圣生于福建宝山的说法,我们似乎可以认为:齐天大圣的原型应该就是"石摩空",而吴承恩经过创作之后把齐天大圣塑造成了孙悟空。孙悟空的原名就叫石摩空。

2.齐天大圣的坟墓

顺昌县考古工作者在位于顺昌县城西北部的宝山主峰上发现了一处始建于元末明初时期的孙悟空兄弟合葬神墓。

据顺昌县博物馆馆长王益民介绍,孙悟空兄弟合葬神墓位于海拔1305米的宝山主峰南天门后的双圣庙内。双圣庙始建于元末明初,建筑面积大约18平方米,庙内是一座并立着两块石碑的古代合葬神墓,墓宽2.9米,深1.3米,墓形呈八字形外撇。

两块墓碑并立在高出地面0.43米的墓台上,碑高均为0.8米。左碑上方横刻"宝峰"两个楷书小字,中间竖刻"齐天大圣"4个楷书大字,大字下端横刻"神位"两个小字,碑文外框以浮雕如意卷草花纹装饰;右碑竖刻"通天大圣"4个楷书大字,大字下端横刻"神位"两个小字,碑文外框以浮雕如意卷草花纹装饰。

"齐天大圣"孙悟空是海内外华人熟悉的神话人物,而"通天大圣"却没有在明代小说家吴承恩的《西游记》里出现过,几乎无人知晓。王益民经过研究考证,在元末明初蒙古族戏剧家杨景贤撰写的《西游记》杂剧里寻找到了"通天大圣"这一形象。

据王益民介绍,杨景贤撰写的《西游记》杂剧里有一段孙悟空的自白:"小圣弟兄姊妹五人:大姊骊山老母、二姊巫枝祇、大兄齐天大圣、小圣通天大圣、三弟耍耍三郎。"顺昌宝山双圣庙内的两块墓碑是"齐天大圣"在左、"通天大圣"居右,这与古代以左为尊的礼仪习俗相符;另外,"齐天大圣"墓碑上方刻有"宝峰"二字,而"通天大圣"墓碑上则略去此二字,弟从兄意非常明显;再者,"齐天大圣"墓碑上的装饰图案较之"通天大圣"的墓碑更加丰富讲究。由此可以断定,双圣庙内的两块墓碑表明这是孙悟空兄弟的合葬神墓。

王益民认为,明代小说家吴承恩在撰写小说《西游记》的过程中,为刻画突出人物个性的需要将齐天大圣的名号用到了通天大圣的头上,并将传说中的通天大圣兄弟姊妹所拥有的高超本领全部集中到了齐天大圣一个人物身上,从而塑造了一个广为后人传诵的神话英雄人物。

王益民表示,孙悟空兄弟合葬神墓的发现意义重大,这是历史遗存的有关文字资料之外不可多得的重要实物佐证,是研究西游故事主人翁转换和成型的重要实物资料。闽北、闽东乃至福建各地至今保存下来许多祀奉齐天大圣的庙宇、神位,但以其原型"通天大圣"为膜拜对象并以神墓的形式保存下来的古代遗存仅发现这一处。

3.宋代"火云洞"

顺昌县城西南部的大明山顶,发现了一处宋代的"火云洞"。当地关于该洞的民间传说与明代小说家吴承恩撰写的《西游记》相关故事场景颇为相似。

"火云洞"位于海拔750余米的大明山顶部的一个球形巨石底部,高约1.5米、宽2米多,洞口呈不规则弧形,洞内遭三块巨石封堵,洞深目击仅约2米,石头下方有否通道,目前尚不得知。

洞口上方,自右向左摩崖阴刻有"火云洞"三个繁体行楷,单字30厘米见方,笔画流畅老到,书法结体美观。"火云洞"后侧十余米开外的山巅上,有一座名为"玉屏庵"的古庵,旧称"大明庵",主祀三济祖师,陪祀齐天大圣。

玉屏庵山门前,竖立着一块明朝崇祯九年重修大明庵的石碑,阴刻有"大明庵起自开元,历洪武以至于今……"的长篇碑铭。庵后遗存有一处"猴精镇妖洞",民间传说其与十余米开外的"火云洞"相通。

明代小说家吴承恩撰写的《西游记》故事家喻户晓,书中第四十回至第四十二回描述的就是"齐天大圣"孙悟空在"火云洞"力斗牛魔王与铁扇公主之子红孩儿的故事。另外,《西游记》这三个回合中提及的石板桥、号山、枯松洞等地名和场景,在顺昌当地的民间方言中均有体现,地理环境也极其相似。

鉴于顺昌民间流传已久的古代神猴文化和相关信仰遗存,王益民考证后认为,大明山的宋代"火云洞"所蕴含的民间故事,很有可能与明代《西游记》描述的"火云洞"故事情节有承前启后的因果关联。

4."通天大圣"露天神坛

顺昌县考古工作者日前在位于顺昌县城西南部的大明山,发现了一处建于宋元时期的"通天大圣"露天神坛。

"通天大圣"露天神坛位于大明山山腰一处名为"通天爷"的山包顶部,海拔446米。神坛坐东朝西,占地10余平方米,损毁的坛基上完好地竖立着一块石碑,碑面竖行阴刻着"通天大圣"的楷体碑文。

"通天大圣"石碑高136厘米、宽52厘米、厚14厘米,碑顶雕饰荷叶盖帽,碑文下端雕饰八瓣莲花,石碑左右两面表皮竖行阴刻着铭文,部分字迹剥蚀难辨。石碑的碑座呈梯形,上底宽63厘米、下底宽80厘米、高45厘米、厚约30厘米,阴刻线条框边装饰。

福建博物院林忠干教授认为,"通天大圣"石碑的独特形制以及碑顶荷叶盖帽与闽北地区考古出土的大批宋元时期的荷叶盖罐基本一致的特征,表明这座神坛当属于宋元时期的遗存。

考古工作者在已遭到破坏的坛基上还发现了另一块碑座,大小形制与"通天大圣"的碑座基本一致,呈梯形,上底宽63厘米、下底宽78厘米、高35厘米,正面雕饰如意云雷纹,碑座上的石碑则不知去向。

顺昌县博物馆馆长王益民说,根据周边山区一年来先后发现的30余处规模大小不等的同类神坛分析推测,这座如意云雷纹碑座当属"齐天大圣"的碑座。

【探究·讨论】

(1)阅读《西游记》第四十回至第四十二回,关于"齐天大圣"孙悟空在"火云洞"力斗牛魔王与铁扇公主之子红孩儿的故事,探寻该书所描写的内容与顺昌"火云洞"之间的关联。

(2)做一个小小考古学家,走进宝山及周边地区,说说你的考古新发现。

(3)小组讨论:你认为"孙悟空"的"户籍"在顺昌吗?

【相关链接】

近年来,学术界关于孙悟空"户口"所在地还存在几种争论:

(1)甘肃榆林石窟中的壁画《唐僧取经图》中有一个紧随唐僧的尖嘴猴腮的胡人,敦煌研究院名誉院长段文杰据此指出,这猴形人就是孙悟空的原型,叫"石磐陀",是甘肃人。

（2）印度古代叙事诗《罗摩衍那》中有一个神通广大、智勇双全的神猴，叫"哈奴曼"，因此有专家提出孙悟空是从印度"进口"的，随着印度文化传入中国。胡适和陈寅恪都支持这个说法。

（3）鲁迅认为孙悟空的形象源于中国民间传说，是从唐朝李公佐小说中的怪兽——淮涡水神无支祁演变而来。

附：大圣信仰——为龙山竹乡公园文化墙而作

唐宋以降，蠲科顺昌，奇特民俗，大圣信仰。"齐天大圣、通天大圣"，祈晴求雨，立碑筑坛。圣诞庆典，娱神庙会，风调雨顺，祷祝平安。明朝正德，《顺昌邑志》："通天神会"，赋税显彰；"有坛不屋"，里俗习惯。大圣信仰，普遍承存，县衙公允，民间传扬。

每年阴历，七月十七，大圣诞辰，隆重集庆。十里八乡，齐聚圣殿，替身"跳童"，大圣感应。黎明列队，祭坛采火，祭祀敬奉，大圣分灵。采得圣火，"游神"乡里，鞭炮齐鸣，香烛喜庆。白粿糍粑，敬神迎客，宾朋满座，惬意随心。入夜游人，云集场地，传统神会，高潮迭起。"火山""油锅"，勇往直前，"降妖伏魔"，追求太平。

通天大圣，露天祭坛，县境乡镇，遍存文物。宋元明清，代有遗留，文化底蕴，唯斯专独。元坑岚下，村村皆现，继续发掘，百座可数。岚下岐头，通天神亭，"白衣秀才"，行者最初。亭坛相隔，保存如初，专家媒体，频频探顾；村头坪上，祭坛成群，洪武甲子，纪年清楚。建西际会，古坛遗址，齐天大圣，五兄弟府。前"西游记"，成员数目，契合文献，摧人暗服。

元坑大干，历史古镇，文化遗产，菁华长存。月梯岭上，宝峰之巅，宝山古殿，南天门后，"齐天大圣、通天大圣"，双圣宗庙，享祀乾坤。宋至明初，双圣祭冢，神位石碑，冠籍"宝峰"。信仰渊源，发祥之所，原型之地，叶落归根。天造地设，猴王家园，实物铁证，在吾宝峰！

三、教学案例

清新福建·校本课程教学课例《宝山人文景观》
授课教师：林水生

【教学背景】

本校本教材与时俱进，顺应时代要求，帮助学生系统了解乡土旅游资源，增强爱国爱家情感。坚持立德树人，弘扬和传承中华优秀传统文化，树立文化自信，传承民族精神，树立民族自信心和自豪感，增强学生社会责任感、创新精神和实践能力，提高学生审美和人文素养。

【教材分析】

一是课程定位准确。本校本课程的开设经过充分的需求评估和分析论证,主题鲜明,符合素质教育理念,切合学校发展和学生成长需求,有利于学生个性和特长的充分发展,有利于教师专业成长,有利于学校办学特色的形成,有利于当地经济和社会发展。二是课程设计科学。课程目标明确、合理,体现课程改革的要求;课程内容生动,有趣,编排合理,反映本地特色;有较为完整的课程纲要和实施方案。

【教学目标】

(1)了解"顺昌宝山"历史悠久的、独特的人文景观,培养学生热爱家乡、热爱家乡文化的情感。

(2)培养审美鉴赏与创造能力。力求使学生在学习中形成自觉的审美意识,高雅的审美情趣,高尚的审美品位,正确的审美观念和体验、欣赏、评价、表现和创造美的能力。

(3)培养文化传承与理解态度。力求使学生在学习中,继承中华优秀传统文化,理解、借鉴不同民族和地区文化的能力,以及在语文学习过程中表现出来的文化视野、文化自觉的意识和文化自信的态度。

【教学重点、难点】

(1)了解"顺昌宝山"历史悠久的、独特的人文景观,挖掘"顺昌宝山"的旅游资源。

(2)培育跨学科的共通素养,包括批判性思维、创造性解决问题、合作和沟通、社会交往,以及学会学习、自主学习等。

(3)培育学生自我发展素养,包括个人心智的成熟程度,对自己、他人、社会、人生的认识、理解和感悟等。

【学情分析】

本课拟定的教学目标和教学重难点对于高一的学生而言有一定的难度,但是学生对"顺昌宝山"历史悠久的、独特的人文景观耳濡目染,也有一定的积淀,通过本课的教学,引导学生挖掘"顺昌宝山"的旅游资源,进而培养学生的审美鉴赏与创造能力,培养文化传承与理解态度,教学目标虽然不能一时达成,但是培育目标值得坚持。

【教学时数】

课堂教学1课时,学生活动若干课时。

【教学用具】

网络、多媒体。

【教学过程】

1.激趣导入

同学们,上节课我们通过学习了解了我们的家乡顺昌宝山充满诗情画意的自然景观,今天让我们一起走入顺昌美丽的宝山,在山水之美之外再去领略我们自己家乡的人文之美、传统民俗文化之美吧。

2.学生自读课文,整体感知课文内容

(1)齐读课题《宝山人文景观》,读了课题,你知道我们家乡宝山有哪些人文景观吗?(学生回答略)

(2)播放顺昌宝山的美丽人文景观图片,让学生观赏。如果我们读了课文,一定会有更深刻的感受。下面就让我们一起来读读课文,从课文的字里行间去感受宝山风景区人文景观之美吧!

3.细读课文探究品味

下面请同学们快速阅读课文《宝山寺》这部分文字,想想课文是从哪些方面来介绍宝山寺的,它有哪些研究价值。

明确:这一部分课文使用的表达方式是说明。

位置:宝山寺坐落在宝山主峰南侧,整座建筑分上下殿。

建造时间:上殿始建于元至正二十三年(公元 1363 年)为全国仅存的元代砂岩仿木石构古寺。

建筑构建特点:据明正德顺昌邑志载:"宝山在娄杉都,峭拔秀丽,群峰次第而列,正峰绝顶一庵,梁柱椽瓦之类,皆段石为之。"古寺的殿柱、梁、檐、瓦等构件,均采用砂岩经精雕细凿构筑而成,此殿设计合理,建筑雄伟。

建筑布局、建筑风格:殿内中堂两边各有两根大石柱,柱高 3.5 米,直径约 60 厘米,呈椭圆形;石柱中间夹着两根小石柱顶住上梁,柱面刻着捐资建寺者姓名。大殿堂顶上顺方正面刻着"当今皇帝万岁"六个大楷书字,中梁刻有建寺年号款识,大殿地面铺设长条石板,殿内深 11.5 米,宽 14.5 米,整座大殿及其构件均用砂岩模仿木构造进行雕凿修筑,并具有典型的唐宋时期"肥梁胖柱"的审美遗风。

价值:近年来,宝山寺建筑结构特色,引起我国考古专家、学者的重视和高度评价,且国内专家到此调研考察后,为其仿木程度之高、雕刻之精美、风格之独特所折服,惊叹为"举世罕见、国内唯一",有极高的文化、艺术、科学价值。该古寺于 2001 年 6 月被国务院公布为第五批全国重点文物保护单位。

大殿供奉的是三佛祖师,也称三济祖师。

展示：

《邵武县志》云：三佛祖师者，一刘氏，交趾人，一杨氏，南华人，其一为西域突利属长民，本无姓，以母契丹氏适龚，遂为龚姓。龚生而好道，早岁辞亲出家，至儋州昌化县地藏菩萨道场，随众听法。至定水与刘、杨遇，相见如故。因同诣雪峰义存，求证上道。义存为剪发作头陀，命法名曰：龚志道、刘志达、杨志远，遂各受偈辞去。溯舟至郡境，杨适杨源，龚适道峰，而刘居七台山之狮子岩，后皆化去。绍兴八年，郡旱祷雨，立应，敕封真济、神济、慈济三公。淳佑间，加封圆照显佑大师。

以上三位祖师在传说中为唐末名僧雪峰义存手下的人物，由于他们尚未正式剃度，只能做头陀，回溯白玉蟾有关巫法源流的演说，我们知道，其中有"头陀王"其人，应当就是这三位圣者了。

(1)这段文字主要运用了哪些说明方法？具体说明了宝山寺什么特点？

第一问：列数字、举例子、引用。

第二问：历史悠久、全国仅存的元代砂岩仿木石构古寺、风格独特及有极高的文化、艺术、科学价值。

(2)请同学们运用所学的文言知识尝试着翻译"三佛祖师"这段文字。

略。

(3)细读课文"大圣庙""双圣墓碑"这部分文字，想想为什么顺昌宝山会有大圣庙，跟《西游记》有何关系。

(4)请同学们齐读这段文字：

大圣庙位于南天门遗址前，筑有供奉孙悟空兄弟合葬神位的大圣庙，为南天门同期建筑。两块墓碑各为"宝峰齐天大圣神位""通天大圣神位"。其墓早于吴承恩《西游记》成书二百多年，是古代名著《西游记》的重要实物佐证。站立宝峰山顶，四面风光尽收眼底：朝霞绚丽，晚霞灿烂，云雾诡谲。宝山气候变化无常，在这里每天都可以让你领略到不同的景色。尤其是宝山佛光，时常在这里显现，佛光浓厚的神秘色彩吸引了众多游客。

思考：宝山大圣庙和双圣墓碑的价值是什么？

明确：其墓早于吴承恩《西游记》成书二百多年，研究顺昌当地神猴文化及前西游文献不可多得的文化遗迹和实物佐证。

(5)请一位同学朗读"南天门"这段文字。请大家思考一下作者介绍了南天门这一处人文景观的哪些方面的什么特点，用意是什么。

明确：

地理位置:主峰绝顶,为宝山寺三庵之一(上庵南天门)。

建筑特点:全仿木石构建筑遗存。

建造时间:建于大明洪武二十四年(1391年),明代嘉靖二十七年(1548年)曾进行重建。

建筑现状:后因岁月风雨侵蚀和雷电的损伤,加上"文革"时期的破坏,仅残垣断壁式全仿木石构建筑遗存。

历史价值:石构件及建筑遗存的精美雕刻,与宝山大殿的"肥梁胖柱"形成鲜明对比,为明代风格,为宝山寺国宝附属文物。

(6)为什么要介绍山狸洞的摩崖石刻?

明确:因其上书"圣见"二字,可作为推想顺昌在宋以前就存在大圣崇拜的文化。

(7)"干仙寮"的传说有什么作用?

明确:也是为了进一步印证大圣的传说作为大圣文化的一个佐证。

4.总结课文

这篇课文介绍了6个人文景观,我们可以进行大体的分类,一是体现宝山历史悠久,独特的砂岩仿木万石结构建筑风格,一类是作为研究顺昌当地神猴文化及前西游文献不可多得的文化遗迹和实物佐证。

5.拓展延伸

(1)想想宝山还有哪些人文景观,将它描述下来。

(2)请尝试着为宝山的一处人文景观写一则解说词,并展示你珍藏的照片。

(3)小组讨论:宝山的人文景观与《西游记》中哪些内容有联系?

6.板书设计

略。

为满足普通高中语文课程多样化和选择性的需要,必须增强课程资源意识。语文课程资源的开发要充分考虑课堂外的课程资源,在教材统领下,合理、科学地利用自然、社会、人文资源,引导学生在自然、社会的大课堂中观察、调查和获取信息,有效和快乐地学习语文。校本课程的开发与实施对于弘扬中华民族的传统文化有着十分重要的意义,一方面,它能满足学生个性发展的需求,提高学生的审美情趣和思维能力,开阔学生的视野,丰富他们的文化生活,从而提升学生的人文素养。另一方面它能指引学生认识博大精深的中华文化,吸收民族优秀文化的营养,传承中华优秀的文化遗产,弘扬中华民族的伟大精神。同时,校本课程的开发与实施也给教师搭建了发挥专业才干的平台。在这个过程中,教师需要不断地研究学生,研究教材,这有利于教师自身专业素养的发展与提升,有利于夯实教师自身的人文积淀、人文情怀与审美情趣,从而树立正确的人生观、价值观,最终实现“过一种幸福完整的教育生活”(朱永新语)的梦想。

二、网络语文课程资源的开发

(一)提升教师课程资源意识,增强网络课程资源开发与使用效益

在过去较长一段时间,由于种种原因,广大语文教师对“课程资源”没有足够的重视,或者对这一概念的内涵和外延理解狭隘,导致课程资源意识淡薄,大量课程资源“养在深闺人未识”。随着新课程改革的推进,“课程资源”这一理念越来越受到研究者的重视,有关课程资源的理论和实践研究也正逐渐深入。教育信息化和互联网络的迅速发展,网络课程资源逐渐进入大众视野,成为课程资源的重要组成部分。学校作为课程实施与管理的基层组织,不能再单纯是课程资源的使用者,更应该是课程资源的开发者和使用者。根据自己的办学条件、文化背景进行课程资源挖掘、开发和整合,低成本、高效益地创造出更有附加值和更具特色的课程资源,已经成为一所学校持续发展、形成办学特色的重要条件之一。因此,学校应采取切实措施提升教师的课程资源意识,发展教师的课程资源开发与使用能力。

实施人本主义学校管理的价值预设,是学校愿意并且能够为每位教师提供发展的平台,每位教师也都有发展的可能与潜力。网络信息资源纷繁复杂、数量庞大,教师需因人、因地、因时、因专业制宜,将网络中的各种资源加以收集、整理,并借助现代教育技术进行加工整合,真正把网络资源变成适合本学校与学生的课程资源。但是,网络资源的庞杂性、多变性与语文教育的专一性、稳定性在一定程度上也存在着矛盾,因此,在开发语文网络课程资源的时候,需要教师具备良好的媒介素养,能够甄别、选择、整合及利用网络资源,使网络资源成为语文课程资源取之不竭的宝库。

(二)提高学生的参与意识,丰富学生生命体验的美好过程

网络能够将不同类型的资源连接起来,为语文课程内容拓展出无限的空间。作为网络资源的使用者,每个人都可以根据自己的需求,从网络上获取所需的信息。因此,网络资源本身的开放性为实现语文课程资源共享创造了条件,且网络资源的动态性与交互性特征能够保证个性化的语文教育成为现实。可以说,充分利用网络资源体现出语文课程开放性的内涵,改变了以往封闭、单一的教学过程,使得教与学的过程中,学生主动思考、提出疑问,教师以平等的身份与学生交流,激发并保护学生的求知欲,使学生的个性得到张扬,充分体现出主动性、创造性、参与性与合作性。此外,学校还可利用自身的资源优势和人才优势开发与利用网络教学平台,把网络教学平台建成语文课堂教学的辅助性工具,从而调动起学生学习的积极性、丰富学生的阅读量、开阔学生的眼界、提高学生的写作能力。为学生创设良好的自主学习环境,使得学生的参与意识得到了提高,思维火花不断闪现,创作欲望得到激发,写作能力得到提高,语文教学成为让学生身临其境体验作品真情实感、丰富学生生命体验的美好过程。

试举几则笔者所任教班级网络语文课程资源开发与运用的实例:

1.鲜活时事评说

材料一:2009 年 12 月,在上海电台的一档节目中,两位主持人使出浑身解数用上海话逗笑聊天。一位听众发来短信:"求你们不要说上海话了,我讨厌你们上海人!"主持人将短信念了出来,然后语调认真地说:"请你以一种团成一个团的姿势,然后,慢慢地以一种比较圆润的方式,离开这座让你讨厌的城市……"

阮舒莉(学生)评价:作为公众媒体的当家人,应怀着一份倡导社会文明道德的先锋责任。若任凭狭隘与冲动去淡化那份责任感,那么自以为是的态度放出似有智慧光芒的"糖衣炮弹"也成了理所应当。听众固然不够理性,但主持人用含沙射影的口气去反击又好得了多少? 这种做法是对自身承担的责任的亵渎,是在用社会资源愚弄大众。请用理性的态度、宽容的品格去强化心中的责任感。

饶日晟(学生)评价:一个"滚"字竟能被该主持人拓展成这样一长句话,实属不易。上海"团团门"事件,又一次揭露一种对人的歧视(暴露了有

地域优越感的上海人对外地人由来已久的嘲弄"乡巴佬"式的歧视)。首先,在全国上下宣传使用普通话的时代,公共媒体大量使用方言本身就欠妥;其次,用如此"圆润"之方式骂人,且当着亿万听众公然歧视外地人,不仅是媒体的失职,更是作为一个主持人的道德缺失。纵使上海人爱上海之心强烈,但对于外来的批评,也不该用这种看似搞笑、圆润的方式表达内心的极度歧视。

　　材料二: 好莱坞动画大片《功夫熊猫》在国内公映,然而著名的"熊猫人"艺术家赵半狄和一群朋友举着横幅来到国家新闻出版广电总局,呼吁抵制《功夫熊猫》在中国上映。此事一出,在网上引起强烈的讨论:该不该抵制《功夫熊猫》? 咱中国的熊猫,却被西方人拍成了大片,确实是有些自家的宝贝被外人发掘、墙里花墙外开的遗憾。一些人怒骂好莱坞是文化流氓和文化强盗,如果好莱坞的文化真的是如此不堪,那么它又怎能征服整个世界呢? 在《功夫熊猫》里,人们发现,好莱坞似乎已经"读懂"中国。除了人物和道具,影片的理念、文化都是中国式的。另外在如何对待、发现、使用本民族文化并同流行文化相结合上,给我们上了轻松而极其有启发意义的一课。

　　连莹(学生)评价:好莱坞大片《功夫熊猫》将来我国公映的消息一经发布,一些业内人士及公众便来到国家新闻出版广电总局制止。"功夫""熊猫"这两个很中国的字眼,却被外国人连在一起,拍成了大片,如今却还要到中国来"班门弄斧",这真是极富讽刺意味。但面对这样的事件,我们又怎能以逃避和排斥来解决呢?《功夫熊猫》将功夫、熊猫等中国文化元素糅合在一起拍出令世界瞩目、令中国人"眼红"的动画片,难道不值得我们深思吗? 为什么没有一个中国制作团队能制做出这样富有中国味的电影呢? 我们似乎又回到了10年前迪士尼拍摄《花木兰》时的轰动之中,面对类似的事件,我们应做的不是抵制,而是反思,学习,创新,最后超越!

　　材料三: 2009年8月开业的故宫新餐厅为一碗面条定价30元。故宫方面表示,这是综合了文化、成本等因素而制定的,此举引发激烈争议。某文化学者在博客中写道:"文化内涵丰厚的故宫面条,是否也揉进了故宫文化的精粹? 吃故宫的面条真的是在吃文化吗?"

王娟(学生)评价:故宫新开张的一家餐厅为一碗面条定价30元,声称此价格是综合文化、成本等因素制定的,但我认为持有此举有损故宫这张中国名片的观点,是一种不自信的表现。面条就是面条,与文化何干?(教师课堂评价:短句的表现力可见一斑)故宫方面解释30元定价,生拉硬扯搅进文化因素,恰恰说明对定价30元一碗的不自信。如果说故宫面条揉进了故宫文化的精粹,那文盲就是吃了乾清宫里御厨做的面条照样是斗大的字不识一升。(教师课堂评价:这句话令人费解,其意大概想说面条里不会有什么文化,"就是"改成"为何",也许意思就出来了)故宫30元一碗的面条,鸟巢10元一杯的水,正因沾染了"文化味"而显得不自信。(教师课堂评价:这里不是不自信,而是"文化搭台,经济唱戏",打着文化的幌子,干着商业的勾当!)

2.网络新词调查

以下是学生进行网络新词调查活动后,拟定的一个班级讨论话题:

网络论坛常常细分成不同的版,如"理财版""旅游版""摄影版""笑话版"等,每个版有专人负责管理,其头衔即"版主","斑竹"是版主的谑称。"板斧"则是"版副"的谐音,指"副版主"。在论坛上发布消息、发表意见叫"发帖子",因为"铁"与"帖"读音相同,上网发帖也被戏称"打铁"。

对以上网络词语的使用现象,你有什么看法?请发表意见。

经过激烈讨论,学生主要形成以下两种意见:

赞成:应当以包容的态度对待网络词语的使用。首先,网络词语可以丰富汉语的词汇,有些网络词语,创新意义较强,为民众所喜闻乐见,具有强大的生命力;其次,有些网络词语具有不可替代的表达作用,适当地使用形象而又不低俗的网络词语,可以更简洁、准确地表达出比较复杂的想法、感受;最后,网络词语形象生动,多采用谐音、双关,意蕴丰富。

反对:应当以坚决的态度抵制网络词语的泛滥使用。首先,许多网络词语不遵循语法规范,玷污了汉语的纯洁与健康,对中华文化的传承产生负面影响;其次,语言的交流是约定俗成的,过度使用网络词语,会影响人们正常的交流沟通,也不利于经济、文化的发展;最后,有些网络词语过度戏谑、玩弄文字游戏,甚至低俗、恶搞,破坏了祖国语言的严肃性。

生活处处是语文,课堂小天地,天地大课堂。从搜集资料、编辑内容、编制思考题到引发讨论、掀起思维风暴,不论是学科课程还是鲜活的生活世界,全都进入学生的视野,都是难得的语文综合训练,更是对学生语文素养的一次检阅。走进网络媒体,开展语文教学,课堂中师生双边活动充满激情和活力,在语文素养得到提升的同时,学生的创造性思维也得到了进一步的发展。现代信息技术步入语文课堂教学,它对传统课堂教学所带来的强大冲击,表现出了传统课堂教学模式所不能比拟的种种优势。它全面调动学生的各种感官参与阅读,使不同层次、不同能力的学生都能全力投入,从而提升了学生的网络媒介素养,锻炼了学生运用网络学习资源进行语文学习的能力,也极大地提高了语文课堂的教学效率,为因材施教提供了更为广阔的空间,真正优化了语文课堂教学。

第五章

从平等协同走向多元立体
——"鲜活语文"之教学观

第一节 平等、融洽的师生协同关系

平等、融洽的师生协同关系是对学生进行高效教育的基础与手段,其对语文课堂教学产生的影响是积极而深远的。首先,在师生平等、融洽、协同的教学模式中,轻松、愉悦的氛围有利于激发学生的学习潜能,也有利于培养学生的创造性思维。其次,在师生平等、融洽、协同的教学模式中,教师、学生的思维不停地交流、碰撞、分歧抑或共鸣,其中从低级到高级、从简单到复杂的周期性螺旋式上升和波浪式前进的思维过程,符合人类认识论的内在规律,也是遵循客观规律和积极发挥人的主观能动性的有效统一,对提高语文课堂教学质量具有重要作用。

"师生协同"主要是指在教学活动中,教师和学生围绕共同的教学目标,通过师生的协作、互动,来实现教学目标的达成。"协同"思想是现代系统论中的一个重要观点,师生协同的课堂教学模式主要是侧重运用协同学、心理学等学科领域的理论知识和方法论原理来开展教育教学活动,其实质就是要处理好教师与学生、教与学的关系,并采取协同的方法来组织和实施好教育教学工作。

在具体的教学实践中,如何建立平等、融洽的师生协同关系,主要可以考虑尝试在对话意识、平等观念、"唤醒"技巧和尊重赏识等方面进行探索。

一、对话意识

克林伯格认为:"教学原本就是形形色色的对话,拥有对话的性格。"①语文课程标准也注重对话理念,专门对"对话"提出要求,指出"语文教学应在师生平等对话的过程中进行""阅读教学是学生、教师、文本之间对话的过程"。但是,真正的对话并不是简单的老师问,学生答。就课堂教学而言,对话的前提是倾听,过程是碰撞,结果是提升。课堂教学具有现场生成性,学生作为鲜活的个体,带着自己的知识、经验、思考、灵感、兴致参与课堂活动,其对文本的反应也是多元的,这使得教学往往呈现为预设与生成的矛盾体,这又给"对话"带来了更高的要求。新课程理念认为,课堂教学不再是单纯的知识传授与学习的过程,而是师生共同成长的生命历程。因此,教师应站在关注生命发展的高度,关注课堂教学中真正意义上的"对话"实现问题。

二、平等观念

陶行知先生说:"我们培植儿童的时候,若拘束太过,则儿童形容枯槁。"因此,教学过程中,教师不能高高在上,"俯视"个性鲜活、"特立独行"的学生,而要放下身段,蹲下身来,"平视"学生,认真倾听学生的想法与感受,在课堂里尽量少些批评,多些激励,甚至乐于倾听学生一些似乎"荒谬"的想法,让学生敢想敢说。这样,既缩短了师生之间的距离,让学生敢于表达、乐于交流;又能最大限度地挖掘学生的学习潜能,让学生在课堂中尽情地展现个性,发挥创造力。在平等的教学环境中,教师不再是独自表演"自说自话",学生也不再是"冷眼旁观者",而是积极的参与者;在平等的师生关系中,教师与学生都是平等的课堂管理的主体,都是课堂管理的参与者,二者在人格上是平等的。只有这样,学生才能在课堂中真正解放口、手、脑、眼,鲜活地成长;教师才能在与学生的对话中了解到学生的所有真实感受,从而使师生互相成就。

---

① 王荣生.《语文课程标准》的"对话理论"[J].语文学习,2002(11):4-7.

三、"唤醒"技巧

第斯多惠说："教学的艺术不在于传授的本领,而在于激励、唤醒、鼓舞。"①这句话提示教师,课堂教学中应具备"唤醒"意识,掌握"唤醒"技巧,有必要用昂扬、兴奋的情绪点燃、激励学生,用积极向上的态度感染、鼓舞学生,用个性鲜明的课堂语言唤醒昏昏欲睡的学生。纵观诸多名师的教学,我们不难发现,他们正是具备了"唤醒"的素养,以深厚的文化底蕴,高尚的人格魅力,营造出一个个鲜活的对话场景,如火焰般点燃学生的心灵。他们给予我们深刻的启示是:为人师者需要不断加强自身的修炼,努力扩大自身阅读与反思的储备,逐渐增强驾驭课堂的能力与智慧;与文本深入对话,用对文本的深入理解去调控课堂;磨炼、提升言语素养,用幽默和蔼去化解学生的紧张情绪,用鼓舞激励去点燃学生被暂时遮蔽的自信之光;积极营造宽松、和谐的教学情境,激发学生的表达欲望,让学生在自如、自信中加入"对话",从而让自由的心灵获得与书本,与教师,与同学真正的交融,并由此产生学习的愉悦。

四、尊重赏识

师生关系直接影响学生学习的参与态度和探究热情,影响课堂教学气氛,进而影响课堂教学效果。课堂气氛乏味、沉闷的主要原因之一是师生关系疏远,不够融洽,如此,则使学生在课堂上面对教师的提问时势必会产生顾虑,不敢做出回应,拒教师于千里之外。这是长期以来困扰课堂教学的痼疾,因此,给予学生充分的尊重和赏识,是祛疾去病的可行途径之一。

"没有爱,就没有教育"。苏霍姆林斯基的这句格言强调爱与教育的必然关系,我们也可据此推论,爱的前提是尊重学生。心存尊重,师生平等,在此基础上用爱去感化、引导、教育学生,在课堂上"放大"学生的优点,"缩小"学生的过失,才能包容、宽慰学生的"无心之错",进而赢得学生的拥护与爱戴;教师只有尊重学生并与之平等相处,学生才会大胆释放心中重负,知无不言,最终畅所欲言;教师只有真正做到以尊重之真情去拨动学生善感的心弦,才能动之以情,晓之以理,实现以情感人,以理化人。《学记》有

---

① 施丽.生态语文教学:让语文"活"起来[J].人民教育,2015(16):71-73.

云:"亲其师,则信其道。"课堂有了尊重,教师就既可以是循循善诱的长者,也可以是与学生共同切磋学问的学友,还可以是因见解有异而面红耳赤的辩友。教师真正做到心胸豁达,炽热赤诚,对学生一视同仁,将自己和学生置于平等的地位,尊重、理解学生,才能真正地融入学生,成为学生的良师益友;而学生也会相应地信任、亲近老师,平等、融洽的师生协同关系也随之逐步构建。

美国心理学家威廉·詹姆斯说过:"人类本质中最殷切的需求是渴望被肯定……人性最深刻的原则就是希望别人对自己加以赏识。"①赏识的本质就是一种心理激励,它通过心理暗示,充分肯定,不断培养自尊与自信,从而使受教育者具有勇于进取的信心和不断进取的动力。赏识教育是一种承认学生存在差异、允许他们失败的教育方法,是提高学生情商教育的基础。赏识教育注重情感因素,追求刺激神经细胞的活跃,调动兴奋状态,使学生对学习产生轻松愉悦的感觉,从而提高学习的效率。就课堂而言,赏识教育是一个充满宽松、和谐、平等、开放、自由、民主的乐园,是一种赋有个性、充满多样性、允许标新立异、可以自由想象的理想环境。就学生而言,无论他们的心智水平有何差异,都不会因分数的暂时落后和学习的一时困难而遭受歧视和嘲笑,他们的个性可以得到充分的发现、培植、张扬和发展,获得赏识也因此成为教育教学的必然要求与必备条件。就教师而言,应当放下传统的师道尊严,放弃绝对权威的角色扮演,容许学生有不完美甚至错误的表现,不再百般架空、抑制学生思维,帮助失败者找回自信和发展,重建精神世界的大厦,找回自我教育的渴求与能力。可以说,一句发自内心的鼓励,学生会终生难忘。

总之,建构平等、融洽的师生协同关系是语文课堂教与学统一的有效途径。平等、融洽的师生协同关系,是开放式的、批判式的,可以有效摒弃传统教学模式中教与学之间存在的"两张皮"现象,是对"把教学看成是教师有目的、有计划、有组织地向学生传授知识、训练技能、发展智力、培养能力、陶冶品德的过程"这一传统观念的重大反拨与突破。平等、融洽的师生协同关系还能促成教师和学生围绕共同的目标,形成合力,进行交流探讨、互动合作,获得共同发展。师生共情,有效克服了教与学之间的矛盾阻力,有利于解决共同存在的教与学的问题,真正突出和实现教与学的有机融合。

---

① 陈琦,刘儒德.当代教育心理学[M].北京:北京师范大学出版社,2000:107.

第二节　多元、立体的课堂教学运行体系

一、灵活机变

当课程由"专制"走向民主、由封闭走向开放、由专家研制走向教师开发、由学科内容走向学生经验时，语文课程就不再只是包含教学计划、教学大纲和教材的文本课程，而应是能够被教师与学生真实体验、感悟和参与的体验课程。而且，每一位教师和学生对给定的教学内容有其自身的理解与解读，并不断进行变革与创新，实现课程内容的转化；加之随着课程改革的深入，教师与学生追寻课程解放与自由的主体意识不断觉醒，参与建构与提升课程意义的课程意识不断加强，也共同促成了课程文化的动态的生态系统。由此，多元、立体的课堂教学运行体系应运而生，并成为一种必然和可能。与之相应，课堂教学也随之异彩纷呈：演示法、讲授法、启发法、案例教学法、小组讨论法、练习实践法……不一而足。但是，教无定法，教师不仅不能固守成法，反而应当灵活机变，权衡选择。正所谓"时移世易，变法宜矣"。

在教学《拿来主义》这一课时，笔者曾经尝试对现代教育技术支持下的语文自主交互的学习方式进行探索。在征求学生意见、作了充分调研之后，将课堂学习分为三个板块，在多媒体教室开展。第一板块：基于任务单（熟悉课文、感知课文的论证方法、了解并初步学会运用"选言推理"）的自主学习。教师把学习目标通过任务单的形式下发给学生，并开放学习资源（网络或其他电子学习资源）和工具（字典、词典和其他相关的工具书）。通过什么方法和路径达成目标，由学生自己选择。在学习过程中，老师扮演观察者、支持者和服务者的角色，关注每个学生的学习过程与学习方法，留意学生学习过程中生成的资源和问题，提供即时的学习帮助。第二板块：交流分享，倾听质疑。教师通过技术手段记录并捕捉一些学生学习的过程和结果（拍照、上传、展示），组织学生分享学习过程中的收获和值得大家借鉴的方法，同时相机让学生分享学习成果（小组讨论、选择学生代表发言）。

学生可以把自己做得最好的方面跟大家分享,特别要分享自己与他人不同的收获,也可以向大家分享学习过程中遇到的困难。同时,利用数字终端记录学生的一些学习轨迹(将小组讨论的结果置于实物展台展示),借此让交流与分享更为直观有效。第三板块:问题探究,活动实践。学生在交流分享中必然产生新的问题(如逻辑学知识的学习及必备知识的外延或上限),教师抓住机会,充分利用此时生成的教学资源,引导、鼓励学生继续探究;同时,对于课堂交流学习自然产生的一些语文实践活动的衍生成果(如对现代教育技术支持下的语文自主交互的学习方式的体验与感悟),教师也可继续引导学生展开或者深化(如尝试写心得体会或小论文)。这种开放式的、随机应变的学习,是从学生在新形势下新产生的学习需求出发,关注学生的核心素养的培育,并在现代教育技术支持下把语文学习引向无限广阔的空间。

二、不拘一隅

传统教学论的概念系统中,课程被理解为规范性的教学内容,教师无权思考课程问题,其任务只是"照本宣科"式的教学。课程改革首先给教师带来的问题与挑战是必须在"枷锁"与"跳板"、教学的"控制者"与"促进者"之间做出艰难的现实选择。众所周知,课程与教学实际是两个相对独立的领域,课程是学校教育的实体或内容,它规定着学校"教什么";而教学是学校教育的过程或手段,更关注教师"怎么教"。越来越多的人已经日渐意识到,中学语文教学不应该只被拘泥于简单的课本知识理解、掌握上,还应该重视学习者在学习过程中所涉及的一些思想方法和情感态度价值观的领悟;更重要的现实是,学习者在课堂上学习的知识应该在现实生活中被予以实践。这也决定了课堂教学运行体系必须在开放性上有实质性的突破。一是开放语文课堂,将生活的"源头活水"引入课堂,引导学生感悟生活,启迪思维;二是开放教学思想,着眼于语文教学面向未来,促进全体学生个性的终身发展;三是开放教学方法,使语文教学不拘泥于一隅,结合多种教学技术与理念,实现教学现代化;四是开放师生关系,明确师生角色定位,尊重学生的主体性,充分调动学生的自主性。努力为学生营造一个和谐、自由、活泼的学习成长环境,积极引导学生走入语文世界,感受语文魅力,使学生在学习中不断提高语文能力,提升语文素养。

为拓展多元、立体的课堂教学运行体系,体现开放性,我校每年在高一年级上学期定期开展以"宝山自然景观与人文景观"为主题的基于现代语文社会生活的研究性学习。尝试将国家的分科课程进行校本化、生活化的整合。从学生生活出发,结合高一年级语文学习目标,进行研究性学习。对于语文教学而言,这是一种从抽象观念到具体实践的巨大转变;此举之目的,就是要走出原来固守的学科属性,把原来单纯的语文教学与丰富多彩的生活有机整合,使之成为学生自身意义上的大语文学习。这样的整合,不仅仅是语文学科的改革,而是站在人的主动积极发展的立场,对教育教学结构进行优化。

我校学生所开展的"宝山自然景观与人文景观"研究性学习的成果丰富,正是由于课堂教学运行体系不拘一隅,结果大大超出了之前的课程设置预期。试列举几个学生的研究报告片段如下:

冰凌雾凇

宝山为顺昌第二高山,奇峰突起,傲立群峦。每到霜降和下雪,宝山就成了一个童话般的冰雪世界,漫山遍野雪白晶莹一片。庙宇屋檐、树木枝丫,峭崖巉岩挂满了粗细大小、长短不一的冰凌。冰凌长者一两米,短者盈尺,且在霜降的作用下,常形成白茫茫"宝山雾凇"的奇景,为南方山水中罕见的景观。

上述自然景观及宝山其他独特的生态环境资源等构成宝山风景区投资开发不可多得的天然优势。

宝山云海

当春夏多雨季节和冬季多雾时节,在宝山顶峰眺望,云海翻腾,一望无际,群峰或隐没于云雾中或飘浮于云海上,变幻莫测,蔚为壮观。其景观可与泰山、黄山云海相媲美。登上宝山者无不为宝山云海叹服称奇。在宝山,一年四季皆可看到云海,一年约有150天为云海天气。特别是冬季,十一月至春节期间为云海多出季节,此时的云海持续时间较长,要到中午方才散去。春夏季节,每当下雨,云雾蒸腾,群山若隐若现,云雾瞬息万变,身处峰顶,如入仙山天境。雨后天晴,其景更为可爱,云海和群山仿佛全都洗过似的,云海雪浪滚滚,晶莹剔透,群山更加青翠妩媚。

宝山日出

宝山日出极为壮观,为宝山的又一大胜景。一轮磨盘大的红日或软融融地贴近云霞冉冉升起,或金灿灿地在群峰间奔腾跳跃而出。在红日的映衬下,朝霞变化奇幻,绚丽多姿。每当朝阳升起,云海蒸腾翻滚;阳光映照云海,一会儿金黄一片,灿烂辉煌;一会儿晶白如雪,云峰四起。在宝山观日出,每日一景,变化无穷。宝山日出,闻名遐迩,每年都有成千上万游客专为登山观赏日出而来。

当下学校的分科课程自成体系,学科与学科、学科与生活之间缺少横向的联结,为改变此学科封闭、互为壁垒的现状,我校每年定期开展的以"宝山自然景观与人文景观"为主题的基于现代语文社会生活的研究性学习方式,从学生生活实际出发,充分利用当地资源,结合年级语文学习目标,在将国家的分科课程进行校本化、生活化的整合方面作了一些有益的尝试与探索。在学习活动中,学生学习了自己想学的语文,同时又展示了自己个性化的语文;其研究报告所呈现的文学性与实用性的有机结合,灵气逼人,悟性可嘉,令人耳目一新。如此开放与整合,不仅仅是语文学科的改革,更是将学生培养置于主动积极发展的立场,优化了教育教学结构。

三、统整延伸

现代教育心理学研究指出,学生的学习过程不仅是一个接受知识的过程,而且也是一个发现问题、分析问题和解决问题的过程。这一过程一方面是暴露学生产生各种疑问、困难、障碍和矛盾的过程,另一方面也是展现学生发展聪明才智、形成独特个性与创新成果的过程。正因为如此,新课程强调学生探索新知的经历和获得新知的体验。这也带来了多元、立体的课堂教学运行体系的挑战性问题。因为探索过程的挑战性,意味着学生在语文学习中将面临诸多问题与困惑、挫折与失败,同时也意味着学生花费大量的时间和精力却可能一无所获。但这恰恰是探索过程挑战性的意义价值所在,因为这是学生成长必须经历且不可忽略的过程,也是其能力、智慧和价值观发展的内在要求。

在教学《奥斯维辛没有什么新闻》这一课后,笔者采用了统整视野下的主题探究学习方式进行教学探索。尝试将过去与现在联系,将文本阅读与现实生活统整,要求学生课外观看《辛德勒的名单》《美丽心灵》等影片,阅读《二战纪实丛书系列》《西方新闻作品选读》《中外名记者的梦想与追寻》等书籍;指导学生根据自己的兴趣,查找相关资料,了解二战历史、有关奥斯维辛集中营的报道、南京大屠杀相关历史、"普利策奖"及相关新闻写作知识等。在此基础上,要求学生思考探究两个方面的主题:一是如何做到以史为鉴,从纳粹暴行吸取什么样的教训,维护人类和平与幸福生活;二是以罗森塔尔独辟蹊径、突破"客观报道"和"零度写作"束缚的写作探索为参考,思考如何超越自我、实现创新。学习任务下达后,学生的学习兴趣空前高涨,积极投入;成果交流展示阶段,学生踊跃交流观影、阅读感悟,评述战争历史,探讨生存智慧和生活哲理,畅谈创新理念,其所呈现的思想认识水平、文学艺术鉴赏能力令人称奇,其在新闻、史传的分析层次和写作实践成果等均超出了预想的目标。

语文作为人文学科,最为突出的表现是探索与反思的特性。统整视野下的主题探究学习方式立足于学生语文素养的整体提高,更关注源于学生的自我学习需求。统整视野下的主题确定,接通了学生阅读文本与现实生活的关联,源于教材,但又超越教材。这是在学生主动阅读文本的基础上,积极地探索并进行自我意义建构的过程,在此过程中,让文本与生活给学生的经验赋予新的意义,让学生在生命体验中实现自我成长。

四、审美浸润

在语文课程中,文学类文本因其蕴涵着诸如语言美、形象美、意境美、情感美等众多审美元素,而成为最具美学价值的存在。面对气象万千的审美世界,教师要善于引导学生通过品味语言、感受形象、体验情感等途径,对文本进行审美观照,获得独特的审美体验,形成正确的审美意识、健康向上的审美情趣与鉴赏品位,并尝试进行创造性的审美表达,在发现美、表现美、欣赏美、创造美的过程中享受阅读的快乐与自由。文学类文本是语文学习任务群教学内容的重要载体,在18个学习任务群中,至少支撑着12个学习任务群的学习活动。与过往相比,新课程的学习要求虽然发生了一些变化,但文学类文本作为语文学习重要的课程资源,其地位和作用依然不变。它包括古今中外诗歌、散文、小说、剧本等不同体裁的优秀文学作品,承载和蕴涵着丰富的精神内涵,是文化的积淀,更是美的汇聚。审美是人类独特的体现其本质的必不可少的精神活动,它的形成与人的实践密切关联,换言之,人的实践即审美的源泉。在文学类文本中,经由思维的训练和文化的浸润,培育出高尚的审美情趣,积累丰厚的文化底蕴,是文学类文本学习的重中之重。在文学类文本阅读教学时,我们应对文本加以审美的判断、解读和体验,进而实施开展审美的分析、理解和鉴赏,以唤醒学生向往美、追求美的意识,使其自主、能动地融入文学类文本的审美世界中,获得精神上的愉悦和满足,达到最大的心灵自由。

下面以《林教头风雪山神庙》的课堂教学实录为例,谈谈在探究小说主题过程中,如何实现文学类文本教学的审美目标。

《林教头风雪山神庙》教学实录
(第二课时,授课教师:姚冬霞)

一、导入课文

主题是小说的灵魂。小说的主题一般比较含蓄,作者总是把自己的思想感情隐藏在人物形象的刻画之中。我们可以通过人物的命运变化来分析隐含在其中的主题。让我们沿着林冲的命运轨迹去看看作者在《林教头风雪山神庙》这篇课文中所想要表达的主题。

二、新课分析

(一)画出林冲的命运轨迹

(1)通过我们上节课的学习和学案中的补充材料,我们来简单地勾画林冲的命运轨迹。从这个轨迹的开端——东京开始。

学生讨论后明确:

身份:八十万禁军教头。

境况:娇妻被调戏。

反应:忍。

心态:隐忍、退让。

(2)林冲的隐忍退让,使他的生活有了很大的变化,按照刚才的四个方面,我们来看看林冲的命运轨迹走向了何处。(分析第7至第10段中的细节描写)

学生讨论后明确:

身份:刺配沧州的囚犯。

境况:看守牢城营的天王堂。

反应:忍。

心态:妥协、屈服。

身份:大军草料场管事。

境况:居于四下崩坏草料场。

反应:忍。

心态:随遇而安。

(3)但不是林冲随遇而安,日子就会太平了。他没有料到他的命运正在走向最大的转折点。(分析第11段中陆虞候等人的语言细节)

身份:看守草料场却"失职"的"死罪之人"。

境况:寄宿半路上一个古庙。

反应:忍无可忍。

心态:奋起反抗。

(4)总结:我们从上面的分析中可以看出,林冲从一个生活美满有地位有身份的东京八十万禁军教头,变成了一个犯下死罪无路可走,最终杀人雪夜上梁山之人。是什么原因造成了林冲的生活发生了这么大的变化?作者想借助这个变化来表达什么呢?

接下来我们来分析林冲命运轨迹发生变化的原因。

(二)分析林冲命运变化的原因

(1)一个人的生活发生巨大的变化,无非两个主要原因,就是内因和外因。外因我们刚刚分析了,而内因,必须从人物的性格上去分析。上节课我们已经分析过林冲的性格,我们概括之后大致如下:

①正直善良、侠肝义胆、刚猛激烈、疾恶如仇。

②安分守己、忍辱负重。

③细心、缜密、负责任。

(2)这样一个人物无论是在正常、非常还是反常的情况下,他都是一个不会反叛的人。由此可见,他最终的反叛,不是他的性格使然。那么,林冲反叛的原因就是外在的了。(教师引导,学生讨论形成共识)

(3)我们可以从课文的第11段看出,表面上是:高俅为了自己的儿子(私利)迫害林冲。

真的就这么简单?我们不妨来假想一下:如果林冲被烧死在草料场,当时的人们会如何来评说林冲呢?在人们眼中事态的发展和高俅有没有关系呢?

学生讨论后明确:

高俅隐藏在了事件的背后。他何以能做到如此之隐秘程度?依靠他手中的权力。所以我们可以看出,林冲可能逃出高俅对他的迫害吗?不能。林冲无法避开的不是高俅一个人,而是当时统治阶层的那些"官"。正是这些官一步步地把林冲逼上了绝路,逼上了梁山。

(4)小说主题:官逼民反。

三、教师总结

林冲总想着委曲求全,但委曲能求全吗?委屈的结果往往使自己的空间越来越小,能腾挪的自由就越来越少,反抗与自卫的能力就越来越弱,与此相应的,是社会对你的压迫越来越肆无忌惮。所以"一个最无做英雄愿望的人,就这样被逼成了英雄"。而逼迫他的就是当时的当权者。这就是《水浒传》要表现的"官逼民反"这一重大主题。

四、课后作业

略。

小说作为人生的"百科全书",深受中学生读者的喜爱。阅读小说,可以开阔视野,陶冶性情,提高文化素养及审美能力。人教版必修三的小说单元已经重点强调了小说形象和语言的学习,所以必修五第一单元的小说教学重点就落在了主题和情节上。本课小说教学目标和重点定位准确,教学理念和教学手法创新独到。既注重学生的涵泳体验,也引导学生审美鉴赏。在涵泳体验方面,指导学生透过故事情节表层,探寻蕴含其中的时代气息、社会发展、思想意识以及生命形态,认真把握人物的性格特征,以及人物性格特征所折射出来的社会历史内涵。在审美鉴赏方面,关注小说的自然环境、心理环境和社会环境,挖掘其中反映主题的信息,从人物性格特征和社会生活背景的层面,引导学生把握小说的主题。略显不足的是,由于学生个人的生活环境、人生阅历、文化修养和个性气质不同,对同一部作品的评价往往会有较大的差异,本课在注意引导学生从多个角度理解小说主题方面,存在些许缺憾。

五、独抒性灵

随笔在中国有着悠久的创作历史,宋人洪迈在其《容斋随笔·序》中就曾提及:"予老去习懒,读书不多,意之所亡,随即纪录,因其先后,无复诠次,故目之曰随笔。"作为散文的一个分支和议论文的一个变体,随笔具有篇幅短小精悍、表现形式灵活自由的文体特征。基于此,随笔写作教学提倡指导学生自由练笔，从生活和读书中借题发挥，纵横古今，把自己的读书感想、生活体验、见闻感悟、热点思考等表达出来，建构写作与读书、生活的联系。叶圣陶先生在其作文教学论著中也写道："人类是社会的动物，从天性上，从生活的实际上，有必要把自己的观察、经验、理想、情绪等等宣示给人们知道，而且希望愈广遍愈好。有的并不是为着实际的需要，而是对于人间的生活、关系、情感，或者一己的遭历、情思、想象等等，发生一种兴趣，同时仿佛感受一种压迫，非把这些表现成为一个完好的定形不可。"其语清晰地道出写作是人的天性和生活实际的需要，是"表达与交流"的切身之需。随笔的写作是独抒性灵、不拘格套的，也正因为这种短小、灵活、率性的写作特点，随笔成为高中作文教学的重要补充。

笔者在高中阶段始终坚持开展学生随笔写作的语文实践活动，要求学生"独抒性灵"，在不断积累、感悟和抒写中建构自己的"素材库"、"语言库"和"思想库"。高一年级上学期，要求学生每周写一篇随笔，教师隔周进行点评。为激发学生长效的写作热情，笔者又在具体教学中作了一些调整：高一年级下学期开始，班级分为4个小组，除继续每周一练笔外，要求学生轮流点评本组同学的随笔；临毕业前，每人选取2篇文章（一篇随笔，一篇点评稿），结集印刷成册。通知甫下，学生欢呼雀跃，热情高涨；毕业之际，文集在手，争相传阅，视若珍宝。

下面请读者一起来欣赏笔者所执教的2010届高三（6）班的学生随笔集《太阳风》中的几篇习作。

雨中（随笔）
廖冰倩

我爱雨，尤其爱在雨中孤独地踯躅，或许有时能看到大自然献上的佳作。

细雨如丝，纵横交织成薄纱，笼罩着苍穹，凉风喜悦地吹着，吹散了薄纱，小雨随风飘送，落在地上、屋顶上，洗涤了厚积的灰尘，也冲净了心中的郁积。

那朵独立于灰蓝背景中的红玫瑰，与晴天不同的是，它并不娇艳，而是拥有雨中的朦胧，但依然热情、奔放。细雨为它的身影增添了一丝神秘，不知为何，总想掀开眼前的雨幕去满足自己的好奇。

那洁白的云，是要与白羽竞白，还是要编织一个纯白的年代，从你指间滑落的晶钻是给朋友最好的赠品,化作了人间的甘露,滋润了人们的心田,你用这如丝的细雨传递着与大地的情感。

江水缓缓流着,没有滔天的巨浪,没有如雷的涛声,她是那样安详、沉静,时而轻轻旋起自己的裙角,时而腾起几颗晶莹的水珠,渐渐地消失在雨幕中,消失在辽阔的天际。

那扬着白帆的帆船,满载着的是美丽的思念吗?或许那无边的天际会有它的故乡。还是它奋力前行?那远处的朦胧隐藏着它的未来与梦想……

深蓝的底色,点缀着纯白,还有那点红,蒙上一层细雨的薄纱,没有太多颜色的点缀。虽没有"山如碧玉簪,水作青罗带"的绮丽风光,也没有"两岸猿声啼不住,轻舟已过万重山"的画廊,仅仅这雨景,简简单单的画卷,就让人觉得意味深长。

随意地站着,面对这自然的精灵献出的诗画,得到了不一样的情感。如雨中江水般的生活同样也有空白点缀人生,同样也有满载的帆船去追寻朦胧的未来。有时吹过的微风掠起雨幕的一角,却发现那鲜红处隐约地跃动着一颗年轻的心,勾勒着去远方放牧青春的风景线。但这一切的一切如果没有这细雨也就完成不了这完美的画,人生也别忘了这如细雨般沟通情感的桥梁。

因此,我爱雨,尤其爱在雨中孤独地踯躅,一种悠然遐想的情趣布满我的心头。

谈生活(随笔)

肖源宙

在寂寞的摇篮里,不需要无声的徘徊,需要的是动听的旋律,这就是生活。

生活中我们把握住一切,不让任何从我们指尖流过,即使是泪水和痛苦也不要,因为它们也是生活中的财富。没有人是完美的,但每个人都需要让自己更好。孤单并不可怕,生活中就是有许许多多的沉寂与冷酷,可我们的心不可以变得灰暗,我们需要爱,需要希望,不仅仅是为了填补空虚,更是为了保持那生活中的阳光。

生活需要不断地追求,不断地拼搏,同时也需要方向。生命很短暂,这道理谁都懂,可许多人从来没停下来想想,自己在为什么拼搏,只空有满腔热血,却没有方向,到头来只是四处乱窜,到处碰壁。

勇于尝试是生活所必需的,没有人能够一次就把一件事做好,也没有一件事是只需一次就能完美的。大卫的魔术很神奇,可那是在无数次练习之后;爱迪生的发明造福人类,那也是在无数多次的试验之后。辉煌就是在无数多次的尝试中生成的,生活需要尝试。

生活中,不应逃避,因为那是一种软弱,不应消沉,因为它会熄灭我们内心的热血。总保持坚强,即使遇到再大的磨难,虽然很难把握住它,就像大海中遇到暴风雨的帆船,难以驾驭。也许很多次悲伤很多次迷茫,但就算拼尽所有力量,也要从中走出来,去创造我们新的生活。

有个地方叫北国,那里有最灿烂的阳光。到达那儿不是一件简单的事,可我们还是需要去追求,这就是生活,拥有崇高的理想。

随笔点评
蒋紫薇

今天很高兴由我来为大家点评本组的随笔。

正所谓"江山代有才人出,各领风骚数百年"。首先是本组女中豪杰中足以与李清照相媲美的六班第一才女郭诗晨携两首佳作惊艳登场了。这两首诗分别是《露重青眉昙香现》和《降C调蔷薇夜的第七章》,这两首诗的感情基调都比较伤感,文字底蕴深厚,平仄押韵使用恰当,读起来朗朗上口而极富美感。其中我最喜欢的一句是"晓风登窗问柳,无语凝噎,道不出万千",读时令人不禁想到"杨柳岸晓风残月"的意境,很凄婉,很悲凉。

"只恐双溪舴艋舟,载不动许多愁。"正如范素娟所说的,女生向来是多愁善感的,本组女生的心思也很细腻缜密哦。

叶情继续了她的伤感文风,用细致的景物描写烘托出伤感的气氛,字里行间体现了她对身在远方的父母的深深思念,衷心希望她和父母能够早日团圆。

游丹通过写自己胃痛的经历进而深入写人内心的脆弱,游丹的描写很真实,可贵的是她没有把大量的笔墨集中在胃痛的描写而是侧重于表现人性的脆弱无法掩饰,使文章上升到更高的层次。记得曾经风靡一时的一首歌叫作《男人哭吧不是罪》,那就让我们像游丹所说的那样勇于秀出自己的脆弱吧!

吴云帆的《写给悲伤》一文,向我们讲述了考试后的伤感,相信可以引起很多同学的共鸣。当然,包括我。也许悲伤是黎明前的黑暗,那就让我们在黑暗中寻一盏灯,驱散悲伤和严寒,照亮前方的路。

高洁的《寻灯》讲述的是年少的我们曾经有着五颜六色的梦,可随着年龄的增长,许多人心中最初的梦想已经消失在城市的浮华和喧嚣中。取而代之的是为了现实化的梦想而被冲得头破血流。不知怎的,看完这篇文章,我突然想到一句话,流行于世的必然好卖,曲高和寡本是必然。但我相信始终有人保持着那颗赤子之心,在暮色中寻找那盏引路的灯。

比如郭莹,她用心中的灯照亮了人性的善与恶。通过近期县医院发生的事引发了她对现实生活以及对生命的思考。随笔写得很深刻,感悟也很透彻。

锵锵锵,下面隆重推出阮舒莉的《我未来的他》,看到题目就很吸引眼球,文中细数了"我"对未来的他的种种要求,让人不禁联想到这是少女的情窦初开,但事实上并非如此。"他会把他的一切都给我,这就是我未来的他,像我爸爸一样爱我。"看完全文才豁然醒悟,原来文中种种温馨的举动都是爸爸为女儿所做的。文章没有华丽的辞藻,却以精妙的构思给读者一份惊喜和感动。这篇近乎"朴素"的文章的内容就时常发生在我们身边,也许就是我们的父母为我们所做的,而我认为只有真实的才是最感人的。最后,我要说的是,阮舒莉很幸福,因为她有一个深爱她的父亲,而阮爸爸也很幸福,因为他有一个懂得感恩的女儿。

我点评完了,谢谢大家!

随笔点评

陈 晶

智慧的人们总是在忙碌的生活中停下脚步,回忆过去,总结这段人生的经历,展望未来。这周本组众多智慧的同学就把他们思想的印迹留在了他们的随笔上,开始了他们对人生的思考。其中有直截了当型的,如吴华荣同学的《人生》,廖组建同学的《生命》;还有就是含蓄抒情的如黄欣同学的《错与对,坦然面对》,李晓莹同学的《命运自造》,剩下的就是实物抒情的文章了,如连莹的《棉花糖随想》,游丹的《无题》和吴鹏建的《围棋》。下面就来一一点评。

先来看一下吴鹏建的《围棋》。文章叙述了作者对围棋深深的热爱,介绍了围棋在我国的发展历程,表达了对围棋逐渐淡出人们生活的担忧,同时也从侧面表达了对教育体制的不满。他认为围棋自古以来是智慧的象征，虽然已经时过境迁，但是传统文化仍应发扬光大，于是他幻想着有一天围棋课也能成为我们的必修课之一，但我认为要想发扬围棋文化还应从娃娃抓起。

游丹同学看着窗外淅沥的雨丝悄无声息地落下，在这样寂静的情境中她写下了《无题》。回眸自己曾走过的路，由窗外的雨水转笔去写了对自己看着别人默默地努力而自己却无所事事的感伤。整篇文章的结构像是一篇现代的短诗，惆怅而感伤。

再来看看我们阿廖同学的《生命》。这篇文章的结构有点怪，作者并没有像预料中的那样写对生命的诠释，而是先写了生，再写命，最后再将生和命揉在一起，这样就成了生命。私下的谈论被告知这是所谓的高考满分作文模式，这倒是让鄙人思忖良久。但从文章的内容来看还算是充满哲理的，像作者的脸庞一样深邃。文章为我们诠释的是情感交错的别样生命。从此也可以看出作者的多愁善感。

看完《生命》，再来看吴华荣的《人生》，文中说"悲伤和痛苦确实比快乐幸福要更多"，但我觉得似乎很难察觉到，我想当我们快乐幸福的时候总是忘却了痛苦和悲伤，这兴许就是所谓的好了伤疤忘了疼吧。或许是作者在此阶段遇到了令他本人悲伤的事。在此还望华容同学男子汉大丈夫，咱们流血不流泪！对于我们对人生的感悟，我想这也只是阶段性的，像春明哥说的那样，我们才刚刚上路呢，当我们再走过一段人生的旅程，将会对我们的人生又有新的认识。因此下次抒情时可是要有更深的思想。

人们总喜欢讨论命运，失败了总是责怪命运的不公。李晓莹的随笔就说了骑士命运是自造的，成功、失败、荣耀，甚至整个世界都掌握在自己的手中，其实不然，我只认同大部分的命运是自造的，还有一部分叫作天命的东西也是很重要的。但是如果你能做到我们孔夫子所说的那样，那天将降大任于斯人矣。

范素娟的文章《颠倒着想问题》告诉我们应当走出思维的怪圈，有时打破常规想问题，也许真会出奇制胜。不过一个女孩子一天到晚颠倒着想问题可是不怎么好的哦。棉花糖的记忆总是那般的充满童真而美好。看到围满了孩子的棉花糖小摊，勾起了连莹同学童年时代的笑与泪。当棉花糖再次进入口中融化的瞬间，她却发现自己再尝不到儿时乐于其中的味道了，对儿时的记忆似乎也随着融化。于是又感到了些许的感伤。我想是学业的重压和成长让我们再难找到那种唾手可得却又远在千里的味道。

唱一首离别曲,是对与错,高考路上的是是非非。黄欣同学本周随笔的题记意味当说足够深远,让人琢磨不透。原本以为作者又要大骂教育,看了文章才知道其实他抓住了我们身边发生过的一些事,来写在这条高考路上的成长是非。有些事情我们做过后总是觉得后悔,但是又没法再去改变。在我看来,"六班事变"这个问题应当从学习和感情上一分为二,本就应该泾渭分明。学习上可不能感情用事,而感情上更是不能与学习并驾齐驱。

对于一些已经无法改变的事情只要知道了自己的错就好,把它当作自己人生的履历,让它成为我们成长的基石。无论是错是对,我们无法承诺什么,但是我们要学会去坦然面对。

这就是本组这周的成果,希望大家再接再厉。

美国教育家苏娜丹戴克说:"告诉我,我会忘记,做给我看,我会记住,让我参加,我就会完全理解。"王晓春认为,语文实践活动"是一种毫不含糊的实践观念和语文立场。它处处从听说读写的语言实践出发,一切为提高听说读写能力服务,突出了语文教师的真正专业性。"[①]余映潮老师也说:"课堂实践活动,在很大程度上就是将教师在课堂上要做的事,化解为细腻的操作步骤,让学生去尝试,去进行,去完成。"[②]"实践"是《普通高中语文课程标准(2017 版)》中的高频关键词,一共被提及 60 次,强调了 15 次。在阐述语文课程性质的时候,课程标准明确指出:"语文课程是一门学习祖国语言文字运用的综合性、实践性课程。"语文课程教学的目标,要求课程偏重语文实践能力的培养,更注重学生在自由状态下的言语实践活动中表现出的创造性。离开语文实践而要想提高学生的语文素养是无法想象的。在阐释语文课程应该如何实现"实践性"时,课程标准作了如下表述:"语文课程应引导学生在真实的语言运用情境中,通过自主的语言实践活动,积累言语经验,把握祖国语言文字的特点和运用规律,加深对祖国语言文字的理解与热爱,培养运用祖国语言文字的能力。"可见,语文课程的"实践"要义,在于它是一项需要学生参与的"语言的运动";如果没有学生主体的自主介入,多元、立体的课堂教学运行体系就可能是镜花水月;提高语文学习效率,促进知识内化,提升语文素养,就可能是空中楼阁。

---

① 王晓春.语文课如何是好[M].北京:中国轻工业出版社,2009:98.
② 余映潮.余映潮的中学语文教学主张[M].北京:中国轻工业出版社,2012:36.

第六章

从品味涵泳走向生活世界
——"鲜活语文"之学习观

第一节　语感的涵泳

　　母语的语感是一种不需要刻意组织就能自然运用语言和不需要分析就能感到哪些说法不能成立的直觉。语感本身既是一种能力，又是形成思维品质的基础。语感的质量，包括用词的丰富和雅致，造句的简洁和明确，聆听与应答的习惯等，同样是衡量思维品质的重要标准。

　　语感这一话题由来已久。综观中华两千多年语文教学的历史，我们不难发现，传统的语文教学方法一直秉承着语感培养的基本思想。从先秦教育家孔子、孟子，到宋代理学家朱熹、陆九渊，其育人方法无一不采用整体熏陶，讲究熟读成诵，所谓"得趣全在涵咏"（崔学古语）。夏丏尊、叶圣陶、郭沫若、吕叔湘等诸位语文大家也都对此作过论述，他们从不同的角度揭示了语感培养对提高人的语文素养的重要性。夏丏尊先生说："在语感锐敏的人的心里，'赤'不但解作红色，'夜'不但解作昼的反对吧，'田园'不但解作种菜的地方，'春雨'不但解作春天的雨吧。见了'新绿'二字，就会感到希望，自然的化工，少年的气概等等说不尽的旨趣，见了'落叶'二字，就会感到无常、寂寥等说不尽的意味。这等等的一切感受和意味，就是语感。"叶圣陶认为："不了解一个字一个词的意义和情味，单靠翻字典辞典是不够的，必须在日常生活中随时留意，得到真实的经验，对于语言文字才会有正确丰富的了解力，换句话说，对于语言文字才会有灵敏的感觉，这种感觉通常叫'语感'。"夏先生的言语从感受和意味出发，注重描述语感的现实表现状态,强调语感与联想的关系;叶老的表述从意义和情味出发,联系生活经验,更倾向于对语感做出明确的界说。但是尽管如此,学术界至今还没有对语感形成一个权威性的定义,它引发无数学者与一线教师对语感内涵与获得乐此不疲地一探究竟,这也恰恰证明了语感对于语文学习的微妙关联和重要意义。语言学家吕叔湘先生说:"语文教学的首要任务是培养学生各方面的语感能力。"语文课程目标也在"语言积累与建构"中强调:"积累较为丰富的语言材料和言语活动经验,形成良好的语感;在已经积累的语言材料间建立起有机的联系,在探究中理解、掌握祖国语言文字运用的基本规律。"这就凸显了语文教学中语感培养的重要性。语感能力被认为是人长期语言实践中形成的一种心理能力,一种心理直觉。学生的语言功底、审美情趣、文学修养以及生活交际能力等许多方面皆是通过语感能力表现出来的,而这诸多方面也正是语文核心素养的综合体现。语感教学不仅涉及课堂教学的听、说、读、写四个方面,而且还涉及鲜活大千世界所有的语言交际活动。在此,笔者仅结合理论学习和教学体会,对课堂教学中的语感培养作一些学理和实践上的探讨。

一、活现

所谓"活现",其内涵有二:一是语感培养离不开生活体验,静态的文本一定要和鲜活的生活世界紧密关联,语感需要生活化;二是语感培养离不开鲜活的语境,任何言语材料脱离具体语境,材料就失去了活性,不仅味同嚼蜡,晦涩难懂,更拒人千里之外,因此语感培养还需要语境化。

(一)生活化

陶行知说:"没有生活做中心的教育是死教育,没有生活做中心的学校是死学校,没有生活做中心的书本是死书本。"生命体验是语感赖以生成的最基本最重要的不可或缺的基础,而丰富鲜活的生活又是生命体验的不竭源泉,一定的言语总在一定的生活场景中出现,它们共同积淀在言语主体的内心,被固有的心理结构组织在一起形成了语感,体验的贫乏、认识的浅薄、情感的麻木必然导致语感的迟钝。语感生活化强调两个途径:一是融入生活,二是还原生活。语感培养要求融入生活是因为生活是语文学习的源泉,而学习语文则是为了更好地生活。语感培养生活化,就是将语文课堂指向生活,把语文教学活动与学生的现实生活联系起来,把语文教学的目的、要求转化为学生的内在需要,激发学生参与教学活动的愿望,让学生在语文学习中再现生活情境,在生活中学习语文,从而获得语文知识,受到情感熏陶。语感培养要求还原生活是指学习语文、阅读文本时应当联系作者的生平及其时代,更好地了解文本的写作背景和作者当时的写作意图,借以更好地认识作品的价值和意义,并由此更好地培养学生的语感。如诗歌教学中用"以意逆志,知人论世"的鉴赏方法探究诗歌的意旨,就是一种行之有效的还原生活培养语感的途径,其作用正如王国维在《玉溪生诗年谱会笺本》中所言:"是故由其世以知其人,由其人意逆其志,则古人之诗,虽有不能解者,寡矣。"

关于语感生活化之还原生活培养语感,梁实秋的《记梁任公先生的一次演讲》中的一个片段最为经典:

我记得他开头讲一首古诗,《箜篌引》:

公无渡河。

公竟渡河!

渡河而死;

其奈公何!

这四句十六字,经他一朗诵,再经他一解释,活画出一出悲剧,其中有起承转合,有情节,有背景,有人物,有情感。我在听先生这篇讲演后约二十余年,偶然获得机缘在茅津渡候船渡河。但见黄沙弥漫,黄流滚滚,景象苍茫,不禁哀从中来,顿时忆起先生讲的这首古诗。

学生培养语感的过程就是从文字走向生活并从中获得主观感受,再从客观生活回到文本,活现、回味、丰富文本的过程。培养语感,需要教师善于引导学生钻研文本,在脑海中把语言文字还原成客观事物,再现生活情境,加深理解和体验,从而有所感悟和思考,受到情感熏陶和语感浸润。有些课文内容距离学生的生活实际较远,学习起来比较困难。教学时,教师应尽力再现文本所描绘的生活画面,使学生身临其境,激起学习兴趣,促进其较好地理解课文内容,培养语感。

(二)语境化

《普通高中语文课程标准(2017年版)》指出,语文学科核心素养是学生通过语文实践,"在真实的语言运用情境中表现出来的个体言语经验和言语品质"。这里的"情境",可以理解为语境。王宁先生也指出:"所谓'情境',指的是课堂教学内容涉及的语境。"①语境,指与具体的言语交际行为密切联系的、对言语交际活动有着重要影响的条件和背景,包括上下文语境、情景语境、虚拟语境、社会文化语境和认知语境等类型。统编高中语文教材以人文主题和学习任务群双线组织单元,力图将任务、情境、内容、活动、方法整合于一体,体现语文学科核心素养的基本精神。落实学习任务群的课程目标,语感培养不可或缺,语境化的语感培养途径也见仁见智,教师可以根据自己的校情、学情选择灵活的方式,各施其法,各显神通。如从上下文语境的角度培养学生语感,就要引导学生紧密联系整个文本或段落的上下文语境,从语体风格以及文体样式出发,结合篇章或段落的语境,帮助学生正确理解作者的真实意图,感受作品的时代特质,探究文本的丰富意蕴,培养语感,进而落实课程的育人目标。

试以恩格斯《在马克思墓前的讲话》中的一个长句为例:

正像达尔文发现有机界的发展规律一样,马克思发现了人类历史的发展规律,即历来为纷繁芜杂的意识形态所掩盖着的一个简单事实:人们首先必须吃、喝、住、穿,然后才能从事政治、科学、艺术、宗教等等。所以,直接的物质的生活资料的生产,从而一个民族或一个时代的一定的经济发展阶段,便构成基础,人们的国家设施、法的观点、艺术以至宗教观念,就是从这个基础上发展起来的。因而,也必须由这个基础来解释,而不是像过去那样做得相反。

恩格斯的语言富于逻辑性,在描述复杂事物、表达缜密思想和阐明深奥道理时,常常使用结构复杂的长句。以上句子附加成分多,内容丰富,意味深长,学生学习时常常不得要领,破解无术;一些教师也知难而退,一带而过,或顾左右而言他,敷衍了事,错失一个绝好的语感培养教学资源。

解决这一难题,不妨从几个角度入手:首先从整体篇章语境入手,全文以赞颂马克思一生的丰功伟绩为中心,具体论述了马克思革命理论的伟大贡献和革命实践的光辉业绩。关于革命理论,文章写了马克思三个方面的"发现",这一长句体现的是第一个发现——发现了人类历史的发展规律。

---

① 《语文建设》编辑部.语文学习任务群的"是"与"非":北京师范大学王宁教授访谈[J].语文建设,2019(1):4-7.

明确了篇章的语境,理清了中心论点与分论点的关系,也就抓住了段落的主旨。其次从段落内部语境入手,首句运用类比,将马克思与当时声誉正盛的达尔文相提并论,体现恩格斯想借以提高马克思声望地位、突出其革命理论发现价值的初衷。同时,将状语"正像……一样"提前,也强调了马克思的发现开辟了人类认识世界、改造世界的无限广阔的前景。从上下文语境看,此句也是整个长句的主干部分,下句"即历来为纷繁芜杂的意识形态所掩盖着的一个简单事实"是对上文"人类历史发展规律"的补充说明,而冒号之后的文字,则与冒号前的"简单事实"在语法上构成复指关系,在内容上构成解说关系。最后从段内句子间语境入手,通过关联词语的逻辑关系分析,可以看出冒号之后的内容包含三层意思,一是物质决定精神(人们首先必须吃、喝、住、穿,然后才能从事政治、科学、艺术、宗教等等);二是经济基础决定上层建筑(所以,直接的物质的生活资料的生产,从而一个民族或一个时代的一定的经济发展阶段,便构成基础,人们的国家设施、法的观点、艺术以至宗教观念,就是从这个基础上发展起来的),三是肯定马克思的发现的正确性(因而,也必须由这个基础来解释,而不是像过去那样做得相反)。此外,还可以从句中关联词语前后不同位置所构成的语境来推断句子的深刻含意。如"首先""然后才能"构成条件关系,强调物质的决定作用,"因而"以因果关系揭示物质基础与上层建筑的内在关系等等。

二、历练

在培养语感的过程中,一个始终无法绕开的关键词就是"直觉"。"直觉",一般指直观感觉或没有经过充分逻辑推理的观点,具有迅捷性、直接性、本能意识等特点。关于其特征属性,历来众说纷纭。莱布茨说:"直觉是对于真理的不言自明的认识。"语言大师萨亚尔说,语言是"千千万万个人的直觉的总结"。熊成钢认为,直觉是人的心理现象,是无须经过具体分析、严密推理与逻辑论证而以猜测、想象、领悟等感性形式去直接认识与把握客观对象的思维,具有直觉性、同化性、整体性和情感性特征。直觉"几乎是对语言的一种下意识的本能反应,超越、省略了中间的分析、推断和验证的具体环节,在一刹那之间就能自然而然地识别和理解别人的言语,并能熟练地创造与生成新的言语"。① 有人认为,直觉能对突然出现在面前的新事物、新现象、新问题及其关系做出迅速识别、敏锐而深入洞察,是直接的本质理解和综合的整体判断。还有人认为,所谓"直觉",不过是由脑中若干记忆碎片,与五官接收到的信息,综合在一起,跳过逻辑层次,直接将这些信息中和的结果,反射到思维之中,其结果的准确程度,在很大方面取决于一个人的判断能力。直觉的多义性解读与语感概念的缺乏权威性界定在研究境况上有相似之处,而直觉的训练与语感的培养在教学目标实施中也有相通的地方,二者可以互为补充。学生语感的培养,除了阅读与写作之外,通过直觉思维的训练来培养语感也是一个不容忽视的重要环节。一般说来,直觉的训练和语感的历练大致需要经过"习得"与"学得"两个过程。

美国应用语言学家克拉申的语言习得理论是当今最具影响力的语言学习理论之一,其理论核心是对"习得"(acquisition)和"学得"(learning)两种不同学习机制的区分,以及两种学习机制在习得者语言能力形成过程中所起的作用的研究。克拉申认为"习得"是潜意识过程,是注意意义的自然交际的结果,是人类自发语言运用的根本。"学得"是有意识的学习过程,通过课堂教师讲授掌握词语、语法、篇章知识,进行有意识的练习、记忆等活动。克拉申认为只有"习得"才能直接促进语言能力的发展,才是人们运用语言时的生产机制,而对语言结构有意的了解作为"学得"的结果,只能在语言运用中起监控作用,不能成为真实的语言能力。

(一)习得

从历练的层面看,为了在语文教学中训练直觉、培养语感,习得的核心就是广泛阅读,积累言语经验,以逐步构建自己的言语表达体系。语文课程中的"语言"不仅仅是社会的理性语言,更是语境中的言语和优质的母语语感。瑞士语言学家索绪尔首次提出"语言"和"言语"两个概念,他认为,语言是同一社会群体共同掌握的,它的意义必然是概括的;言语是个人的说话行为,含有个人理解与体验,所以是具体的。② 学生正是通过学习他人的言语作品,来提高自身的语言能力。《普通高中语文课程标准(2017年

---

① 熊成钢.语文教学应训练直觉思维以培养语感[J].辽宁师范大学学报(社科版),1997(2):32-36.

② 索绪尔.普通语言学教程[M].北京:商务印书馆,1980:157.

版)》中的"阅读与鉴赏""表达与交流"都强调对言语的运用,"梳理与探究"才逐渐进入社会语言的规律探讨。从文本阅读到表达交流,都需要学生自己积累经验和语言材料。但是,语文课程面向的不是抽象的语言符号,而是活在人们口中和笔下、承载着思想感情的言语作品,是人们形成见解、讲述真情、沟通心智、交流思想、获取知识、研究学问、生存发展所须臾不可离的言语行为,它是一种用来充实和发展内在素养、滋生和增长终身能力的工具。

要实现学生语言习得,就要让学生在自然母语环境中,接触大量的言语材料,从中抽绎出复杂的语言规律并据此去领悟语言;就要不断积累言语材料,构建言语记忆库,逐步形成直觉思维,最终在语言习得中培养良好的语感。一般说来,言语的经验越丰富,语文知识理解得越透彻,就越容易对语文中的现象与问题产生直觉。变化多样的直觉形式,丰富多彩的直觉内容,都源自学生在学习与实践中获得的并储存在记忆中的信息。比如,学生在文言文学习中的词类活用、特殊句式及通假、古今异义等,都需要其将所存储的记忆内化后的知识和经验。"习得"是潜意识过程,儿童习得母语便是这样的过程。因而,在语文教学中要充分利用汉语这种优越的母语环境,让学生广泛接触并积累言语材料,凭借记忆的检索功能形成直觉思维,在语言习得中培养良好的语感。美国现代教学论的代表人物布鲁纳的"内在模式"对其作了很好的阐述。他说:"人的思想上有这样的一些理论和模式,它们可能在一定程度上决定我们有什么知觉,甚至决定我们有多少知觉……知觉是我们把假设加在收到的信息上的结果,而产生这种假设的内在模式是一种省劳力的手段,使我们避免逐项处理感性信息这样的繁杂工作。"应用在教学中,要使学生已有的经验、知识在直觉思维中发挥应有的作用,就需要调动记忆这种手段。同时,在抓好精读的基础上引导学生速读和广泛浏览,也是训练直觉思维和培养语感的有效途径。"观千剑而后识器,聆千曲而后晓声",一目十行的速读,得鱼忘筌,得意妄言,主体所感知的不是孤立零碎的单个文字符号,而是由字、词、句、段所构成的篇章整体及其意义整体。在速读能力形成的基础上广泛浏览,可以拓展阅读范围,扩大学生视野,丰富其感知对象,增加其词汇、句式的储备,厚积薄发,促进其语言经验、知识向语言能力转化,从而形成自身的语感。正如刘勰在《文心雕龙·神思》中所说:"积学以储宝,酌理以富才。"

关于习得,《红楼梦》第 48 回中的"香菱学诗"倒是一个不错的注解:

香菱因笑道:"我这一进来了,也得了空儿,好歹教给我作诗,就是我的造化了!"黛玉笑道:"既要作诗,你就拜我作师。我虽不通,大略也还教得起你。"香菱笑道:"果然这样,我就拜你作师。你可不许腻烦的。"黛玉道:"什么难事,也值得去学!不过是起承转合,当中承转是两副对子,平声对仄声,虚的对实的,实的对虚的,若是果有了奇句,连平仄虚实不对都使得的。"香菱笑道:"怪道我常弄一本旧诗偷空儿看一两首,又有对的极工的,又有不对的,又听见说'一三五不论,二四六分明'。看古人的诗上亦有顺的,亦有二四六上错了的,所以天天疑惑。如今听你一说,原来这些格调规矩竟是末事,只要词句新奇为上。"黛玉道:"正是这个道理,词句究竟还是末事,第一立意要紧。若意趣真了,连词句不用修饰,自是好的,这叫作'不以词害意'。"香菱笑道:"我只爱陆放翁的诗'重帘不卷留香久,古砚微凹聚墨多',说的真有趣!"黛玉道:"断不可学这样的诗。你们因不知诗,所以见了这浅近的就爱,一入了这个格局,再学不出来的。你只听我说,你若真心要学,我这里有《王摩诘全集》,你且把他的五言律读一百首,细心揣摩透熟了,然后再读一二百首老杜的七言律,次再李青莲的七言绝句读一二百首。肚子里先有了这三个人作了底子,然后再把陶渊明、应场、谢、阮、庾、鲍等人的一看。你又是一个极聪敏伶俐的人,不用一年的工夫,不愁不是诗翁了!"香菱听了,笑道:"既这样,好姑娘,你就把这书给我拿出来,我带回去夜里念几首也是好的。"黛玉听说,便命紫鹃将王右丞的五言律拿来,递与香菱,又道:"你只看有红圈的都是我选的,有一首念一首。不明白的问你姑娘,或者遇见我,我讲与你就是了。"香菱拿了诗,回至蘅芜苑中,诸事不顾,只向灯下一首一首的读起来。宝钗连催他数次睡觉,他也不睡。宝钗见他这般苦心,只得随他去了。

(二)学得

克拉申认为"学得"的结果,只能在语言运用中起监控作用,不能成为真实的语言能力。其语言习得理论对许多国家的第二语言教学有着重要的影响。克拉申理论的出发点和核心是他对"习得"和"学得"的区分,以及对它们各自在习得者第二语言能力形成过程中所起的作用的认识。"习得"是潜意识过程,是注意意义上的自然交际的结果,习得的语言系统处于大脑左半球语言区,是自发语言运用的根本。与之相对的是"学得",这是个有意识的过程,即通过课堂教师讲授并辅之以有意识的练习、记忆等活动,达到对所学语言的了解和对其语法概念的"掌握"。"学得"的系统虽然在大脑左半球,但不一定在语言区。克拉申认为,只有"习得"才能直接促进第二语言能力的发展,才是人们运用语言时的生产机制;而对语言结构有意的了解作为"学得"的结果,只能在语言运用中起监控作用,而不能视为语言能力本身的一部分。

但是,人的生存本身就是一个终身学习的过程,人们对语言的学习也不例外。而语言学习的不断完善与逐步升级,既包含了无意识的语言习得,又包含了有意识的语言学得。一个人仅凭无意识的语言习得或有意识的语言学得都不可能全面地、高质量地掌握一门语言。李海林在《言语教学论》中就对二者的关系做过阐释。他认为,习得是学习主体的言语实践行为,是一种感性认识过程,是言语能力生成的必要条件;学得是学习主体的理论认知行为,是一种理性认识过程,它对语言学习起辅助指导作用,是促进言语能力生成的条件之一。[①] 一些教学实验表明,规范的课堂教学(主要是"学得")有助于加强语言的输入,并提高学习者的语言意识和语言成果(即"习得");另一方面,儿童习得母语时也存在有意识规范操练语言的时候。学得的知识会渗透到并最终内化为习得的知识,习得也需要学得方式的高位补充和提升,两者之间互相渗透、互有重叠、互为补充、互为转化。

试以几则语言运用训练为例:

一、填入下面横线上的两句话,与上下文衔接最恰当的一项是(　　)。

泰山的南天门又叫三天门,始建于元代,至今已有六百余年。_____,为"门辟九霄仰步三天胜迹,阶崇万级俯临千嶂奇观"。

A.元代石刻"天门铭"在门外西侧。一副石刻对联在门的两旁

B.门外西侧有元代石刻"天门铭"。门两旁有石刻对联一副

C.元代石刻"天门铭"在门外西侧。门两旁有石刻对联一副

D.门外西侧有元代石刻"天门铭"。一副石刻对联在门的两旁

参考答案:B。

二、依次填入下面各句横线上的词语最恰当的一组是(　　)。

①沈从文的小说《边城》笔力传神,寥寥数语,就将众多人物的性格_____得淋漓尽致。

②美国一直强硬反对解除对华武器禁售令,其中重要原因之一是

---

① 李海林.言语教学论[M].上海:上海教育出版社,2000:497.

_____大陆与台湾统一。

③恐怖袭击在全球呈蔓延趋势,成为人类和平的公害,这已经是不容置疑的事实,_____防止恐怖袭击,远不是一个国家、一个地区的事情。

A.塑造　阻止　而且　　　　　B.刻画　阻止　因而

C.刻画　阻挠　因而　　　　　D.塑造　阻挠　而且

参考答案:C。

关于第一题,选择正确的答案,既要考虑与下文的衔接,又要考虑与上文句式一致。具体作答时需要借助"习得"知识(衔接要求、句式特点等),来完成"学得"训练,而训练后的"学得"又反哺了"习得",丰富了习得储备。第二题训练的主要目的是考查学生能否根据文意恰当地选择近义词语。"刻画"的意思是用文字或其他艺术手段表现,"塑造"的意思是用语言文字或其他艺术手段表现人物形象。此处用"刻画""塑造"都符合语境,二者只有细微的区别,训练时也可仔细体会。"阻挠"的意思是阻碍、扰乱,使不能顺利进行,"阻止"的意思是阻拦使停止。"阻挠"有干扰的意思,符合句意。"因而"表示因果关系,"而且"表示递进关系。在句中"恐怖袭击在全球呈蔓延趋势……"是缘由,而后一句则是结果。以上的分析判断离不开调动"习得"积累,而"学得"之后,语言直觉又在鲜活的语境中得以提升。

下面来看两个语言文字运用训练:

三、把下列材料的内容进行重新排列,组合成一个长单句(可增删个别词语)。

①国家制定了建筑法。②国家标准化协会制定了工程建设标准。③国家要监督施工及验收工作。④国家建立了完善的质量监督工程师制度。⑤国家要加强水利工程建设。⑥国家要确保水利工程建设质量。

参考答案:(为了)加强水利工程建设,并确保建设的质量,国家(通过)制定建筑法、建立完善的质量监督工程师制度(按)标准化协会的工程建设标准监督施工及验收工作。(其他写法合理亦可)

四、用三个连续的短句表达下面这个长句的内容(可增删个别词语)。

佛罗里达州最高法院否决了该州州务卿哈里斯提出的要求阻止在民主党选民占多数的棕榈滩等三个县重新进行人工计票的诉讼请求。

参考答案:①佛罗里达州州务卿哈里斯向州最高法院提出了一项诉讼请求。②该诉讼请求要求阻止在民主党选民占多数的棕榈滩等三个县重

新进行人工计票。③法院否决了这一诉讼请求。（其他写法合理亦可）

　　以上两个语言文字运用训练属于变换句式,要求学生根据题目要求和语言表达的需要,在保持原句意思不变的前提下,将句子由一种句式变换为另一种句式。关于第三题训练,首先,应明确几个短句的内在联系,即它们共同表达的中心话题,从中提炼出或组合出一个句子,作为长句的主干,如"国家要监督施工及验收工作"。其次,将其他语句转换为主干句的修饰成分,根据语意关系,按照语法规则合理地将其嵌入主干句相应的位置。最后,检查变换后的句子是否为一个单句,信息有无遗漏,语意有无改变。关于第四题训练,与第三题的思路正好相反,首先,找出长句的主干部分,将长句的主语、谓语和宾语提取出来,如"法院否决了……诉讼请求"。其次,分析句子的附加成分,将复杂的定语和状语所含信息逐一梳理,之后按照题目要求,以合理的顺序将分解、梳理出的短句进行组合,并加上适当的关联词语,使之前后衔接通畅,逻辑关系科学合理。如此循环反复,学生学得的知识与技能渗透、充实并内化为习得,习得得以高位补充和提升之后,又促进了学得的发展,二者互为优化,相得益彰。由此,学生的直觉思维得以不断强化,语感水平不断提升。需要特别提出的是,语言是思维的工具,作为一个整体,未转化为外部言语之前的思维,基本上是处在直觉状态中。语文教学必须加强直觉思维的训练,使瞬间负载更为丰富的思想内容,为内部言语向外部言语的转化创造条件。

三、涵泳

　　所谓涵泳,就是潜心体味,密咏恬吟,对言语作品作深入的、全方位的感知和体悟。它是我国古代语文教育最具特色的读书方法,具有厚重的民族文化心理积淀。宋代朱熹说:"学者读书,须要敛身正坐,缓视微吟,虚心涵泳,切己省察。"在此,"涵泳"成为仔细读书之异名。陆九渊在《读书》一诗里写道:"读书戒在慌忙,涵泳工夫兴味长。"清人沈德潜在《说诗晬语》中也说:"读者静气按节,密咏恬吟,觉前人声中难写响外别传之妙,一齐俱出。"在此,"涵泳"已作为读书的一种重要方法被提出,"密咏恬吟"的读书妙境也备受推崇,此后涵泳用例与阐释更是举不胜举。叶圣陶先生说:"就读的方面说,若不参考,分析,比较,演绎,归纳,涵泳,体味,哪里会真知'读'?哪里会真能'读'?……一篇作品读一两遍,未必理解得透,必须多揣摩。"他从实践层面指出涵泳品味是一种潜心专注的研读方法。由此可见,语感培养,要凭借丰富的言语经验,虚心涵泳,潜心化解,将言语作品中的知情意内化为自己的认知结构和情感内涵,进而形成敏锐的语感能力。在涵泳品味过程中,联想想象与浸润揣摩又是语感训练的关键环节。

(一)联想想象

言语作品不仅具有字面意义或语表意义,而且还有言外之意或语外之意,即俗语所谓"弦外之音",如果能让学生捕捉到作者那种言语之外的"可解不可解"之意,他们的语感才是敏锐和深切的,那才是需要我们追求的语感更高境界。而对言语作品的解读,有时却离不开想象与联想。陆机《文赋》中提及"精骛八极、心游万仞"的想象与联想,对于良好语感的形成与发展具有不可替代的重要意义。想象是以记忆中的表象为基础对于不在眼前的事物想出它的具体形象,联想是由某人或某物而想起其他相关的人或事物。作者在进行语言表达时,常常凭借联想或想象作为特殊手法遣词造句,以使语言鲜明生动。联想、想象往往是不受逻辑思维约束的思维形态,具有极大的跳跃性与自由性,可以极为迅捷地使不同事物之间建立联系。要让书本知识与学生思想实际结合、碰撞,激活学生的思维与灵感,诱发学生的阅读欲望与写作冲动,就要以习得的知识为依托,从自己的生活或思想的库存中捕捉相似的现象,接通关联,形成共鸣、刺激,产生欲罢不能的诉说愿望,达到刘勰《文心雕龙·神思》中所言"寂然凝虑,思接千载;悄然动容,视通万里。吟咏之间,吐纳珠玉之声;眉睫之前,卷舒风云之色"之境界。此时,学生的语言素养中,联想与想象潜滋暗长,"登山则情满于山,观海则意溢于海",虽难以直接察觉,却是启动他们直觉思维的强大力量。

试举笔者任教班级的一个语文课堂活动片段,真实感受一下学生联想与想象的奇妙与趣味:

材料:有位网友统计了《全宋词》中词语的出现频率,排列在前面的分别是东风(1382次)、何处(1230次)、人间(1202次)、风流(857次)、归去(812次)、春风(802次)、西风(779次)、归来(771次)、江南(765次)。其他词汇也有相应的出现频率,据此编制了宋词词汇编号。更有网友以字符串选取对应的词语来编制宋词,比如圆周率3.1415926……可对应编制为《清平乐·圆周率》:"回首明月,悠悠心事空。西湖何事寂寞中,风吹斜阳匆匆! 芳草平生斜阳,风吹寂寞今日。一枝富贵年年,断肠长安不知。"倒也像模像样。

（2012 年第 9 期《读者》，《理科生眼中的宋词》）

学生一：这使我联想到之前有位现代诗人独特的作诗方法。此君先准备了十几个玻璃罐，分别贴上"名词""动词""形容词""数词""量词""代词"等等标签，然后分门别类写上不同的词或短语的小纸条，投入相应的罐中，写诗时从中随机抽取小纸条，或按语法逻辑组合，或打破语法逻辑组合，让人读后神经错乱，血脉偾张，有评论家不明就里，撰文高度赞赏此君所作之诗极具"语言张力"。令人无语。

学生二：由此想到不久的将来，如果宋词或是其他文学作品可以采取如此"工业化"的方式批量生产，作品的形式和内容一定会无比"丰富"，令人目不暇接；但其思想性和艺术性一定让人不敢恭维。仅仅是游戏之作还无可厚非，如果成为创作主流，则前景堪忧，这种担心绝非杞人忧天！

再举一个名人言论的例子，体会一下联想与想象的广阔空间：

这笔钱我自己留着用，我就是想为家里人提供好一点的生活。我觉得这个想法比较像正常人的想法。——徒手接住从楼上不慎摔下的陌生孩子，被媒体称为"最美妈妈"的吴菊萍，面对公司年终为此奖励她的 20 万元时，这样回答记者的提问

以常人人性对待他人，这个社会反而正常，要求别人都做圣人，这个社会就老出小人。——专栏作家连岳

那些声称被应试教育毁了的人，不应试也会自毁；那些抱怨婚姻磨灭理想的，不结婚也成不了居里夫人；那些天天唠叨在这个体制下无法创作伟大作品的，去了瑞士也一样找不到灵魂的自由。大家面对同样的时代，却找出不同的借口，每个人都在窗前看这个世界，有些人看见的只是镜子，有些人伸手不见五指。——高晓松

（《读者》2012 年第 8 期的"言论"栏目）

爱因斯坦有句名言："想象力比知识更重要。因为知识是有限的，而想象力概括着世界上的一切，推动着社会的进步。"丰富的现实生活提供了展开联想和想象翅膀的广阔天地。如果学生对生活缺乏直接或间接的体验，就只能是不切实际的胡思乱想，搜肠刮肚的苦思冥想，甚或想入非非的杜撰编造，这就从根本上违背了联想和想象的真正意义。因此，联想和想象

要想深深地扎根于现实的土壤,必须以生活经验和对生活的理解为基础。此外,联想与想象还能够帮助调动学生的记忆,让尘封的记忆珍珠拂去蒙灰,重焕光彩,并串成珠链。学生丰富的联想与奇特的想象,神驰万里,打破了思维束缚,蕴涵着情和理,令人耳目一新。

(二)浸润揣摩

古往今来,大家巨擘博览笃学,吐纳珠玉,取譬用事信手拈来,遣词造句巧慧得体,或发警策精辟之论,或扬新颖清雅之声,风雅留存后世,文学文化经典汗牛充栋。仅以诗歌和散文论,其产生与成熟最早,历史最长,最受重视,发展也最为充分。古人抒情、言志、记事,乃至交际,无不用此。而从先秦到近代,名作、名家和诗文流派也不计其数。面对如此宏博的经典,如何祛除学养不足、知识局狭和识见肤浅的痼疾?韩愈在《答李翊书》中说:"将蕲至于古之立言者,则无望其速成,无诱于势利,养其根而俟其实,加其膏而希其光。根之茂者其实遂,膏之沃者其光晔。"其"养根"与"加膏"喻示我们,要从经典中汲取养分,丰富学识,砥砺德行。推而广之,要多涉猎典范诗文,深切感受祖国丰赡而富于表现力与张力的语言文字,准确领悟语言文字所负载的深邃睿智的思想哲理和泓富广博的文化信息,加强汉语言文学与诗文佳作名篇的学习和涵泳,反复浸润揣摩,提升语感。

试以笔者教学辛弃疾《永遇乐·京口北固亭怀古》为例,从用典艺术的角度,简单分析浸润揣摩、提升语感的教学实践。

教学总体分两大板块,板块一是知人论世,重点介绍词人词作与宋词用典的相关知识,让学生获得初步印象:词产生于酒席歌筵之间,晚唐五代及宋初的词很少用典,"及至诗人苏轼与赋家周邦彦在词坛上相继出现,始稍稍在词中使用古典,但周氏之用古典多只限于以唐人之诗句为主,苏氏之用典亦远不及辛氏之多而且广"。① 辛弃疾熔经铸史,驱使百家,笼万物于笔端,化腐朽为神奇,堪称词史上用典最出色的词人,《永遇乐·京口北固亭怀古》也是辛词用典艺术的典范。面对京口北固亭的无限风光,辛弃疾在怀古时,精心选择了跟镇江史实相关的四位历史人物(孙权、刘裕、刘义隆、拓跋焘)以及跟自己处境相似的廉颇,用以抒发胸中久蓄的复杂情感。

---

① 叶嘉莹.唐宋词名家论稿[M].北京:北京大学出版社,2008:232.

　　板块二是课堂涵泳,大致分三个步骤:一是学生课外发掘史料,沉潜思考。首先,查找孙权、刘裕、刘义隆和拓跋焘等人与辛词中的怀古之地——京口相关的历史,如孙权在京口起兵,与曹、刘鼎足而立,曾使强敌曹操发出"生子当如孙仲谋,刘景升儿子若豚犬耳"(《三国志·吴书·吴主传》)的感叹,思考词人怀古之用意。其次,查看《史记·廉颇蔺相如列传》的相关历史,思考战国名将廉颇的遭遇与宋代词人辛弃疾所抒情感的内在关联。二是让学生虚心静气,沐心而读。引导学生在文本阅读中反复吟诵,不断涵泳,将自己整个身心浸润于文本所营造的浓厚氛围之中,为下一步课堂涵泳积情蓄势。三是涵泳辛词的用典艺术。经过前两个步骤的浸润揣摩,在课堂讨论时,学生逐渐领悟辛词多广用典的良苦用心。明确了辛词上片两处用典意在抒发对"千古英雄"孙仲谋与"气吞万里如虎"之豪杰刘裕的倾慕,寄托矢志抗金复国的雄心壮志。下片"元嘉草草"三句两处用典:霍去病远征匈奴,歼敌七万余,于是"封狼居胥山",庆祝胜利;刘义隆好大喜功,急欲效法,仓促北伐,结果"赢得仓皇北顾"。此处用古事影射现实,尖锐地警示当朝统治者应当记取历史教训,不可急于事功,轻启兵端。"佛狸祠下,一片神鸦社鼓":沦陷区的百姓已经安于异族的统治,竟至于对异族君主顶礼膜拜,词人借此表达民心日去、中原难复的痛心疾首。结尾词人以廉颇自比,内蕴丰富:一是表达忠心。廉颇心系赵国,忠心耿耿,义无反顾;只要朝廷起用,词人当仁不让,定当如廉颇一般奋勇争先,随时奔赴疆场,抗金杀敌。二是显示才干。廉颇年事已高,仍能食米饭一斗,肉十斤,披甲上马;词人此时虽已暮年,但仍与廉颇一样,老当益壮,勇武不减当年,仍可为北伐效力。三是抒写忧虑。廉颇一生战功赫赫,却为奸人所害,离乡背井;虽愿为国效劳,却是报国无门。词人以廉颇自况,担忧自己可能重蹈覆辙,朝廷弃而不用,用而不信,才能无法施展,壮志不能实现。更难能可贵的是,经过课堂涵泳,学生还揣摩出词人对本朝无处寻觅英雄(或英雄无用武之地)的沉痛悲慨,甚至推究出词中所蕴含的词人对当朝统治者不识英雄的含蓄讽刺。

　　涵泳功夫不限于古代经典,现代经典也大有可为;同理,涵泳对象不限于文本言语,有时标点符号也有值得浸润揣摩之处。试举课堂教学偶得两例:

　　(1)"好香的干菜——听到风声了么?"赵七爷在七斤的后面七斤嫂子的对面说。

(2)"我本来不想去,可是俺婆婆非叫我再去看看他——有什么看头啊!"

两个破折号都是表示语意的转换、跃进。

第1句选自鲁迅的小说《阿Q正传》,以赵七爷在未庄的身份,居然会降尊纡贵和七斤嫂子搭讪,本身就十分滑稽;但是听说革命党闹革命,流言满天飞,未庄也蠢蠢欲动,赵七爷坐不住了,虑及前途和命运,不得不出来打探消息。干菜香否本来就不在赵七爷的考虑之内,"风声"才是最最要紧的,于是就有了言语话题从"干菜"到"风声"的转换,从干菜到风声,风马牛不相及,却能够用一个破折号连接起来,真是奇妙无比!赵七爷的紧张、焦虑、小心翼翼等微妙心理,通过语言,也通过标点符号,生动形象地呈现在读者面前。

第2句选自孙犁的小说《荷花淀》,年轻女子心里明明思念自己的丈夫,嘴上却不承认,还要说自己"本来不想去",是婆婆"非叫我再去看看他"。"去看看他"和"有什么看头啊"前后矛盾,如果用逗号连接,就表现不出年轻女子既想见丈夫,又怕别人说她落后的微妙心理。破折号的运用,把表面矛盾的语言和内心实质一致的想法有机地统一在一起,语言表达固然发挥了其表现力,但是标点符号的作用也功不可没。看来,标点符号除了表示停顿和语气之外,还有其丰富的意蕴。涵泳的空间无处不在,可见一斑。

四、通灵

陈日亮老师在读王立根老师的《作文智慧》时,提出"笔墨通灵才生花"的观点,他说:"写作文不能单纯从技能上去训练,而是重在激发兴趣,启迪心智,培养灵性,笔墨必须通灵才能生花。"读罢此句,"心有戚戚焉",顿觉"通灵"二字用以形容语感培养也十分恰切。不过,笔者所认为的"通灵"内涵与其不尽相同,在研究讨论之前,有必要先厘清这一概念。首先,通灵与《红楼梦》的"通灵宝玉"大异其趣,它不是女娲补天所剩灵石的转世真身或姻缘幻相,没有"宿命"的含义。其次,它不同于坊间盛传的通于神灵的灵验,没有与灵魂对话的唯心指向。再次,它也非喻指所谓的成功人士消息来得快、来源广的灵通本领。笔者所认为的通灵,是智性慧心,是对言语的敏锐与洞悉,是语感培养的最高境界。

（一）敏锐

20世纪50年代兴起的认知科学几乎涵盖了人类所有的认知活动,涉及的研究内容包括感知觉、注意、记忆、语言、思维与表象、意识。在认知科学领域对学习的研究中,影响较大的是皮亚杰的建构主义。建构主义源自儿童认知发展的理论,与行为主义忽视人的行为活动内部机制不同,建构主义主张从内外因相互作用来研究人的认知活动,强调对人的内在认知结构的研究,关注学习的内在过程与规律。认知科学也充实了教育神经科学的研究理论,为教育神经科学提供了具体的教育问题。教育神经科学认为,婴儿大脑既具高度可塑性,也处于学习的敏感期。因此,早期教育对儿童学习能力的发展至关重要。英国伦敦大学教育学院的"教学与学习研究项目"报告指出,儿童的突触发生(即神经元之间建立联系,神经联结数量增加的过程)和突触修剪(即消除那些不经常使用的突触)过程比成年人更加快速,这也表明儿童时期是学习的好时机。然而,人脑某些区域结构上的改变(包括突触发生和突触修剪)会一直持续到青春期。神经科学研究表明,脑功能在青春期仍在发展,特别是额叶皮层和顶叶皮层,这两个区域直到青春期才会开始进行突触修剪。由此可见,青春期的脑功能仍在发展,也仍具有可塑性,学校教育对于青少年而言十分关键。研究表明,青少年时期也是直觉思维培养的最佳时期。

熊成钢认为,直觉几乎是对语言的一种下意识的本能反应,超越、省略了中间的分析、推断和验证的具体环节,在一刹那之间就能自然而然地识别和理解别人的言语,并能熟练地创造与生成新的言语。有的人能"一听就懂"、"一目十行"、"出口成章"和"下笔如有神",就是语感这种直觉性的外在显现。[①] 这正如巴甫洛夫所说的:"我正确地理解了并回答了问题,但是所有早些的思维途径本身全忘记了。这就是为什么说是直觉的缘故。我发觉所有直觉都需要这样来理解:人明白了最终的东西,但是人所经过的准备过的全过程,则不可能被作为某个因素而考虑。"[②]"直觉是指对情况的一种突如其来的顿悟或理解"[③],所以,语感的直觉性实际上是主体对语

---

① 熊成钢.语文教学应训练直觉思维以培养语感[J].辽宁师范大学学报(社科版).1997(2):32-36.

② 周义澄.科学创造与直觉性[M].北京:人民出版社,1987:162.

③ 贝弗里奇.科学研究的艺术[M].陈捷,译.北京:科学出版社,1980:71.

言的一种悟性。

所谓敏锐,更多从感性层面强调学生的语感培养要加强直觉思维的训练,因为主体对语言的悟性,一般以感性的形式表现出来,而正是凭借这种言语直觉进行信息交流,人们的言语交际才有可能变得更加顺畅、迅捷。《红楼梦》第 23 回写黛玉听《牡丹亭》中杜丽娘伤春词曲,"虽未留心去听","倒也十分感慨缠绵","不觉点头自叹",后又"不觉心动神摇",直至"如醉如痴"。还有陶渊明的"此中有真意,欲辨已忘言"、白居易的"别有幽愁暗恨生,此时无声胜有声"等,都是一种直觉的自然反应,更是一种对言语、情感和万事万物的本能敏锐。

刺激或引发主体语感的直接对象是言语。言语是主体对语言文字敏锐感知和灵活运用的语言材料。它既可以是口头语言,也可以是书面语言;既包括语言现象和规律,也包括对语言的运用;既可以是形式的,也可以是内容的。语感培养要到达通灵境界,首先需要学生对言语能够敏锐感知,要头脑灵活、目光尖锐、反应灵敏。

先说对字的敏感,有一道修改病句的语用题很有意思。原句是:"2010—2011 年度,我校将扩大招生人数,由原来的 22 个教学班级增加到 28 个。"订正改动后只需删减一个字,即将"班级"改为"班"。课堂上笔者展示此题原句时,相当多学生没有反应,稍事片刻,才有两位学生发现错误。讲解之后,笔者启发学生再找一些生活中的实例。学生发言踊跃,比如可以说"一艘船",不能说"一艘船舶";可以说"一朵花",不能说"一朵花卉";可以说"一封信",不能说"一封信件";等等。接着笔者说明要这样改动的原因,"船舶""花卉""信件"等都是集合名词(或集体名词),不能用数量词来修饰搭配。仅仅一字之差,可见学生语感敏锐度的高下之分。就语病问题来说,培养语感的敏锐,需要对任何过耳过眼的言语信息,不假思索立即就能做出正误判断并加以修改。

再看对语句或语段语意内容的敏锐,以一则《论语》选段教学为例:

阅读下列《论语》选段,回答问题。

子贡曰:"贫而无谄,富而无骄,何如?"子曰:"可也;未若贫而乐,富而好礼者也。"子贡曰:"《诗》云:'如切如磋,如琢如磨'其斯之谓与?"子曰:"赐也,始可与言诗已矣,告诸往而知来者。"(《论语·学而》)

问题:子贡能"告诸往而知来者",做到举一反三,这体现了孔子什么样的教育方式?

参考答案：这体现了孔子启发式的教育方式。

学生首先对过于简单的答案立即产生语句上的敏锐，课堂议论纷纷。笔者利用这一教学资源，要求学生回到文本，独立思考加上小组讨论，说明不赞同这一答案的理由。学生很快又对答案中"启发式"这种判断产生敏锐的直觉，认为"启发式"一说值得商榷。经过认真研读文本，小组讨论，形成几种意见：

一是从孔子师生问答的内容来看，就找不到"启发"的迹象。对于子贡的第一个问题，孔子的回答包括两层含意：一是给予肯定的赞同——"可也"；二是提出了更高的要求——"未若贫而乐，富而好礼者也"。其中的教育方式并无"启发"，更像是一种指点、引导，甚至是直接给出"最佳答案"。对于子贡的第二个问题，孔子的回答也无"启发"，更多的是一种赞赏教育，即夸奖子贡能"告诸往而知来者"，能够做到举一反三。

二是从"启发"一词的含义来分析，设题者对"启发"有误解。《现代汉语词典》（商务印书馆，2016 年第 7 版）对"启发"的解释是："阐明事例，引起对方联想而有所领悟。"孔子对子贡的教育中并未"阐明事例"，《论语》选段中仅有的事例也是子贡举出、用以再次发问的。在选段中孔子也没有给子贡"引起对方联想而有所领悟"的空间和机会，而是在肯定之余，直接教育子贡"乐"道和"礼"的重要性，继而赞赏子贡举一反三的才能。

三是关于"启发"，我们还可以再看孔子在《论语·述而》中的阐述："不愤不启，不悱不发。举一隅不以三隅反，则不复也。"意思是：在教育学生时，不到他苦思冥想而仍然领会不了的时候，不去开导他；不到他想说而又说不出来的时候，不去启发他；告诉他方形的一个角，他不能由此推知另外三个角，就不要再重复去教他了。从选段看，子贡既没有事先思考老师提出的问题，更没有到"愤"和"悱"的境地，所以，"启发"之说，无从谈起。

学生学习知识的过程是接受的过程，更是发现的过程、创造的过程；而发现与创造又离不开大胆的质疑。朱熹认为："读书始读，未知有疑，其次则渐渐有疑，中则节节有疑，过了这一番，疑渐渐解，以至融会贯通却无所疑，方始是学。"可以说，教学活动就是释义解疑、寻求答案的探索过程，释义解疑、寻求答案依赖于大胆的质疑；而大胆质疑的基础，又必须拥有对言语敏锐的感知能力。

(二)洞悉

语文教材以及其他阅读材料呈现在每位读者面前的是一组单个符号化的话语系统。符号化的文字本身是以一种冰冷的、毫无生机的状态单独存在着,然而经过作者的加工组合,这些文字不仅包含着来自语言文字本身的内容,还包涵生命形态、情感形态、道德情操、文化要义、人文理想等博大精深、源远流长的民族文化与民族精神。语文内容自身意蕴的丰富性决定了语文教师必须是一个有着创新意识和独立思想的职业者,他必须借助自己的文化底蕴、文学素养和阅读能力,把隐藏在文本文字表面下的文化内涵还原,强化并传递,用以达到某种教学目的。结合学生生活实际和语文水平,架设作者和学生心灵沟通的桥梁,将无生命的文字符号还原成灵动着生命活力的言语行为和言语结果,在教学中引导学生体悟言语运用的魅力,促成学生言语运用能力的提高与语感的形成,从而使语文教学变成一场富有独特生机和鲜活张力的美妙旅程。

语感培养的最高境界是让学生掌握语言学习和语言运用的诀窍,洞悉文本,洞悉社会,洞悉人生。而这一目标的达成,需要在悟性与理性之间寻找一个平衡点来进行有力支撑。首先,要提高悟性。"悟"是中国传统哲学的概念,与科学认知方式以判断、推理、归纳、演绎为特征的理性思维方式不同,悟性常借助直觉、想象、猜想等非理性因素,通过主体的灵感、心悟、意会实现对事物的整体认知和感受。培养悟性,要善用中国人的认知习惯和思维方式,以"天人合一"的文化背景和思想方法,法天法地,获得智慧,经过"渐悟"到"顿悟"再到"妙悟"。穿越文本时空,和作者进行关于生命的对话和心灵的沟通,或发现体验彼此感慨的事,或惊喜悲伤于彼此相通的情,或领悟警醒于彼此相知的意。其次,要发展理性。感性需要理性的规范、引导和限制,理性自身也需要理性质疑与反思,这正是批判性思维之要义与精髓。教育的价值既在于公共理性的达成,也在于养成个体的理性反思的能力。语文教学有明晰的理性逻辑体系,在教学设计和执行阶段,教师需要有清晰的逻辑追求意识,并在教学过程中向学生传递逻辑构建信息,促使学生在语文学习中完成逻辑思维的构建;不同文体文本有不同体例特征,文本语言也有个性化特点,文本审美价值观呈现逻辑追求,教师针对不同逻辑属性设定教程,自然能够为学生提供更多逻辑感触和启迪,促使学生在文本体式、个性表达、人文教育等方面完成学习认知的逻辑构建。因此,学生语感培养的最高境界,就是敏锐与洞悉、接受与质疑、传承与批判、悟性与智性、感性与理性的完美结合与和谐统一。

试以笔者一节高考复习课为例加以佐证。

2012 年高考语文全国课标卷现代文阅读为论述类文章阅读，重点考查考生理解文中重要概念和重要句子、筛选并整合文中信息的能力。文段选自吕乃基《行进于世界 3 的技术》（原载于《自然辩证法研究》2009 年第 3 期），因命题需要，原文有所删改。选文围绕"科技黑箱"这一概念组织材料，有一定知识性，行文简明扼要，适合高中毕业水平的考生阅读和理解。通过阅读文本，学生获得一定的感性认知，对篇章结构与文章大意有了初步的印象。在讲评第一题时，不少学生对 D 选项产生疑问，凭直觉认为此项推断有误。笔者略作思考，将命题者的试题分析向学生展示：

至于 D 项，原文第一段说："例如电脑、手机、摄像机、芯片，以及药品等，可以说，几乎技术的全部中间和最终成果都是科技黑箱。"同时第一段末尾也说："在电脑或手机中就集成了物理学、计算机科学……知识。"据此，可以得出"科技造就了科技黑箱"的结论。所以 D 项符合原文意思，不是选项。

许多学生阅读之后仍然疑问不止，甚至产生新的疑问，继续争论不休。由于课堂教学时间所限，学生生成的问题在下课前仍未解决，于是笔者顺势临时布置一个作业，要求学生课后继续思考，尝试将自己的思考形成一个书面的意见，在下一节课分享讨论。结果，学生所提交的书面意见呈现出的感性直觉与理性思考，大大超出笔者的预期。

综合几位学生提交的思考如下：

第一题 D 项的推断值得商榷。

先看原文第一段中的一句话："例如电脑、手机、摄像机、芯片，以及药品等，可以说，几乎技术的全部中间和最终成果都是科技黑箱。"首先这一句话的后半句就令人费解，"全部中间和最终成果"本身有歧义，应该是"中间和最终的全部成果"，或是其他？原文在表述中修饰语的位置不尽恰当，命题者在对原文进行删改和重新组织时未作调整，给读者阅读文本造成了不必要的麻烦。但是命题者在第 1 题的 D 选项中选择其中一种理解，表述成"全部中间成果和最终成果"，这一对文意的解说，无形中又加大了学生阅读的难度。排除这一干扰，这句话原意大致可以这样理解："几乎技术的全部……成果都是科技黑箱。"简言之,"技术的成果是科技黑箱"。由此推断"可以说,是科技造就了科技黑箱",理由显然不够充分。

再看原文第一段还说:"在科技黑箱的生产过程中,科学知识是基础,价值观和伦理道德则对科学知识进行选择。"从科技黑箱的生产过程来看,科学知识固然是基础,但是价值观和伦理道德对生产科技黑箱所起的作用更大,因为价值观和伦理道德要"对科学知识进行选择"。由此推断"可以说,是科技造就了科技黑箱",理由显然也不够充分。至少,"造就了科技黑箱"的,不仅仅是科技。从文本看,价值观和伦理道德在"造就"科技黑箱方面所起的作用更大。

最后再看原文的第一段:"除此以外,科技黑箱中还整合了大量人文的、社会的知识,并且或多或少渗透了企业文化和理念。这样,在电脑或手机中就集成了物理学、计算机科学、管理学、经济学、美学,以及对市场的调研和政府的相关政策等知识。"而第1题的D选项将以上文字缩减成"电脑、手机,都集成了物理学、计算机科学等知识",命题者有意无意地忽略了"管理学、经济学、美学,以及对市场的调研和政府的相关政策等知识"。且不说命题者无视科技黑箱,"还整合了大量人文的、社会的知识,并且或多或少渗透了企业文化和理念",就科技黑箱的知识构成而言,单方面强调科学知识,而忽视大量人文、社会的知识,显然有失偏颇。论据断章取义,推断的可靠性当然令人质疑。

此外,原文第一段的末尾部分的核心关键词是"知识",谈论的是知识与科技黑箱的关系。而"试题解析"以此为据,推断"可以说,是科技造就了科技黑箱",把"知识"改为"科技",也偷换了概念。

学生对语句、语段和语篇的敏锐语感,对语句含义的仔细揣摩,对文章内容与结构的深入分析,加上发现问题后可贵的理性思考所体现出的洞悉能力,无不让笔者感到莫大的欣慰:语感培养若能够达到如此境地,岂非教师教育教学的一大幸事?

第二节　自主学习、合作学习和探究性学习

一、问题中思考

在人们社会实践活动领域日益扩大,文化背景知识日益增加,对比参照系不断发生变化的同时,作为一种审美创造活动,文学作品的鉴赏、探究,不再是客观世界的消极反映,而应成为一种主体面对客观世界的积极创造。常言道:"一千个读者,就有一千个哈姆雷特。"由鉴赏探究活动的见仁见智而带来的某种未定性和模糊性,使得文学作品的教学给教师和学生带来了极大的开放空间。过去,在由教师通篇介绍,全盘赏析而带来的单向、划一、僵化的模式下,虽然也会偶现几堂能够陶冶学生美感情操的好课,但是,随着素质教育的不断深入和新课程标准的逐步全面实施,传统的教学模式已不足以让教师和学生的思维在更为宽广的领域驰骋。再者,以素质教育为核心的新课程标准对教师的角色和教学行为又提出了全新的要求,语文教师在文学探究活动的引领作用日益凸显;而且,如何充分调动、发挥学生主体性的多样化的学习方式,更是新课程改革的核心任务。鉴于此,在普通高中课程标准实验教科书(人教版)语文必修 3 第一单元(小说单元)的教学中,笔者尝试让学生在文学探究活动中自主学习,主动探究,强调合作,并在教师的引领下,构筑一个民主、和谐的讨论平台,在探究活动中创造性地学习语文。在此,笔者拟通过剖析新课程理念下的《祝福》教学案例,分析学生的学习方式和教师的教学行为,进而反思语文教师在学生开展的文学探究活动中的引领作用。具体教学中,笔者设计并实施了以下的教学流程。

（一）激发兴趣,最佳切入

课堂教学应当注重激发学生兴趣,寻找最佳的切入点。具体步骤是:布置学生阅读小说,组织学生观看电影《祝福》,之后要求学生课外查找资料,在对祥林嫂这一典型人物的性格及意义做出鉴赏之后,完成文后思考

题四,写一篇三五百字的短文,讨论电影《祝福》中增添祥林嫂到土地庙怒砍门槛的情节是否妥当。

《祝福》这部小说以现实主义的细腻笔法,真实而客观地展现了当时的社会环境与人物风貌。它从一个启蒙知识分子"我"的视角,以倒叙的手法,追述了生活在社会底层的劳动妇女祥林嫂悲剧的一生,情节曲折完整,人物外貌描写、人物语言、动作描写入木三分。特别是对祥林嫂的三次肖像描写,深刻地抓住了人物内在的精神面貌,这种通过外貌描写深入地揭示人物的人生处境和精神状态的写法,向来为阅读者与鉴赏评论家所称道。

《祝福》是《彷徨》的第一篇,也是鲁迅的代表作之一。它通过对祥林嫂这样一位普通劳动妇女一生的描写,表达了对底层民众命运的深切关注与深厚同情。如何让学生在开展对《祝福》一课的鉴赏、探究活动之前,激发学生鉴赏的兴趣,寻找最佳的切入点是困扰教师的最大障碍,也是小说教学由教师的"教"转向由学生的"学"亟待解决的瓶颈问题。这主要基于以下几个原因:

首先,《祝福》写于 1924 年 2 月,学生对该作品在年代上有较大的隔阂,不易理解作品的背景及意义,无法真切地感知 20 世纪 20 年代正是中国新文化运动的发展时期,新文化运动的口号是"民主、科学",而阻碍中国进入民主、科学时代的最大障碍就是中国两千年遗留下来的腐朽、愚昧的封建思想。中国妇女则是中国封建思想最大的受害者。鲁迅之所以选择妇女题材,是因为它能够深刻地揭露封建文化思想的流弊和余毒。而鲁迅对封建文化的鞭挞,在迈向文明社会的今天,仍有其巨大的现实意义。

其次,学生对封建思想的了解不尽全面,直接影响了对祥林嫂这一典型人物的性格特征及其意义的赏析。在鲁迅所批判的封建思想中主要包括以下几个方面:

(1)贞节观。宋代理学家提出了"存天理,灭人欲"的口号。理学主张,夫权自然是"天理",而寡妇再嫁,就是以正常的"人欲"破坏了这个"天理"。理学家提倡妇女守节,"饿死事小,失节事大",寡妇再嫁当然不可以,就连未婚夫死了,也要为他守节一辈子,还更残忍地提出妇女要为死去的丈夫甚至未婚夫自杀殉死,并为这样的妇女立贞节牌坊。这一切都充分证明封建思想已经发展到灭绝人性的地步。

(2)秩序观。封建思想的核心是维护封建秩序,强调"君为臣纲,父为子纲,夫为妻纲",封建社会的尊卑不能被破坏,祥林嫂的再嫁,破坏了封建夫权秩序,鲁四老爷因此无比仇恨,斥之为"谬种"。

（3）祭祀活动。对祖先的崇拜,也是封建文化思想的一个方面,血缘制也是封建秩序的重要组成部分,鲁四老爷对此非常重视,祥林嫂对能否参加祭祀活动,哪怕是在仪式中能否扮演最小的角色都非常在意。

（4）迷信思想。迷信思想是封建文化思想的一个重要的组成部分,生活在封建时代的祥林嫂自然深受迷信思想的毒害,正因为迷信思想作祟,祥林嫂才会产生再嫁的罪恶感以及对鬼神的恐惧感。

基于此,指导学生联系时代背景,有助于了解作品的思想内涵。鲁迅以文学为启蒙的工具,其作品一直贯穿着"改造国民性"的主题。他怀着深厚的人道主义同情,从处于中国社会最底层的劳苦群众的基本生存权利出发,通过他们在封建传统思想与传统道德摧残下痛苦的人生命运,深刻地揭露了中国封建传统思想的吃人本质。

以上几点是教学的难点,如果采用传统的教学方式,由教师课前介绍,不仅费时费力,而且枯燥乏味,收效甚微。改由学生自主查找资料,以上的难题便迎刃而解,学生要准确鉴赏人物形象,就必先主动、自主地了解作品的时代背景及意义,也必须先了解掌握鲁迅所抨击的封建思想的具体内涵。就这一点而言,改变教师教学行为和学生的学习方式,的确事半功倍。

（二）构建平台,重视引领

构建一个民主、和谐而又充满竞争论辩的教学平台,重视教师在课堂中的引领作用,其教学价值与意义不容忽视。具体步骤是:在开始进行《祝福》一课的教学之前,笔者先作了一项调查,经统计,认为电影添加怒砍门槛情节合理的有25人,认为不合理的有30人。笔者把持赞成意见的25人分为3组,把持反对意见的30人分为4组,让他们用10分钟时间分组讨论,把全组的意见综合后,选派一位同学作为代表,作总结发言。随后发言的小组,可针对之前发言小组的观点,或作补充,或作反驳。全体同学讨论热烈,发言积极,出现了不少独到的创见。节录如下:

认为增添情节妥当的:

（1）电影与小说不同,电影要求更直接更生动地刻画人物,电影增添的这个情节,有助于直接生动地反映祥林嫂的性格。（教师点评:在鉴赏中引入比较的方法,角度新颖。）

（2）祥林嫂苦干了一年,捐了门槛,但仍没被原谅,她感觉彻底地被欺骗了,这引发了骨子里的反抗精神。（教师点评:骨子里的反抗精神是什么,阐释依据不足。)

（3）祥林嫂刚开始时对封建迷信深信不疑,但她捐完门槛仍不被获准参加祭祀活动时,她感到彻底绝望,并对封建迷信产生怀疑和仇恨,因此爆发了怒砍门槛一幕。（教师点评:鉴赏涉及人物内心,值得提倡,也是对前一位同学观点的有力补充。）

（4）祥林嫂拼死抗婚,虽然是为了维护所谓"贞节",是为了维护封建礼教而作的可悲的反抗,但从侧面证明了她是有反抗精神的。既然如此,怒砍门槛的情节也是合理的。（教师点评:独到、合情合理,能自圆其说。）

（5）祥林嫂是个安分认命、随遇而安的人,这样的人都会做出如此令人难以想象的举动,更有力地控诉了吃人的社会、吃人的礼教、吃人的封建制度和封建思想。（教师点评:大胆创见,请同学们掌声鼓励!）

（6）既然鲁迅能够为了听"民主"与"科学"的"将令",而在《药》的结尾加上了一枚花环,为作品增添一丝"亮色";那么,电影中为什么就不能也为《祝福》中的祥林嫂加上一些反抗的色彩呢?（教师点评:奇思妙想! 很有论辩的说服力!）

认为增添情节不妥当的:

（1）祥林嫂拼死抗拒嫁给第二个丈夫,只是捍卫"贞节"这一个封建礼教戒律,她怕死后被锯开而捐门槛赎"罪",不仅事实上承认了莫须有的"罪",而且只是在礼教制度内找寻解脱、出路,她问灵魂有无只是"希望其有,又希望其无",根本谈不上对神的否定,更不是对封建思想的大胆怀疑和挑战,而是对礼教的束缚可能延伸到"下一世"的深刻恐惧。因此,做出怒砍门槛这样激烈的举动不符合祥林嫂的性格逻辑。（教师点评:能从人物的言行和心理去剖析人物的行动逻辑,可圈可点!）

（2）鲁迅在《我之节烈观》中深刻地说道,封建节烈观念是摧残农村妇女的"无主名、无意识的杀人团","社会公意不节烈的女人,既然是下品,他在这社会里是容不住的",因而精神上受尽折磨的祥林嫂在容不住她的社会里只有走向死路,她绝不可能做出激烈的反抗。（教师点评:能在查找资料的过程中摘引名句来佐证自己的观点,增加理论性,可贵!）

（3）鲁迅先生虽然在《忽然想到》一文中精辟地说道:"世上如果还有真要活下去的人们,就先该敢说、敢笑、敢哭、敢怒、敢骂、敢打,在这可诅咒的地方击退了可诅咒的时代。"但是,鲁迅对祥林嫂的态度只是"哀其不幸,怒其不争",目的是要"把旧社会的病根暴露出来,催人留心,设法加以治疗",所以增添情节与作者的初衷不符。（教师点评:能在引用名句的同时,加入自己的思考，从反面来论证自己的观点，既有理论依据，又有独到见解，建议同学们向他学习。）

（4）增添了怒砍门槛这一情节，使得祥林嫂表面上似乎具有一定程度的精神觉醒，但这样一来，她便不再是被压迫的底层人民的代表了，这违背了作者的创作意图，偏离了小说的主题，也使得祥林嫂这个人物的性格不是变得更加丰富，而是变得充满矛盾和不合逻辑了。（教师点评：观点颇新，如果能多举一些例证，就更能入情入理了。）

通过剖析新课程理念下的《祝福》教学案例，分析学生的学习方式和教师的教学行为，进而反思语文教师在文学探究活动中的引领作用。对语文教学中的探究活动乃至整个中学语文教学都颇有启示。

（三）反思与提升

1.关于学生探究精神的反思

传统的学习方式把学习建立在人的客体性、受动性、依赖性的一面上，从而导致人的主动性、能动性、独立性的不断销蚀。传统的学习方式过分突出和强调接受与掌握，冷落和忽视发现与探究，从而在实践中导致了对学生认识过程的极端处理，使学生学习书本知识变成仅仅是直接接受书本知识，学生的学习变成纯粹被动地接受、记忆的过程。长此以往，势必消减学生的学习兴趣和热情，阻碍学生思维能力和智力水平的提升。只有创设良好的学习情境，寻找最佳的切入点，激发学生学习的兴趣和热情，转变学习方法，培养学生的探究精神，把学生学习过程中的发现、探究、研究等认识活动凸显出来，才能使学习过程真正成为学生发现问题、提出问题、分析问题、解决问题的过程。只有转变学习方式，培养学生的探究精神，才能使学生对书本的质疑和对教师的超越成为可能。学生在探究过程中，不仅能够较为轻松地理清小说的情节线索，而且能够从祥林嫂的悲剧命运出发，深入思考造成她悲剧命运的社会原因。学生在探究过程中形成的富有个性的理解和表达，闪耀着素质教育的智慧光芒。

2.关于学生交流意识与合作精神的反思

《普通高中语文课程标准（2017年版）》在修订课程方案时进一步明确了普通高中的教育定位，强调："我国普通高中教育是在义务教育基础上进一步提高国民素质、面对大众的基础教育，任务是促进学生全面而有个性的发展，为学生适应社会生活、高等教育和职业发展作准备，为学生的终身发展奠定基础。普通高中的培养目标是进一步提升学生综合素质，着力发展核心素养,使学生具有理想信念和社会责任感,具有科学文化素养和终身学习能力,具有自主发展能力和沟通合作能力。"而且,"合作"一词在课程标准中被提及 12 次之多,与之相对,"交流"一词更是被提及 75 次,足见合作精神在学生素质发展中的重要性。课程的发展性着眼于学生的终身学习,适应学生发展的不同需要。课程内容和课程结构的改革与实施强调密切联系学生生活和经验,以创新精神和实践能力为核心。在重视发展学生搜集处理信息的能力,自主获取新知识的能力、分析解决问题的能力的同时,强调了学生之间的交流与合作的能力。

提倡学生交流意识和合作精神,就是培养学生能与他人一起确立目标并努力去实现目标,就是培养学生尊重并理解他人的处境和观点,并能评价和约束自己的行为,就是培养学生能综合运用各种交流和沟通的方法进行合作。

学生在交流和合作的过程又是一个互相激疑、共同提升的过程。学生在交流和合作中,从祥林嫂的悲剧命运出发,深入思考造成她悲剧命运的社会原因,互相激发思考了"到底是谁杀死了祥林嫂"这一核心问题,并连带思考"周围的人们为什么对她如此冷漠、残酷""从中可以看出当时怎样的社会现实和国民心态"等问题。学生在交流与合作中,共同认识到小说通过祥林嫂的不幸遭遇,把批判的锋芒直指造成其悲剧的社会环境和封建伦理道德。当时冷酷的社会环境就像一张编织严密的网,将祥林嫂捆绑在其中,直至她窒息而死。婆婆的转卖,大伯的收屋,使祥林嫂的生活一步步走向深渊。以鲁四老爷为代表的封建统治者,则从精神上摧毁她的存在价值。而生活在祥林嫂周围的一大群同属受压迫剥削的劳动群众,用"三纲五常"等封建伦理观念审视、责备、折磨祥林嫂,使其处于孤立无援的地步。更为可悲的是,无情绞杀祥林嫂的精神和肉体的悲剧根源,还出自祥林嫂自身的"从一而终"的封建伦理道德观念。学生在交流和合作中,最终认识到,封建礼教和愚昧、冷酷、自私的社会环境共同造成了祥林嫂的悲剧。

培养学生交流意识和合作精神,不仅可以陶冶其个性和情感,促使其对生活、学习有着积极的情绪情感体验,并能积极乐观地对待挫折与困难,而且还能提升其学习能力和道德品质。为其终身发展提供良好的情感、态度与价值观。

3.关于教师引领作用的反思

长期以来,我国基础教育形成的师生关系,实际上是一种不平等的关系,教师不仅是教学过程的控制者、教学活动的组织者、教学内容的制定者,而且还是学生成绩的评判者和绝对的权威。新课程在倡导全新的学生观的同时,不仅要求教师的观念要更新,而且要求教师的角色要转变。同时,在新课程的理念下,教师的引领作用显得尤其重要。

要在课堂教学中充分体现教师的引领作用,教师的角色应发生如下转变:

(1)要从教学过程的控制者转化为指导者。

学生的年龄结构决定了其知识结构和人生阅历等诸多方面尚未成熟,当学生走向开放的社会和涉足广阔的知识海洋时,往往感到无所适从并不知从何处入手,此时教师有责任为学生指点迷津,让学生在重重困难前少走弯路,引导其在"山重水复疑无路"的僵局中探寻"柳暗花明又一村"的理想境界。语文学习是一个心灵沟通的过程,在语文学习中用自己独特的情感思维去唤起学生的主体意识是作为教学过程指导者的教师必须承担的引领责任。

(2)要从教学权威转化为"平等的参与者"。

传统教学中,教师的基本职能是"传道、授业、解惑",教师是知识的占有者和传授者,是学生获取知识的唯一来源,但是由于学生认识领域的不断拓展,吸纳知识的途径由单一变为多元,教师对教学内容的垄断和权威受到了极大的挑战,教师作为学生唯一知识源的传统地位业已动摇。教师唯有变教学权威为"平等的参与者",才能避免在浩如烟海的知识信息海洋中覆舟的尴尬。

(3)教师应成为学生学习的促进者。

教师成为学生学习的促进者,可以使教师从过去仅为知识传授者这一核心角色中解放出来,促进以学习能力为重点的学生综合素质的和谐、健康发展。教师成为学生学习的促进者是教师最明显、最直接、最富有时代性的角色特征,是教师角色特征中的核心特征。而要具备这一特征,必须拥有几方面的知能结构:一是包括关于学生、课程和教学实践的专业化的知识,二是对学生及其学习的承诺与责任,包括培养学生健全人格、帮助支持学生的学习、平等尊重学生、促进学生良性社会化、帮助学生成为终身学习者,三是教学实践技能,四是持续不断的专业学习。

(4)教师应成为教育教学的研究者。

教师在教学过程中要以研究者的心态置于教学情境中,以研究者的眼光审视和分析教学理论和教学实践中的各种问题,对自身行为进行反思,对出现的问题进行探究,对积累的经验进行总结,使其形成规律性的认识。

从教育教学面临的突出问题中提出课题,从教育教学的疑点和困惑中提出课题,从成功的教育经验中提出课题。此外,教师应在广泛涉猎的基础上,在师生互动的情境中,独到、深刻地钻研,高屋建瓴、引领学生、化繁为简,以智慧启迪智慧。唯有如此,方能走出教书匠的困局,实现自我突破;唯有如此,教师才能持续进步,提高教学水平,实现专业成长,并创造性地实施新课程。

二、生活中运用

《普通高中语文课程标准(2017年版)》在学习任务群13"汉字汉语专题研讨"中提道:"本任务群是在必修和选择性必修'语言积累、梳理与探究'的基础上,就汉字或汉语的某一问题,加以归纳、梳理,训练学生从应用中观察语言文字现象和总结规律的综合分析能力,旨在加深学生对汉字、汉语的理性认识。"可见"语言积累、梳理与探究"学习任务群提出的问题大部分适用于此。关于学习目标,课程标准建议,有意识地在义务教育和高中必修阶段积累的基础上,发现与汉字、汉语有关的某些问题,结合汉字、汉语普及读物的阅读,进行归纳梳理,验证汉字、汉语的理论规律,例如汉字的表意性质、汉语的韵律特点、词汇意义的系统性、文学语言的灵活性、口语与书面语的不同特点等,提高对语言现象的理性认识。笔者认为,只有提高学生"生活中运用"的意识,才能确立该学习任务群的价值与定位,才能真正落实该学习任务群的学习目标与学习内容。

训诂,包括训诂工作和训诂材料。训诂工作是"用易懂的语言来解释古代难知难懂的文献语言"[1]。古代的经学家通过释经来传经。"以这种注释工作为基础,又发展出纂集与考证这两种更深入的训诂工作"[2]。而训诂学则是以前代的训诂材料和前人的训诂工作为研究对象而建立起来的一门科学。这门应用科学应当属于中国古代文献学的一个分部,但随着它所依赖的基础理论已改变面貌,其内容结构也相应发生根本性变化,因此,"它即使不再更名,也已不再是旧训诂学,而是一门全新的、现代的综合应用的学科"[3]。吕叔湘先生认为,训诂学至少可分为四个部分:

---

① 王宁.训诂学原理[M].北京:北京国际广播出版社,1996:32.

② 王宁.训诂学原理[M].北京:北京国际广播出版社,1996:32.

③ 王宁.训诂学原理[M].北京:北京国际广播出版社,1996:13.

其一：一个字（词）的意义分析，包括平面的和历史的——这是词典学（lexigraphy）；

其二：通贯性的词义研究——这是语义学（semantics）；

其三：汉语中的同源词（字）、通假字、方言本字的研究，以及与汉藏语系中个别的语言的同源词的比较研究——这是语源学（etymology）；

其四：虚字研究（如《经传释词》）、释语序研究（如《古书疑义修例》）——这是语法学（grammar）。

由此可见，训诂学以自己的成果充实了已有的现代科学和发展出新的现代科学之后，一门或数门新的学科将在它的基础上产生并日渐丰富。在推进素质教育，深化教育改革的呼声日益高涨的今天，作为训诂学成果之一的中学文言文教学的内容在教材中所占的比例并未减少，相反，新编教材（2000年以来各地高一、初一新编教材）较之旧教材而言，不仅增加了文言文单元，扩大了文言文的阅读量，而且还要求学生积累较多的语言素材，以便更好地接受民族文化的熏陶。

既然训诂学提供了一种学习和研究古代文献的方法和思路，作为其研究成果之一的中学文言文教学体系也就不能只停留在掌握字词、了解句式、背诵文言篇目等较低的教学层面上，而应以中学教材中的文言单元篇目为基本素材，辅以一定量的课外的古代文献资料，向学生展示研究古代文献的方法和思路，进而训练学生学习和研究古代文献的技能，为其继续学习和终身发展打下基础。同时，通过比照训诂学的研究方法和思路，力求在课堂教学的学习方式方面探索一条中学文言文教学的新思路。

（一）改进传统教学中接受学习的旧模式

所谓接受学习（reception learning），指人类个体经验的获得，来源于学习活动中，主体通过对他人经验的接受，把别人发现的经验加以掌握、占有或吸收，转化成自己的经验。接受学习是与发现学习相对的一种学习方式，美国教育心理学家D.P.奥萨贝尔是倡导这种学习方式的代表。奥萨贝尔认为，接受学习这种方式不依靠学习者的独立发现，它是学习者把以现成的定论的形式呈现给自己的学习材料与其已形成的认知结构联系起来，以实现对这种学习材料的掌握的学习方式。训诂学的产生得益于传统的接受学习。训诂学的萌芽大约始于东周，至今已有将近三千年的历史。最初的训诂不过是古代文献中偶或出现的训释形式，到了汉代，便发展成为系统的、完整的注释书和训诂专书。训诂也正是从古代传统的接受教育模式中受到启迪,并为传统的接受教育服务,因为"不论就著述的目的还是编写的方式来看,它都是经学的附庸"①。作为汉代古文大师贾逵的学生,被称作"五经无双"的许慎,他著《说文解字》的目的也是为了传播和解释古文经典。中国古代的教育主要采用了口头传播与书面传播两种方式。在口头传播中,古代典籍的艰涩费解,加上口头传播带来的遗漏和疏误,要经过传播者的口头解说才为受众(学生)所知晓。印刷术的发明带来了书籍传播模式,提高了传播的速度和效能,但仍不能改变受众被动接受的传统地位。直至今日,传统的接受学习仍不失为一种高效的学习方式,在改进课堂教学结构,培养创新意识的推动下,许多教师对学习方式做了完整的计划和精心的组织,努力改进讲授技巧并采用丰富的教学手段,在现代教育技术的支持下,加强直观教学与演示,运用现代声像技术与计算机强化讲述效果,力图借此活跃课堂气氛,提高学习者听讲的积极性,激发学习者的兴趣爱好,努力使学习者由"被动接受"变为"主动配合"。这样,学习者可以通过继承接受前人的认识成果而加速个体的认识发展过程,不仅使有限的生命个体能够更从容地面对无限的知识海洋与大千世界,而且使社会主义建设者与接班人的成长成为可能。

在中学文言文教学中,大量的基本字词(实词、虚词)、句式、语法,还是需要教师通过接受学习的模式传授给学生,学生也只有靠接受学习的模式,才能在较短的时间内,接受、记忆并掌握文言文基本知识,为进一步学习打下基础,而且,初步的学习和研究方法的掌握,也要通过教师的传授才能实现。

但是,我们也应该看到,接受学习在一定程度上提高了课堂教学的效率,也在不同领域取得了一定的成果,但是从根本上看,认为教师的任务就在于把知识毫无遗漏地传授给学生,以灌输为主,教师的"教"成为对学生的"注入",学生变成接受知识的"容器"。势必致使学生很少有参与、思考、探索和钻研的余地。接受学习使传播者(教师)与受众(学生)的地位高下与主动被动关系保持不变,学生的主体地位仍未得到充分体现。一堂生动丰富的文言文接受学习教学课,尽管可以让学生印象非常深刻地记忆文章内容,尽管也可以让学生学到一些简单的辨析技巧,甚至可以初步培养学生的文化理念、审美情趣和哲学意识,但是,如果受众(学生)的被动接受的地位不发生变化,也在一定程度上妨碍了学生视野与思路的开阔,甚至扼

---

① 陆宗达,王宁.训诂方法论[M].北京:中国社会科学出版社,1983:1.

杀了学生的聪明才智和创新潜能。也就无法实现"继续学习和终身发展"的终极目标。这与训诂学的研究目的和方法也背道而驰。从这个意义上说，大胆引进其他先进的学习模式便成为十分必要的选择。

（二）引进体验学习的新模式

体验学习（experiential learning）是指人在实践活动过程中，通过反复观察、实践、学习，对情感、行为、事物的内省体察，最终认识到某些可以言说的知识，掌握某些技能，养成某些行为习惯，乃至形成某些情感、态度、观念的过程。体验学习的思想最初来自美国著名教育家杜威的"经验学习"。杜威认为，经验"包含一个主动的因素和一个被动的因素，这两个因素以其特有的形式结合着"，其两个因素为体验（experience）与承受（undergoing）。体验是为求得某种结果而进行的尝试，承受即接受感觉或承受体验的结果。也就是说，只有当主动的尝试和被动的承受结合在一起的时候，才构成了经验。他认为，要保障人类经验的传承和改造，学校教育就必须为学生学习知识提供一定的材料，而他们要真正获得真知，则必须通过运用、尝试、改造等实践活动来获取，即著名的"做中学"（learning by doing）。按照杜威的思想，只有通过具体的"做"，才能达到改造个体行为的目的。因此，体验学习的基础是在反复实践过程中的内省体察，是通过学习者不自觉或自觉的内省积累而把握自己的行为情感，认识外在的世界，所以它必然是种个别化的学习，它的学习效率更高，质量也更高。

从某种意义而言，训诂也是一种体验学习的结果，它是研究者（著作者）还处于学习者地位时通过反复的内省体察，运用形成的学习技能，达到认识外在世界的结果。例如，大量的、有系统的训诂材料是因为研究者依照自身内省体察各自从某一角度而汇集聚成最早的纂集：《尔雅》依物类分篇汇集同训词，《说文解字》依据据形说义原则用部首统帅文字，《释名》专门纂集声训以明语源，《方言》沟通方言词与标准语音义。前人的这些成果，无一不是在大量的古代文献中检索出有价值的信息，或在不同的著作或篇章中选择相关的信息，进而发现信息之间的联系与矛盾，伴以大量的联想、提取、建构、解构的思维活动，不断修正、处理、确认，使信息符号与个体头脑中的信息符号以至记忆表象结合起来，从而接纳理解新的信息或修正固有认识，最后成为个人认识（思想）的有机组成部分。

中学文言文教学当中，体验学习主要体现在通过技能技巧的学习来深化其学习成果，并通过反复实践来强化内省体察，从而形成研究和学习古代文献的基本思路和方法,为将来继续学习和终身发展打下基础。

在中学文言文教学中,为指导学生学习推断文意,阅读篇章,可以引进和采用"以义求义"的判断词义的方式。进行强化训练,从而形成持久而固定的阅读古代文献的技能技巧,提高生活中运用的技能。例如:

1.利用语境的限定判断词义

"既驰,三辈毕,田忌一不胜而再胜,卒得王千金。"(《史记·孙子吴起列传》)

根据语境,上文"三辈毕"说总共是"三次",上文"一"作"一次"解,推断"再"为"两次"而非"第二次"。

2.利用历史唯物主义观点判断词义

"不稼不穑,胡取禾三百亿兮?"(《诗经·伐檀》)

根据《诗经》创作和反映的时代是奴隶社会,奴隶尚未意识到其劳动成果被剥削,故"取"不译作"霸占",而作"占有、取有"解。

3.利用特殊的表达方式来推断词义

"蹠越者,或以舟,或以车,虽异路,所极一也。"(《淮南子》)

根据训诂学中的"互文"(非修辞学的"互文"),为避免重复,在同一语境中,用同义词互训的原理,推断出"蹠"与"极"同义,都作"到"解。

通过以上反复的实践和内省体察,可以初步培养学生阅读古代文献的技能技巧,为继续学习古代文献提供持续不断的学习基础,既提高了生活运用技能,也培养了终身学习的意识。

高考为了加强对学生体验学习能力的测试,在《考试说明》中对文言文的分析综合作了三点要求:(1)筛选并提取文中的信息;(2)归纳内容要点,概括中心思想;(3)分析概括作者在文中的观点态度。

"筛选并提取文中的信息"就是要求考生能够在基本读懂原文的基础上,准确地把握文中所写的人、时、地、言、事、理、情等信息,并能提炼表达,或对选项的表达加以正确的判断。

"归纳内容要点,概括中心思想"指对文中的信息进行提炼与综合,对所述事件或所说的道理进行综合判断和推理,要求学生答出某个论点根据,某个事件发生的原因,某种发展导致的结果,等等。

"分析概括作者在文中的观点态度"指要求考生分析概括在叙述某人某事或说明某一道理时作者自己的看法。作者的观点有时表现得直露而显明,有时却表现得含蓄而曲折。这些都要靠学习者通过反复实践,通过自身内省体察,通过体验学习,才能将其准确地揭示出来。

(三)采用体现个性和创新的发现学习

无论研究训诂学还是进行中学文言文教学,采用传统的接受学习模式,辅以一定的体验学习模式,无疑是把学习和思维的方法引入新的学习和研究之中。训诂学为中学文言文教学提供了一种学习性的参考,它不是类似工具性特征的字典辞书,而是一种学习方法体系。其核心内容是教会学习者理解和掌握古代文献的特点,并进而引导学习者培养自我学习的方法和思路,以利于将来的继续学习和终身发展。而人类进入以阅读能力为基础的网络信息时代,每个民族都要需要整体提升学习能力以缔造学习化社会。在这种条件下,我们更应该关注学习者自主学习能力的发展。因此,体现个性和创新的发现学习就显得尤为重要。

美国哈佛大学的心理学教授,世界著名的心理学家、教育家布鲁纳吸取了德国"格式塔"(Gestalt)心理学的理论和瑞士皮亚杰发展心理学的学说,在批判继承杜威教育思想的基础上,逐渐形成了"发现学习"(discovery learning)的模式和理论。发现学习,亦称探究学习,是指人通过对自然、社会现象或文字材料的观察、阅读、发现问题,搜集数据,形成解释,并对这种解释进行交流、检验与评价的过程。发现学习也是人类基本的学习方式之一,是一切科学发明与新知识产生的基础。发现学习的关键是提出问题及解释,验证问题解释。只有当学习者在自己发现或接受他人的发现的基础上进行思考,提出假说,解释并进行验证评价之后,发现学习的任务才会最终完成。

训诂中的考证与发现学习不谋而合,它是一项综合性的工作,"它要综合运用训诂学形音义统一的方法,利用文献语言与已有的训释材料,利用已知词来求得未能肯定的词义,利用老结论来证新结论"[①]。

考释与证明合称考证。考释指找出已经做出训释的原始依据,或对尚

---

① 王宁.训诂学原理[M].北京:北京国际广播出版社,1996:74.

未做出明确训释的疑难词义进行探求,找出这个词在该文中的使用义,并用这个词义来疏通文义。证明则是提出有力的证据,证明考释结果的正确性。

考证材料的三个步骤与发现学习的过程十分相似。一般考证材料都由三部分组成:发疑、取证、释理。

发疑是产生词义考证的动因。考证的特点,即是因疑而发,是有针对性的。同样,在中学文言文教学中,没有"疑"就难有理解,而没有理解,新信息就不能成为个人认识的有机组成部分。发疑可以是显性的,也可以是隐性的,"尽信书不如无书",完全拜倒在书籍面前,缺乏批判思维能力,是主体性不强的表现,也无法进行有效的学习。

取证是将能够说明结论的证据搜集起来,加以编排,以证明结论的可靠。考证材料没有固定形式,唐代的疏所作的二度注释中有些内容已是考证。后代的考难、考疑材料或以专书形式出现,例如王念孙的《读书杂志》、王引之的《经义述闻》等;或以笔记的形式出现,如钱大昕的《拾驾斋养心录》等;或夹杂在日记式的随笔中,如李慈铭的《月缦堂日记》等。但不管以何种形式出现,它都不能停止在文字文本的观看或个人思考的层面上,而一定要与学习者(或研究者)的实践活动联系起来,学习者(或研究者)不但要学会搜集现成的数据、搜集文字材料或实际生活中的证据,而且要学会验证,学会证实或修正个人的认识,证实或修正书籍中的观点。验证也最终成为研究学习的目的或归宿。只有学会验证,学会在实践活动中运用所学知识技巧去解决实际问题,改造实际情况,人们的认识才会产生新的飞跃。

释理是在使用证据证明结论时,必须讲述证据的可靠性和阐明证据与结论的关系。释理是考证非常重要的组成部分,有证据而无释理,是为堆砌,不可能有说服力,释理错误,则证据不能起证明结论的作用。

释理讲求层次和逻辑,它体出了发现学习中创造思维的特征。它要求能打破习惯性思维,克服思维"定式";不固执己见,克服思维的僵硬性,做到新颖独特;用前所未有的新角度、新观点去认识事物、反映事物,并对事物做出超乎寻常的见解。

在中学文言文教学中,借鉴训诂学原理,引进发现学习,引导学生不囿于一种方式,能随机应变,从不同侧面、不同角度多方面考虑问题,善于从多种可能的方案中选择最佳方案来解决问题。

例如,学生在学习《论语·述而》中"加我数年,五十以学易,可以无过矣。"一句,乍看普通,但学生随即会产生许多疑问,为何"五十"学易,可以"无过"? 何以在"五十"才学易? 为何又要"加我数年"? 凡此总总——这正是"发疑"。此时教师不失时机地指导学生带着疑问去查找资料——这又是"取证"。学生也许可以借鉴汉代何晏的说法:"孔子年五十而知天命,以天命之年,读天命之书,故可以无大过矣。"学生也可以借鉴逾樾《读〈论语〉骈技》的观点:"当以'加我数年'为一句,'五、十'为一句,'以学易'为一句,'五、十'二字承'加我数年'而言……假我数年,五年,十年,以学易,可以无大过。"或者还可以查找更多相关的资料。在取证过程中,学生可以在众多材料中选取最合理的解说,并说明理由,或者在前人解说的基础上产生新的见解——这正是"释理"的过程,它可以充分体现学生的创造思维。如针对上述句子,学生还能得出自己的见解:孔子早年虽积极"入世",极力推行自己的政治主张,"知其不可而为之"(这种思想也可见于中学课文《荷蓧丈人》),但是他的仕途并不如意,五十岁时知"天命",尽管在"天命"之年方始学易,但自信只要"加我数年",就望有成,并"可以无过矣"。学生若能采用体现个性和创新的发现学习方式进行如此分析,语文教学的最优化目标的实现就具体而真实。

"社会在变革,知识在更新,新的时代要求我们把学生培养成思维灵敏、判断准确、主意巧妙的智人。只有这样,我们的学生长大才能成为灵活自如地适应时代,促进时代发展的人。未来社会最需要的是既有知识又有智能的人","未来社会需要的是创造性人才。我们必须从小培养学生的创造思维、创造意识和创造精神"[①]。王宁先生也在《训诂学原理·自序》中说:"作一个老师要引导现代的学生踏进古代,不要求他们读书是失职,只让他们读书讲不出一点道理来也是失职。"

"中国古代文化里潜藏着惊人的智慧和悟性对现代人仍具启迪作用,并仍有巨大的吸引力:……极为昭著的中国传统语言学的博大精深是无法否认的。"[②]这一点道出了训诂学必将是一门古老而又新兴的学科,其必将与历史和时代同呼吸共命运,在中学文言文教学中引进训诂学原理、改进接受学习、采用体验学习和发现学习的意义及深远影响也在于此。

---

① 关鸿羽,白铭欣.提高教育教学质量的策略与方法[M].北京:中国和平出版社,2000:154-155.

② 王宁.训诂学原理[M].北京:中国国际广播出版社,1996:1(自序).

第七章

反思："鲜活语文"之教学意义和实践价值

社会发展对人才培养提出了新的要求,培养具有创新意识与评判思维、跨学科视角解决问题、团队合作等核心素养的人才成为各国教育改革关注的核心要点。因此,以核心素养为取向的世界基础教育课程改革成为大势所趋。如何直面教育实践中存在的现实问题,探索教学变革的发展方向与实践路径,积极推进核心素养的培育,日益成为中小学课程与教学改革的关键。基于此,"鲜活语文"教学主张下的教学活动所应探寻的教学意义和实践价值,都要置于学生核心素养培育的视域之内,需要勇敢地面对挑战,承担起传承优秀文化、建构学生人格、培养语文核心素养的人文教育重任。

第一节 重新反观中学语文课堂阅读教学

一、传承中华优秀文化

世界文化的多样性与平等性决定了每一个国家和民族都要传承弘扬本民族的优秀文化,因为越是民族的,就越是世界的。中国历史灿烂辉煌,中华文化源远流长,文化遗产海立云垂,用文言记录的历史文献、用文言撰写的文学经典汗牛充栋。文言是古代知识分子和正统教育使用的书面语言,具有记载数千年中华民族灿烂历史和文化的功能,具有超越时代的特性。正如许慎所言:"前人所以垂后,后人所以识古。"学习文言,鉴古知今,可以体认中华民族优秀传统、崇高品质和伟大智慧。课程目标第 10 条提出:"传承中华文化。通过学习运用祖国语言文字,体会中华文化的博大精深、源远流长,体会中华文化的核心思想理念和人文精神,增强文化自信,理解、认同、热爱中华文化,继承、弘扬中华优秀传统文化和革命文化。"学习文言,了解祖国优秀的文化,进而热爱祖国文化,建立文化自信,符合立德树人的育人目标。但是,我们也应当知道,文化传统往往精华与糟粕互见,高雅与低俗并存,因此,必须秉持正确的价值观与评判精神,以历史唯物主义的视角,审视、辨识文化遗产,既不复古、崇古,也不妄自菲薄,而是以鲁迅"拿来主义"的正确态度,客观、辩证地剔除文化糟粕,传承中华优秀文化。在传承优秀传统文化的过程中,实现对传统文化的必要认同,并在此基础之上进一步实现育人目标。

二、一体双翼的目标追求

在中学语文课堂,文言文阅读教学经常遭遇的困境是工具性与人文性的"水火不容"。在"工具性与人文性相统一"的课程定位中,语文课程目标在总体上可以分为实用目标与文化目标两大类。文言文阅读教学亦然,文言"一体"本身带有"实用"与"文化"双翼。然而在实际操作层面,一直以来,人们似乎更重视实用目标,课堂教学习惯于从语用角度,对浅易文言文的阅读能力进行有效培养,使之成为语文课程中的显性内容;同时,有意无意地将文化目标视为从属、附带,听任其自然生成,中华优秀传统文化客观上成为文言文教学的隐性内容。如何将主观追求与客观效果合而为一,实现一体双翼的目标追求,彻底落实文言文教学传承优秀中华传统文化的课程目标,需要有效还原文言文教学的本来面目,使其处于文化的高度,通过构建专门课型,才能够保证课程目标的顺利实施。

试以一堂中国古代诗歌散文欣赏探究课为例:

《文与可画筼筜谷偃竹记》(第二课时)

一、疑难解答

先让学生提问,解答文中的疑难字句。之后教师提问,引导学生理解并思考文中的几个运用典故和成语(如胸有成竹)的句子。

二、提要钩玄

问题(1):从文中找出表明作者写作主旨的句子。

学生思考、讨论,教师引导:以见与可于予亲厚无间如此也。继续引导:此句中的关键词是"亲厚无间"。

问题(2):三个段落各分几个层次,概括每个层次的意思。

第一段分三层。

1.第一层

(1)第一层有一个总结概括的词语是什么?教师引导:"故"。

(2)"故"引起的总结性的句子中,有一个关键的成语是什么?教师引导:成竹于胸。

(3)苏轼用这个成语来说明什么方面的理论?教师引导:画竹理论。

2.第二层

(1)文与可教苏轼画竹的理论,苏轼掌握了吗?用文中的话回答。教师引导:没有,"予不能然也"。

(2)"不能然"的原因是什么?教师引导:"内外不一,心手不相应"。

(3)第二层也有一个提示总结概括的词语是什么?教师引导:"故"。

(4)"故"引起的总结性的句子列举了生活中与画竹"不能然"道理相同的表现,请找出这些句子。教师引导:"平居自视了然,而临事忽焉丧之"。

(5)这些道理都是苏轼从画竹的实践中悟出的,请用一个四字词语概括这一层的意思。教师引导:画竹心得。

3.第三层

(1)在画竹方面,子由与苏轼有何不同?教师引导:子由是"得其意",而苏轼是"得其意,并得其法"。

(2)从苏轼收获的角度,用一个四字词语概括这一层的意思。教师引导:得意得法。

第一段总结:文与可喜欢并擅长画竹,苏轼也喜欢并擅长画竹,用一个词语来概括他们在什么方面是相同的。教师引导:志趣相同。

第二段也分三层。

1.第一层

(1)文与可怎样对待求画者?教师引导:与可厌之,投诸地而骂曰:"吾将以为袜材!"

(2)文与可将把什么东西拿来做袜子?教师引导:缣素。

(3)请用一个四字词语概括这一层的意思。教师引导:以缣为袜。

2.第二层

(1)这一层中,文与可与苏轼讨论的话题仍然是围绕什么展开? 教师引导:画竹。

(2)关于画竹的话题,两人围绕两个关键词在不断探讨,这两个关键词是什么? 教师引导:"数尺""万尺"。

(3)请用一个四字词语概括这一层的意思。教师引导:数尺万尺或切磋画意。

3.第三层

(1)苏轼写给文与可的诗的大意是什么? 教师引导:文与可是清贫而贪吃的太守,洋州又盛产竹,那么生出来的笋,必然都被他吃到肚子里去了。

(2)之后苏轼写了一个怎样的巧合? 用原文回答。教师引导:"与可是日与其妻游谷中,烧笋晚食,发函得诗,失笑喷饭满案。"

(3)请用一个四字词语概括这一层的意思。教师引导:发函喷饭。

第二段总结:第二段叙述作者和文与可交往中的趣事,全段写得幽默风趣,亲切自然,而在这些日常琐事中,在这些戏语笑话里,文与可和苏轼坦率、高雅的胸襟气度,机敏超卓的智慧才能,都得到活泼而生动的体现,可见他们在什么方面是相通的? 教师引导:品性相通。

第三段分两层。

1.第一层

(1)文与可死后,苏轼在晒书画时,再次见到《篑筜谷偃竹》图的反应是什么? 教师引导:废卷而哭失声。

(2)请用一个四字词语概括这一层的意思。教师引导:废卷失声。

2.第二层

(1)曹操悼念桥公的文章的语言有什么特点? 请用文中的词语回答。教师引导:戏笑。

(2)苏轼是否也模仿曹操文章的写法? 学生回答:是。

(3)请用一个四字词语概括这一层的意思。教师引导:拟曹戏笑。

第三段总结:这一段比较简单,主要是交代什么? 教师引导:写作缘由。

三、气脉中贯

从上面的提要钩玄,梳理归纳我们得知:苏轼和文与可志趣相同、品性相通,而且在写作此文时,作者文中充满了戏笑之言,可见他们的关系非同一般,请用文中的四字词语概括。教师引导:亲厚无间。

文章是一篇悼文,本来应该表达思念之情、哀痛之意,可是作者却以画竹为线索,全篇都是写和文与可亲厚无间的关系,这矛盾吗? 谈谈你的理解。

教师引导:不矛盾,这种亲厚无间的关系写得越深入,越能体现这种关系失去后作者内心的思念之情、哀痛之意。

综上所述,苏轼信笔挥洒、姿态横生,文笔看似闲散,气脉却流畅而完整。"亲厚无间"和"思念哀痛"这股气脉始终贯穿文中。散文形散神聚的特点得到完美呈现。

朱自清先生说:"经典训练的价值不在实用,而在文化。"[①]普通高中课程标准实验教科书语文选修教材《中国古代诗歌散文欣赏》的编写目的,着重从文学鉴赏的角度引导学生阅读一定数量的古代诗文,不断积累,并通过鉴赏探究,感受其思想、艺术魅力,发展想象力和审美能力,体会中华文化的博大精深,深化热爱祖国的情感。苏轼的《文与可画筼筜谷偃竹记》选自《中国古代诗歌散文欣赏》的第五单元,该单元属于散文之部三个单元之中的第二单元"散而不乱,气脉中贯",另两个单元分别是"创造形象,诗文有别"和"文无定格,贵在鲜活"。本单元所选课文,风格各不相同,但从其内在的思想逻辑和情感逻辑看,都是前后贯通的,体现了文学名篇艺术上的完整性和统一性。多数散文在结构上的特点是"散",因为过于整齐集中,会显得呆板,失去自然之趣,影响阅读时的从容自在。但"散"不是散漫杂乱,而是有气脉(思想情感或理趣)贯注其间,从而形成全篇的有机联系。教学本篇课文,重点在于把握文章思想情感脉络,引导学生理解古代散文的"散而不乱,气脉中贯"的特点,这也是教学的难点;而要获得对作品思想情感的认识和理解,就要理清作品的层次和线索,因此,教学本篇课文采用提要钩玄法(梳理归纳,指出纲要,探索精微,精辟简要地指明主要内容)是较为合适的选择。而领会"气脉中贯",则自然是引导学生掌握中华传统文化精粹的教学重点。根据文言文的文体特点,充分挖掘文言文的文化韵味,帮助学生对文言文中的文化蕴含进行深入把握,有效整合传统文化传承、语言运用能力培养这两大目标,使其形成一体双翼的有机关系,去除对实用目标的单向度倚重,兼顾二者。如此,则传承中华优秀传统文化的目

---

① 朱自清.经典常谈[M].北京:北京大学出版社,2009:2.

标将不被僭越而能够得到有效实现。

第二节 启悟学生真切感知和体验语文之美

一、培养学生高尚的鉴赏品味和审美情趣

汉语和汉字是世界上最有特色的语言文字之一。首先,汉字是世界上唯一一种根据词汇意义构造形体的表意文字,汉字的形体携带着可供分析的意义信息,且浩如烟海的文献资料足以让我们从典籍中汉字的音形义去体验传统文化的精华。其次,汉语音节结构简单整齐,加上声调,赋予汉语独特的音乐美,因此韵文极为丰富。只有了解祖国语言文字的这些特点,热爱自己的语言文字,经历对祖国语言文字的美感体验,才能真正启悟学生真切感知和体验语文之美。真切感知和体验语文之美,还可以通过鲜活的语文活动培养学生高尚的鉴赏品味和审美情趣来实现。对于鉴赏品味,课程目标第8条提出:"鉴赏文学作品。感受和体验文学作品的语言、形象和情感之美,能欣赏、鉴别和评价不同时代、不同风格的作品,具有正确的价值观、高尚的审美情趣和审美品位。"课程目标的解说,明确了文学作品的语言、形象和情感之美的鉴赏方向。对于审美情趣,课程目标第9条又提出:"美的表达与创造。能运用祖国语言文字表达自己的审美体验,表达自己的情感、态度和观念,表现和创造自己心中的美好形象;讲究语言文字表达的效果及美感,具有创新意识。"强调在语文课程中,审美情趣的培养主要通过丰富的语文活动来实现,通过鲜活的阅读、表达和交流实践来强化。

二、走进"意象",探究语文之美

明代胡应麟在《诗薮》中说:"古诗之妙,专求意象。"说明意象是一个古老的美学概念,它包括"意"和"象"两个方面的内容。"意"是指创作主体的思想感情,"象"指的是作为创作客体的客观物象。在世界各国的诗歌中,

中国古典诗歌以其形象性与具体性著称,正是凭借其独特的意象美,中国诗歌成为世界上最形象最具体的诗歌之一。中国古代诗人选择的意象乃是从他的日常的生活经验中分离出来的,是他熟悉的物象。一般来说,作为优秀的诗人,不论表达什么情感,他总是能根据自己的情感需要找到最切合的自然意象。如李清照《声声慢》一词,表现她丈夫去世以后的痛苦绝望。词中的淡酒、晚风、大雁、落花、梧桐、秋雨每一个具体意象都来自诗人的真实体验,而又都投射了诗人内心的痛苦情绪。抽去这些具体意象,动人的效果顿然全失。因此,教师在引导学生鉴赏中国古典诗歌时,一定不能回避诗中的灵魂——意象美,只有深入分析体味,走进"意象",探究语文之美,才能曲径通幽,准确把握诗歌脉搏,洞悉诗歌内蕴。

试以笔者一次"送培下乡"示范课为例:

唐宋诗词鉴赏之意象

一、教学目标

(1)理解:理解诗歌意象的内涵、特征及分类。

(2)感受:感受诗歌意象奇特的审美效果,进而获得情感的体验和心灵的共鸣。

(3)鉴赏:借助"鉴赏知识"中有关"意象"的内容,回归本课程的中心目标,将文体知识的把握和鉴赏方法的体验渗透于具体作品的鉴赏过程中。

二、重点难点

(1)重点:讲解诗歌意象的有关知识,使学生获得理论参考和方法提示。

(2)难点:在理解知识的基础上,进行拓展迁移,指导学生运用所学知识分析鉴赏诗词。

三、课时安排

一课时。

四、教学过程

(一)教学导入

唐诗宋词是我们华夏民族的文学经典,阅读唐诗宋词,进入诗词的美好意境,可以享受快乐,丰富情感,提高审美情趣,培养诗性智慧。而阅读鉴赏诗词,也需要借助必要的鉴赏知识,学习一些鉴赏方法。今天,我们来学习一个鉴赏知识——意象。有人说,诗词中的意象,是作品的基本艺术细胞。那么,我们就用这节课来共同仔细观察这个细胞有怎样的特点。

前段时间我们刚刚学习了咏物诗,接触了诗歌的意象这个概念,可是我们真正了解意象吗? 它的特点是什么? 有什么作用? 怎样通过意象来鉴赏诗歌呢? 今天这节课,我们就来学习诗歌的意象,借此解决以上问题。

(二)感知"意象"

问题一:请分别从科学定义、文学描写和诗歌意象的角度比较"月"的不同特点。

教师展示:

科学定义:地球的卫星,表面凹凸不平,本身不发光,只能反射太阳光,直径约为地球的四分之一,引力相当于地球的六分之一,通称月球或月亮。

文学描写:①冷月高挂枝梢,寒风把光秃秃的树枝,吹得呼呼直叫。②一枚新月好像一朵白色梨花,宁静地开放在浅蓝色的天空中。③一弯新月宛如一叶小舟,翘着尖尖的船头,在深夜的静湖中划行,给我送来一片情思。

诗歌意象:海上生明月,天涯共此时。

教师引导、总结:

科学定义:客观描述、概括,不带感情。

文学描写:只是一个描写对象,可以有无数种表达,"月"本身不包含情感,也无固定的情感特征,不同的作者赋予它不同的感情色彩。

诗歌意象:"月"既是客观物象,也融入了"怀人"的主观感情。

因此,正如袁行霈《中国古典诗歌的意象》一文所说:"意象是融入了主观情意的客观物象,或者是借助客观物象表现出来的主观情意。"(《中国诗歌艺术研究》)

(三)梳理概括

问题二:诗歌"意象"有何特点和作用?

示例:

①试问闲愁都几许? 一川烟草,满城风絮,梅子黄时雨。(贺铸《青玉案》)

②问君能有几多愁? 恰似一江春水向东流。(李煜《虞美人》)

教师引导、总结:

①特点:寓繁于简,高度浓缩。

②作用:诱发想象,产生奇特的审美效果。(触物而见象,由象而生情)

(四)体验感受

问题三:诗歌意象在使用上有哪些不同方式?

1.相对固定

送别诗中常用"柳""月""长亭"等意象,抒愁写恨诗常用"流水""春雨""春草"等意象,表达思念时常用"雁""红豆"等,表现志节常用"菊""松"等。

2.特定语境

黄巢《题菊花》诗:"飒飒西风满院栽,蕊寒香冷蝶难来。他年我若为青帝,报与桃花一处开。"

诗人选取的是菊花灿烂及所受不公平待遇这一层面,不再是习见的高洁的象征,而是普通民众的形象写照。其不同凡响之处在于它展开了充满浪漫主义激情的大胆想象:一旦自己成为青帝(春神)就要让菊花与桃花一样在大好春光中开放,让菊花也同样享受到蕊暖香浓、蜂蝶绕丛的欢乐。这种对不公正"天道"的大胆否定和对理想中的美好世界的热烈憧憬,集中地反映出诗人超越封建文人价值观念的远见卓识和勇于掌握、改变自身命运的雄伟胆略。

辛弃疾《鹧鸪天》("陌上柔桑破嫩芽")中有一句:"城中桃李愁风雨,春在溪头荠菜花。"

桃花在古典诗词中往往象征美人,而此处的"桃李",是没法作美人解的。诗表明了桃李之娇弱不如荠菜之顽强,也就是借此暗示了城市生活不如田园生活。在城中,桃李花不是愁风就是愁雨,可农村的荠菜花却不愁,而且开得十分茂盛。如果我们知人论世,延伸开去,词人借此所要表现的就是深居朝廷(城市)之内的官员,尽管表现出强势的富贵,却娇弱,全无一点生气,而在野为官的人,天高皇帝远,没有什么精神压力,生活充满着活力。这样,词人通过《鹧鸪天·代人赋》既表现了对农村生活的爱好,也表现了词人虽罢官在野,仍时刻不忘国家命运和前途的情怀。

3.单一使用

梧桐多表凄苦之情(如温庭筠《更漏子》"梧桐树,三更雨,不道离情正苦,一叶叶,一声声,空阶滴到明"),羌笛多奏悲凉之音(如王之涣《凉州曲》"羌笛何须怨杨柳,春风不度玉门关"),杜鹃往往联系着乡愁乡思(如文天祥《金陵驿二首》"从今别却江南路,化作啼鹃带血归"),捣衣往往联系着思妇征人(如李白《子夜吴歌四首》(其三)"长安一片月,万户捣衣声。秋风吹不尽,总是玉关情"),望云思友(如杜甫《恨别》"思家步月清宵立,忆弟看云白日眠"),见月怀人(如张九龄《望月怀远》"海上生明月,天涯共此时"),以冰雪比喻忠贞(如王昌龄《芙蓉楼送辛渐》"洛阳亲友如相问,一片冰心在玉壶"),以梅象征高洁(如陆游《卜算子·咏梅》"零落成泥碾作尘,只有香如故"）。

4.组合使用

为了体现一个完整的主观情意，往往使用多个意象的组合，诗词的意境就蕴含在它们的组合中。诗歌中意象的组合方式是多种多样的。例如：

①并列式组合。最典型的例子是温庭筠《商山早行》"鸡声茅店月，人迹板桥霜"。其中的意象有六个："鸡声""茅店""月""人迹""板桥""霜"，但是每个意象都无法独立构成一个完整的主观情意，只有六个意象组合在一起，把"鸡声""茅店"置于清晨月色的笼罩之下，"板桥"因"霜"而更显"人迹"，再加上诗中"晨起""悲""故乡"等其他词句所共同构成的语境，才能表达出"道路辛苦，羁愁旅思"（梅尧臣评，见欧阳修《六一诗话》）这一主观情意。杜牧《江南春》"水村山郭酒旗风"，王昌龄《出塞》"秦时明月汉时关"，也是这样的例子。

②对比式组合。如杜甫《自京赴奉先县咏怀五百字》将"朱门酒肉臭"与"路有冻死骨"对比，高适《燕歌行》将"战士军前半死生"与"美人帐下犹歌舞"对比，都大大深化了诗的思想性。还有通篇对比的，如蒋捷《虞美人·听雨》选择"少年听雨""壮年听雨""而今听雨"三个代表性场景加以对比，深切表达出对青春逝去的惋惜和人生苦短的感慨。

③跳跃式组合，如李商隐《马嵬二首》（其二）"此日六军同驻马，当时七夕笑牵牛"，李益《夜上受降城闻笛》"回乐峰前沙似雪，受降城下月如霜"，是不同空间不同时间的跳跃；陈子昂《登幽州台歌》"前不见古人，后不见来者"，李绅《古风二首》（其一）"春种一粒粟，秋收万颗子"，聂夷中《咏田家》"二月卖新丝，五月粜新谷"，杜甫《登岳阳楼》"昔闻洞庭水，今上岳阳楼"，是同一空间不同时间的跳跃；王勃《送杜少府之任蜀州》"城阙辅三秦，风烟望五津"，杜甫《春日忆李白》"渭北春天树，江东日暮云"，是同一时间不同空间的跳跃。有时诗人还在一句之中组合了两个跳跃性的空间意象，如杜甫《秋兴八首》（其六）"瞿塘峡口曲江头"，张若虚《春江花月夜》"碣石潇湘无限路"。

（五）拓展迁移

问题四：运用所学诗歌意象的知识，鉴赏下面一首宋词。

少年游

蒋　捷

枫林红透晚烟青，客思满鸥汀。二十年来，无家种竹，犹借竹为名。

春风未了秋风到,老去万缘轻。只把平生,闲吟闲咏,谱作棹歌声。

词的上阕前两句描写了哪些意象?请简要分析其表达效果。

教师引导、总结:

第一问:上阕前两句描写了枫林、晚烟、鸥汀这些意象。

第二问:作者用枫林、晚烟、鸥汀这些意象营造了深秋时节傍晚时分凄凉冷清的意境,表现了词人漂泊的愁苦和对故乡的思念。

五、布置作业

请同学们课外收集梳理古典诗词常见意象的种类和用法。

在中国古典诗歌中,蕴意深远的一系列意象,准确、含蓄而又充分地传情明志,其所创造出来的审美内涵与意义丰富厚重。除了物象本身具备的审美特质外,中国古典诗歌的许多意象还负载着丰厚凝重的文化内蕴。在瞬间悟得并长期积累之后,这些意象成为一种约定俗成的情感寄托物。如梅兰竹菊、松柏桃李、明月流水,都有着特定的文化内涵,成为汉民族表达情感的独特的象征体,体现了中国古代诗人高超的语言技巧,是中国古典诗歌意象美构成的重要元素。感受、领会和品析意象,也是教师引导学生探究语文之美的必由之路。

第三节　培育学生终身受益的语文核心素养

一、关注学生高阶思维的发展

《普通高中语文课程标准(2017年版)》指出:语文学科核心素养是学生在积极的语言实践活动中积累与构建起来,并在真实的语言运用情境中表现出来的语言能力及其品质,是学生在语文学习中获得的语言知识与语言能力,思维方法与思维品质,情感、态度与价值观的综合体现。课程标准在"思维发展与提升"中明确指出:"思维发展与提升是指学生在语文学习过程中,通过语言运用,获得直觉思维、形象思维、逻辑思维、辩证思维和创造思维的发展,以及深刻性、敏捷性、灵活性、批判性和独创性等思维品质的提升。"一方面,它强调各种思维类型的均衡发展;另一方面,更包含了强烈的提升思维品质的指向。对高中学生而言,提升思维品质,应当关注高阶思维的发展。所谓高阶思维,是指发生在较高认知水平层次上的心智活动和认知能力。"高阶思维"或"高阶认知(技能)"源自布鲁姆认知目标分类系统,这个著名的"金字塔"系统包括6个由低到高的连续层级:知识、领会(理解)、应用、分析、综合和评估。前三者为低阶思维,后三者构成了高阶思维,而且常常被等同于批判性思维。所以,高阶思维等相关说法相当于布鲁姆式的批判性思维。也有人将批判性思维看成仅仅是第6个层级(评估),认为批判性思维只是高阶思维的一部分,因为正是这个层级"聚焦于在对一个陈述或命题的分析的基础上做出评价或判断"①。但不论如何划分,批判性思维备受教育者青睐却是不争的事实,批判性思维的培养对语文核心素养培育的正向作用也不容置疑。

高考作文题型功能和考查目标在突出基础性、开放性和思辨性的同时,对语文教学特别是作文教学,具有积极的导向作用。以思辨性为文章写作的切入点,考查学生的批判性思维能力,符合《国务院关于深化考试招生制度改革的实施意见》中对"考查学生独立思考问题的能力"的要求;批判性思维是21世纪人才必备的素养之一,也与当下国家对创新性人才的迫切需求相吻合。2015年的全国高考作文对此作了积极的探索和尝试,也提供了有益的参考和借鉴。

2015 年全国高考甲卷作文

18.阅读下面的材料,根据要求写一篇不少于800字的文章。(60分)

因父亲总是在高速路上开车时接电话,家人屡劝不改,女大学生小陈迫于无奈,更出于生命安全的考虑,通过微博私信向警方举报了自己的父亲;警方查实后,依法对老陈进行了教育和处罚,并将这起举报发在官方微博上。此事赢得众多网友点赞,也引发一些质疑,经媒体报道后,激起了更大范围、更多角度的讨论。

对于以上事情,你怎么看?请给小陈、老陈或其他相关方写一封信,表明你的态度,阐述你的看法。

要求综合材料内容及含义,选好角度,确定立意,完成写作任务。明确

---

① 武宏志.批判性思维:语义辨析与概念网络[J].延安大学学报(社会科学版),2011,33(01):5-17.

收信人,统一以"明华"为写信人,不得泄露个人信息。

2015 年全国高考乙卷作文

18.阅读下面的材料,根据要求写一篇不少于 800 字的文章。(60 分)

当代风采人物评选活动已产生最后三名候选人:大李,笃学敏思,矢志创新,为破解生命科学之谜作出重大贡献,率领团队一举跻身国际学术最前沿。老王,爱岗敬业,练就一手绝活,变普通技术为完美艺术,走出一条从职高生到焊接大师的"大国工匠"之路。小刘,酷爱摄影,跋山涉水捕捉世间美景,他的博客赢得网友一片赞叹:"你带我们品味大千世界""你帮我们留住美丽乡愁"。

这三人中,你认为谁更具风采?请综合材料内容及含意作文,体现你的思考、权衡与选择。

要求选好角度,确定立意,明确文体,自拟标题;不要套作,不得抄袭。

从命题所选择的材料看,甲卷选择的是一个动态、推进和相对开放的媒体事件,而乙卷则选择一个静态、概括和相对封闭的经过虚化的人物群体代表事迹。前者在审题立意上呈现出多维度、有争议和可思辨的特点,而后者则创设了一个相对集中、闭合的思考空间。前者无论从小陈、老陈、警方、公众或媒体中的任何一方,均可有不同维度的讨论空间,每一方的行为和表现都有争议的必要,也有思辨的价值。后者"呼应着科技创新、迈向制造业强国、提高全民文化和环境素养、建设美丽中国等当代中国的宏大主题"①,但是讨论空间被着意限制:首先,三个各具特色的"当代风采人物"是事先预设给定的,不能跳出人物类型的框架去另议他人;其次,讨论的范围限定于三个风采人物谁"更"具风采;再次,思维的通道只能沿着辨析材料中的关键信息,做出判断、权衡与选择,进而朝在比较中思辨说理的方向行进。在继续保持防止套作、宿构初衷的同时,着意引导学生对自然、社会和人生抒写感受、表达思考,蕴含了培植学生科学理性精神的意图,彰显了课改精神。2015 年高考语文在构建试卷结构和设计能力考点时,将学科能力与改革要求纳入视野,以"立德树人"为教育出发点和归宿,力求在作文考试中着力体现社会主义核心价值观,渗透依法治国理念,弘扬民族精神,

---

① 明一.聚焦立德树人 引领语文改革——2015 年高考语文试题评析[J].中国考试,2015(11):3-10.

强化了作文的育人功能,将时代要求与学生个性成长较好地融合。

二、多元化评改作文——批判性思维培养途径之一

批判性思维起源最早可追溯到古希腊思想家苏格拉底,他经常采用诘问的形式,揭露对方学说中的矛盾,动摇对方论证的基础。这种批判性思维的实践,被后来众多的学者所传承,其中包括柏拉图和亚里士多德。这些学者强调,眼见与实质之间存在较大区别,只有受过专门思维训练的人才能够透过虚假的表面看到事情的实质。希腊智者的实践,启发后世的人们用批判性思维探求事情的真相。

作文教学是培养学生写作能力的主要手段,而作文批改则是作文教学的关键环节,也是培养学生批判性思维、提高学生语文素养的重要途径。作文批改过程,是对学生作文写作的信息反馈过程,也是对作文命题、行文思路的指导评价过程,更是对学生思维水平的检测、诊断和提高的过程。作文评改的方式主要有教师示范精改、全批全改,学生自批自改、互批互改和教师面批面改、网络批改等,不一而足。为了提高学生的作文水平,教师除了要选择合适的训练材料,教给学生写作的技巧并让学生持之以恒地训练外,改变作文的批改方法也是一种行之有效的途径,面批法即是其中之一。

面批法即采用师生零距离接触,以一对一的形式共同参与作文的评价、修改的批改方法。在面批过程中,学生既能深切感受教师对自己的尊重、关注和殷殷期待,又能明确自己的闪光点,增添写好作文的自信,心悦诚服地接受教师的建议,清楚自己努力的方向。面批法首先要遵循因材施教原则,针对不同的学生,采用不同的批改方法,教师根据学生生活阅历和语文素养的不同,针对文章存在的不同问题,提出不同的要求。其次要遵循学生主体和教师主导原则,教师循循善诱,因势利导,充分发挥学生的主观能动性,积极主动地参与教学的每一个环节。面批法体现了这种教与学的互动。教师可以引导学生明白症结所在,指导学生掌握消除症结的方法,指明学生努力的方向。教师与学生平等交流,教师语言、态度方面显现出对学生的爱、耐心和激情,还能消除学生对写作的恐惧,点燃他们对语文的热爱之情。

下面以一则面批作文为例:

阅读下面的材料,根据要求写一篇不少于800字的议论文。

日前,有学者撰文称:中国古典四大名著不适合儿童阅读——《水浒传》讲打家劫舍,《三国演义》充斥阴谋诡计,《西游记》宣扬虚无主义,《红楼梦》大讲色空幻灭。这个观点引起了激烈讨论,有人赞同,有人反对。

对于以上事情,你怎么看?请据此写一篇文章,表明你的态度,阐述你的看法。要求选好角度,确定立意,明确文体,自拟标题;不要套作,不得抄袭。

莫用错误认知方式解构名著
陈昕昊

传播学有一句名言,"一个事物即使本身再清楚明了,如果对其认知方式是混乱的,那它便会变得不堪。"近来有学者撰文批驳四大名著便是这句话的最好例证。(开篇简洁,引用得当)

诚然,错杀吕伯奢的曹操放出"宁教我负天下人,休教天下人负我"的确不太能为现代价值体系所接纳,但这确实是烽火连天的三国时期的一种生存手段。我们不能因为过去的价值观与现世略有相悖而毫不犹豫地否定它、摒弃它,不是吗?(此段延续了你一贯的对话意识,即充分考虑对方的观点,然后加以分析批驳,从而展示我方观点辩证性。"我们不能因为过去的价值观与现世略有相悖而毫不犹豫地否定它、摒弃它"一句分析角度准确,说理有力)

四大名著既为数经甄选的读物,必有其可推广于世的普世价值。如历经八十一难的孙悟空之顽强坚韧,梁山好汉的意气相投,都能为孩子的心灵播撒精神元素,起到很好的涤荡人心的作用,为孩子理解历史、感悟历史打开了新的向度。(此段分析中心围绕"四大名著既为数经甄选的读物,必有其可推广于世的普世价值"展开,论证方向明确;但是如果能够全面紧扣学者所言"《水浒传》讲打家劫舍,《三国演义》充斥阴谋诡计,《西游记》宣扬虚无主义,《红楼梦》大讲色空幻灭"展开分析评论会更好。如《水浒传》中替天行道,《三国演义》中的英雄主义和智谋,《西游记》中的奇诡瑰丽的想象,《红楼梦》虽然晦涩难懂,但其色空幻灭也不至于污染孩子纯洁的心灵)

最重要的是,作品真正的闪光点往往需要建立在黑暗背景下,唯其氛围越黑暗,越可体现人性和思维的亮光。曹操固然诡计多端,但这种对敌人的残忍更能反衬其对下属对亲人的贴心——曹操多次为在宛城之战中惨死的长子曹昂和爱将典韦痛哭流涕。任何作品都有其正能量与负能量，名著之所以为名著就在于其负能量是为正能量铺垫，你不会因为在描写了受迫害的德雷福斯上尉的惨态，就将被称为"人类良心的一瞬间"的《我控诉》反口指为糟粕吧？（此段议论的方向不尽如人意，任何经典都是瑕瑜互见的，关键在于阅读者的选择和取舍，正如鲁迅评价《红楼梦》："经学家看见《易》，道学家看见淫，才子看见缠绵，流言家看见宫闱秘事，革命家看见排满……"中国古典四大名著是否适合儿童阅读，家长、老师和社会的指导非常重要）

所以，混乱的认识方式是催生这场闹剧的元凶。这样的认知方式，就像只关注白板上的一个黑点一样，虽然博人眼球且易于为世人所接受，其对人们三观和社会生态环境的毁坏是巨大的。（此段的结论固然很好，但是"混乱的认识（知）方式"在上文中没有充分论证，所以结论就略显苍白）

而当这种认知方式浸溢到社会生活中，就会表现为许多人对温暖的无动于衷和对坏事的破口大骂。他们只会看见十八位漠视小悦悦的路人，却忘记了大学生司占杰倾尽心血所创办的麻风村。这都像那位学者只见名著的污点却未见其正能量一样，是荒谬可笑的。更有甚者将这种认知方式的混乱演绎到最大化，竟站在道德制高点质疑存善念、行善举的人炒作，却浑然不知自己已处于无知的低岭。（此段更进一层，论述"混乱的认知方式"的表现及危害，显示出论证的层次性和深刻性）

错误的认知方式是社会发展的逆推剂。现代文明社会需要全面客观的认知方式和认知角度，否则，批判"四大名著"的闹剧远不会结束，正本清源只能是痴人说梦。（结尾收束干净有力）

在面批过程中，学生的思维一直处于激活状态：他们写作的心路历程会被认真倾听，合理化的建议会被欣然采纳，新鲜的观点会受到赞扬，不同的见解得到尊重、关注，最后采取何种修改方案还是由他来取舍。从这个意义上说，面批法充分发挥了教师的主导作用和学生的主体作用。

第八章

沉潜:"鲜活语文"之教学实践专题研究

第一节 "鲜活语文"的相关教学目标研究

课堂教学目标的设计是课堂教学设计的核心,决定着整个课堂教学设计的方向、过程及结果评估,直接关系到课堂教学的效果和学生的发展。因此,实施新课程改革,在教学中我们应该贯彻"以人为本"的理念,遵循"生活性原则""人格养成原则",落实"情感、态度与价值观"的课程目标。在每一篇课文教学之前,我们在制定具体的目标时就应该明确课堂教学目标的设计方向,应当注重落实"情感、态度与价值观"的课程目标。虽然《普通高中语文课程标准(2017 年版)》提出了语文学科核心素养的理念,没有直接论及三维目标,但是,我们仍然可以从中看出,语文学科核心素养,明确了学生学习语文课程以后应达成的正确价值观念、必备品格和关键能力,是对知识与技能,过程与方法,情感、态度与价值观三维目标的整合与提升,体现了语文学科核心素养之于三维目标的继承与发展,较好地纾解了以往三维目标因为表述上的三维"分列"而容易导致理解和实践中三维"分裂"的窘困。而且,《义务教育语文课程标准(2019 年版)》仍然在"总体目标与内容"中提道:"课程目标从知识与能力,过程与方法,情感、态度与价值观三个方面设计。三者相互渗透,融为一体。目标的设计着眼于语文素养的整体提高。"因此,重新审视"情感、态度与价值观"的课程目标,仍然有其探究价值与现实意义。

一、探究动因

现今的语文教学,在情感、态度与价值观目标的实施上,存在诸多偏差,出现被人为"虚化"的情况。因此,对语文教学情感、态度与价值观目标实施现状作深入分析十分必要。

首先,学校教育从当前的形势来看,还无法摆脱应试教育的影响,分数仍然是衡量教师教学和学生学习效果的重要指标,为此,我们的教育是服从于生存需要的教育,是一种功利性的教育。教师出于应考的功利性考虑,考什么就教什么,许多教师面对教学的三维目标只偏重前两个,即知识与能力目标,过程与方法目标;忽视甚至漠视情感、态度与价值观目标。

其次,观念的偏差甚至错误。有人认为:"情感、态度与价值观"目标是语文教学的衍生目标,只是教学中需要渗透的东西。既然是渗透,就要有时多些,有时少些,还要看教学过程与内容有没有渗透的机会。语文说白了就是教学生"识字、阅读、写作"。这些才是语文教学最基本也是最重要的第一位的教学目标。语文有鲜明的"工具性",语文是交际的工具,是思维的工具。学生学好了"字、词、句、文",便可以运用这一工具进行交际和思维,在运用的过程中就会有"情感、态度与价值观"的养成和提升。

最后,情感、态度与价值观目标被"虚化"。表现为课堂教学工具性成分太重,过分重视操作层面的探索和实践,这必将弱化语文教学的人文性。而人文性缺失,语文之美必将难以显现。

基于此,每位教师都应该考虑如何在工具性与人文性之间找到一个最能体现语文之美的契合点,探索如何将语文教学的情感、态度与价值观目标"实化",即化虚为实。

那么,语文教学的情感、态度与价值观的目标是如何被"虚化"的呢?

表现一:文本成为"死"(没有生命,缺少活力)的文字材料,文字成为没有情感的工具。

例如:八年级上册《人民解放军百万大军横渡长江》是一则新闻,主体部分报道了三路大军渡江的进展情况,其中大部分内容是部队番号(中路军、西路军、东路军)、地点名称(安庆、芜湖、九江、南京、江阴)、具体时间(20日夜至21日夜,二十四小时内,21日下午5时起)、兵力情况(30万、35万),乍看起来,都是一些名词组合在一起,显得枯燥而单调。(课堂教学可以考虑先让学生具体感受一下时间之短、地点范围之大、兵力之多,几十万人横渡长江耗时之少,让这些单调的名词"活"起来)然而,正是这些看似枯燥而单调的名词组合,蕴含了毛泽东统率全军的恢宏气度和人民解放军排山倒海、摧枯拉朽的磅礴气势。使人们在了解历史的同时,感受到正义战争的威力和非正义战争的罪恶,感受到人类意志力、智能、体能最大限度的表现,从而获得有益的启示。

如果没有在备课时把握并在教学中融入这些情感、态度与价值观的因素,文本就失去"鲜活"的特性,成为"死"的文字材料,文字蕴含的情感就将被读者视而不见。

表现二:学生的情感未被激活,由此产生畏难情绪,以致从心理上排斥文本。

例如:七年级下册第7课《最后一课》(一堂公开课)

在导入中,教师简单介绍了作者和普法战争,说到法国战败,被迫割让阿尔萨斯和洛林的历史背景。之后学生快速阅读课文,思考以下问题:①作者是怎样塑造韩麦尔先生这一人物的?②小弗朗士在小说中起到什么作用?③小说的情节是怎样安排的?④如何理解小说第四段中"又出了什么事啦"这句话?⑤小说在艺术上有什么特别值得注意的地方?

不足之处有两点:

首先是导入中教师的情感蓄积不足,学生的情感未被激活的问题。最后一课,是一个具有特殊意义的典型环境,因为从此要放弃母语,学习异国统治者的语言,接受异国文化(据最新研究表明,其实阿尔萨斯的语言和文化历史上都是与普鲁士,即德国一脉相承的,这当然是题外话)。这是侵略者在军事强占以后进行的文化侵略。作者在此文中把一个小学校的一堂课的意义提高到向祖国告别的高度,使这一堂课的任何场景、细节都具有了庄严的意义,阿尔萨斯人此时的心情是悲愤、沉痛的。如果这些情感因素没有交代清楚,没有进行必要的情感铺垫和气氛营造,学生的情感未被激活,是很难进入文本的,更不用说带着情感去阅读和理解文本了。

其次是教学环节的顺序违背学生认知规律而使学生排斥文本的问题。孔子说:"不愤不启,不悱不发。"学生仅仅读一遍,还未疏通文义、掌握概要,学生还没有问题产生(或者还没有深层次的问题产生),思考也没有积蓄到不吐不快的程度,其核心问题还是学生情感未被激活,情感未被激活,就让学生连续回答五个"大"问题,有点强人所难。由此产生畏难情绪,以致从心理上排斥文本,这严重违背了学生的认知规律。而离开文本,情感、态度与价值观的目标就成了无源之水。

表现三:教师心中(理念上)忽视情感、态度与价值观目标,没有深度解读文本,感情不够饱满。

如七年级下册第 25 课《短文两篇》,前一篇选自古代神话故事集《山海经》,另一篇选自西汉刘安的《淮南子》。两篇都是文言文,篇幅都较短,内容虽然简单,但是其中蕴含的情感、态度与价值观却不容忽视。

《夸父逐日》开篇第一句"夸父与日逐走"就让人惊叹:谁有如此气魄,敢与太阳赛跑!其中"渴,欲得饮,饮于河、渭;河、渭不足,北饮大泽"更令人惊叹远古人民丰富奇异的想象力!黄河、渭河何其大,竟然"不足"!还要"北饮大泽"!夸父虽然渴死于半道,但是并没有给人以失败的悲凉之感,相反,他在远古人们面对几乎不可战胜的大自然面前所体现出来的豪迈、雄健和大无畏的精神力量,振奋、激励着后人去追求光明和真理。

《共工怒触不周山》,写的也是一个壮烈的失败英雄,特别是怒触不周山后破坏了旧世界的平衡,迎来全新的天宇和日月星辰的运动,极具浪漫主义色彩。"天柱折,地维绝。"支撑天的柱子折了,系挂地的绳子断了,如此之大的柱子和绳子,气势宏伟,想象瑰丽。不仅体现了先民对揭示宇宙奥秘的强烈欲望和求索精神,而且更重要的是,共工敢于挑战强者的精神永远激励着后人。

如果在备课和实施课堂教学中注入这些情感、态度与价值观因素,就会使教学厚重而饱满,而不至于只是两篇短小的文言文字词教学。

二、课标要求

《义务教育语文课程标准(2019 年版)》关于情感态度价值观目标的要求,具体而明确,具有很强的可操作性。

(一)语文课标对情感态度价值观目标的强调

在语文课标第三部分"教学建议"中,强调"重视情感、态度与价值观的正确导向",要求"培养学生高尚的道德情操和健康的审美情趣,形成正确的价值观和积极的人生态度,是语文教学的重要内容,不应把它们当作外在的附加任务。应该注重熏陶感染,潜移默化,把这些内容贯穿于日常的教学过程之中"。

（二）语文课标中与情感态度价值观目标相关的语文"人文性"的阐述

（1）在"课程性质与地位"中，课程标准强调"工具性与人文性的统一，是语文课程的基本特点"。语文课标还指出："语文课程应致力于学生语文素养的形成与发展。语文素养是学生学好其他课程的基础，也是学生全面发展和终身发展的基础。"

（2）在"课程的基本理念"中，课程标准提出了"全面提高学生的语文素养"的理念，倡导语文课程应致力于学生语文素养的形成与发展。指出"语文素养是学生学好其他课程的基础，也是学生全面发展和终身发展的基础"。还指出"语文课程应培育学生热爱祖国语文的思想感情"，"语文课程还应重视提高学生的品德修养和审美情趣"。

（3）在"正确把握语文教育的特点"中，课程标准指出："语文课程丰富的人文内涵对学生精神领域的影响是深广的，学生对语文材料的反应又往往是多元的。因此，应该重视语文的熏陶感染作用，注意教学内容的价值取向，同时也应尊重学生在学习过程中的独特体验。"

（4）在"课程目标"的总目标中，课程标准提出"在语文学习过程中，培养爱国主义感情、社会主义道德品质，逐步形成积极的人生态度和正确的价值观，提高文化品位和审美情趣"。"认识中华文化的丰厚博大，吸收民族文化智慧。关心当代文化生活，尊重多样文化，吸取人类优秀文化的营养"。

（5）在"课程目标"的阶段目标中，课程标准提出"欣赏文学作品，能有自己的情感体验，初步领悟作品的内涵，从中获得对自然、社会、人生的有益启示。对作品的思想感情倾向，能联系文化背景做出自己的评价；对作品中感人的情境和形象，能说出自己的体验；品味作品中富于表现力的语言"。"阅读科技作品，注意领会作品中所体现的科学精神和科学思想方法"。

三、维度导向

从《义务教育课程标准实验教科书·语文》（七～九年级）的编排体系看，情感、态度与价值观维度的导向明确。

(一)"单元说明"培养情感、态度与价值观的意图明显

七年级上册开篇第一单元说道："人生,是一个令人深思的话题。新的学年开始了,你的人生翻开了新的一页。追求美好的人生,是我们共同的目标。这个单元的课文写的是作者对于人生的憧憬、体验和思考,阅读这些课文,将引导你体味人生,关爱生命。"

此单元的几篇课文,情感、态度与价值观的目标是明显的。如《在山的那边》,作者热烈向往的不仅仅是大海,更是对人生目标的追求;《走一步,再走一步》,作者描写克服登上崖顶的困难的过程,其实就是战胜人生道路上意想不到的困难的过程;《短文两篇》(《蝉》《贝壳》)以小见大,启发人们思考如何让短暂、脆弱的生命变得更有意义;《紫藤萝瀑布》引导我们如何从大自然的勃勃生机中化解悲痛和焦虑,寻求宁静和喜悦;《童趣》写的平常的景象或事物(蚊子、虫蚁和癞蛤蟆),通过想象和联想,获得了"物外之趣"和人生的欢愉。

八年级下册第一单元说道："在人生的道路上,那一个个脚印,铺就你的人生轨迹。本单元所选课文,有的是回忆录,有的是传记,讲述的是作者一段难忘的人生历程,它们会让我们体悟到人生奋斗的意义,感受到人间的关爱与温情。"

此单元的情感、态度与价值观目标也是真切具体。《藤野先生》表现了一位老师的无私关爱和真诚鼓励,感人至深而又发人深省,引发我们对一个人应该具有怎样的高贵品质和作者深厚的爱国主义情怀的思考;《我的母亲》从胡适先生少年成长的历程中,可以真切感受到母爱的伟大与深沉;《我的第一本书》其中的"书"并不仅仅指那半本课本,因为它已经成为永志不忘、挥之不去的记忆,成为作者一笔终身受用的精神财富;《列夫·托尔斯泰》中托尔斯泰平庸甚至丑陋的外表之下,却有一双锐利异常、能够洞察世事的眼睛,他可以任意支配整个世界及其知识财富,可是作者茨威格又说托尔斯泰肯定缺少"属于自己的那一份幸福",令人深思;《再塑生命》在赞美莎莉文老师创造奇迹的同时,更难忘海伦·凯勒的惊人毅力和不屈不挠的精神。

九年级上册第三单元说道："少年时代,是人生难忘的诗章。在成长中,有和煦阳光,也有风霜雨雪。这个单元选编的主要是写少年生活的小说。欣赏这些作品,能从中得到人生的启示和艺术的享受。"

《故乡》通过回忆中的故乡与现实中的故乡的对比,抒发生机活力被扼

杀的悲伤,抒发纯真人性被扭曲的痛苦,启发我们思考如何重建精神家园,如何寻求未来希望;《孤独之旅》中的杜小康因为家道中落,过早地承受生活的艰难和精神的孤独,但是,一场暴风雨后,他"突然地长大,坚强了",故事可以激发学生思考一些有时在成长过程中不得不面对的诸如"孤独"之类的现实问题;《我的叔叔于勒》把人与人的关系放在金钱的天平上衡量,启发学生思考社会的伦理道德和价值取向;《心声》课文不仅体现了少年的心理特征,揭示当前社会生活和教育中的一些问题,而且引发学生对爱心、公正和平等的思考。

几乎所有"单元说明"都是围绕情感、态度与价值观的教学目标去启发学生理解教材编写者的编排意图的。

(二)"课文导读"注重情感、态度与价值观的引导和指向

七年级上册第12课《济南的春天》中说道:"老舍对济南的山山水水一往情深,在他眼中,冬天的济南一切都是美的,一切都是可爱的,真是一方'宝地',一个'理想的境界'。"

七年级下册第12课《闻一多先生的说和做》中说道:"这篇文章记叙了闻一多先生的主要事迹,表现了他的崇高品格和精神。熟读课文,想一想,我们应该学习闻一多先生的什么精神?"

八年级上册第7课《背影》中说道:"人们大都歌颂母爱,这篇课文却写父爱;歌颂父亲,一般是正面写父亲的高大形象,这篇课文却写父亲不美的外表、动作和不漂亮的语言;写爱的文章,往往有淋漓尽致的描写,这篇课文的语言却很朴素。那么,这篇课文感人的力量从何而来?请带着这个问题,认真阅读课文。"

八年级下册第1课《藤野先生》中说道:"恩师是让人永远怀念的。特别是当你独处异国他乡,在失望中苦苦追求,在追求中常遭侮辱的时候,却有一位老师给你无私的关爱和真诚的鼓励。那是永不坠落的寒夜星辰,永远在人生的征途中温暖地闪亮。"

九年级上册第1课《沁园春·雪》中说道:"在风雪弥漫的北国,一位伟人,登高望远,诗兴勃发。在那恢宏的气势里,在那壮美的意境中,你能感受到诗人怎样的情怀?"

这些无不在启发我们:语文课文有的在讴歌理想,有的在阐述信念,有的在论说人生修养,有的在陶冶爱美的心灵,有的在激发求知欲望,有的在培养科学精神;有的在启发你憧憬人生、关注生命的成长,还有的在激发学

生关注自然、关注社会、关注历史、关注现实。包罗万象,涵盖了中学生情感、态度与价值观的方方面面。

如果广大教师能够在课前几分钟引导学生对"课文导读"进行阅读思考,情感、态度与价值观目标就不是大而泛的空洞抽象的理念,而是具体可感的、可操作性强的教学目标。

(三)"研讨与练习"中培养情感、态度与价值观的内容比重较大

如果广大教师不是仅仅满足于按照教学预设的目标完成"研讨与练习"的所谓"标准答案",而是开动脑筋,发挥智慧,实现情感、态度与价值观目标应该是水到渠成。遗憾的是,即使有些问题已经激起部分学生思想的火花(这是课堂的生成性),为了完成教学任务,只要与"标准答案"不符,许多教师还是采取了粗暴的手段打断学生的思考,掐灭学生可贵的思想火花。最多说一句:"这位同学的想法很特别,但是由于时间关系,我们以后再探讨。"然后就永远没有了下文。

七年级上册第 5 课《童趣》"研讨与练习"一的问题是:为什么作者说这两件事都有"物外之趣"?你认为要怎样才能成为一个富有情趣的人?

七年级上册第 10 课《〈论语〉十则》"研讨与练习"二的问题是:"己所不欲,勿施于人"是最早由儒家提倡的待人接物的处世之道,对此,你是否曾经有过不同看法。联系自己的生活体验,全班讨论:怎样看待"己所不欲,勿施于人"?

八年级上册第 21 课《桃花源记》"研讨与练习"二的问题是:作者在这篇文章里寄托了怎样的社会理想?这个理想在当时的条件下能不能变成现实?今天我们应当怎样看待这样的理想?

八年级下册第 9 课《海燕》"研讨与练习"二的问题是:海燕是一个什么样的形象?课文中赞美海燕,表现了作者怎样的情感、态度?

这些问题的提出,是"课文导读"的具体化要求,学生通过对文本的理解、思考、感悟,不断循环反复,情感、态度与价值观逐渐得到熏陶和提升。

特别介绍:九年级上册第 8 课苏霍姆林斯基的《致女儿的信》导读这样写道:爱情的歌无数人吟唱过,爱情的故事经无数人传诵过,不过,当涉世未深的你想知道什么是爱情时,恐怕很难得到一个满意的答案。本文作者面对十四岁女儿提出的这个既简单又深奥的问题,不回避,不敷衍,而是用了一个充满诗意的故事,阐释了爱情的真谛。

教材的编选者能够将此篇课文选入教材,足见其勇气与胆识,在中学

生的情感、态度与价值观领域里,应该没有禁区。苏霍姆林斯基认为"爱"是个"难以给予教育且常被教师忽略的人的心灵深处这一隐秘地方"。戈洛瓦诺夫说:人的全部道德观念集中地表现在爱的情感里,表现在爱的内容和形式里。正因为爱的隐秘性、丰富性和难以开展教育的特点,广大初中教师普遍感到羞涩、尴尬和难以启齿,所以就知难而退,恰好这又是一篇只作略读要求的课文,更便于顺水推舟,草草了事。

其实如何进行情感、态度与价值观教育,苏霍姆林斯基给了我们最好的示范。歌德说过:"哪个少年不钟情,哪个少女不怀春?"正值花季的少男少女,必然对爱情充满了好奇和遐想。爱情,可以说是人生命本能的一种活动,一种体验。作者说"做一个幸福的人,只能是在你成为有智慧的人的时候",其意义在于,只有积累了"生活的智慧",才能完整地、真实地为爱下一个定义。当然,这种定义是非常个性化的。当作者14岁的女儿询问"什么是爱情"的时候,作者给她讲述了一个极其动人的故事,给她作为一个父亲、作为体验过爱情的个体,对爱情的界定。

非常难得,"研讨与练习"三道题都与情感、态度与价值观的目标有关,这在其他课程和教材中,是不多见的。

其一,故事中提到上帝在造人后,三次来到人间,他从人的眼神中先后读到了哪三种不同的东西?想一想,这三者之间有什么联系?为什么把它们放在一起来解释爱情?

上帝三次来到人间,先后从人的眼神里读到了爱情、忠诚和心灵的追念。这三者有着紧密的联系:真正的爱情必然伴随着忠诚,是爱人之间的生死相依,永不背叛,相濡以沫,永不厌倦;真正的爱情也必然是心灵的交融与契合,是可以超越死亡的"追念"。因此,作者把它们视为爱情的三位一体。

其二,联系全文,讨论下面三句话的深层含义。

(1)做一个幸福的人,只能是在你成为有智慧的人的时候。

参考答案:这一句饱含了人生哲理的话语,可以从多个角度去理解。就本文而言,在异性或爱人之间的交往中,只有保持一定的理智、慎重和机警,才可以和谐相处、共创幸福。

作者说"做一个幸福的人,只能是在你成为有智慧的人的时候",其意义在于,只有积累了"生活的智慧",才能完整地、真实地为爱下一个定义。当然,这种定义是非常个性化的。当作者14岁的女儿询问"什么是爱情"的时候,作者给她讲述了一个极其动人的故事,给她作为一个父亲、作为体验过爱情的个体,对爱情的界定。

(2)上帝久久地伫立凝视着。随后深沉地思索着离去了。从那时起人就成了大地上的上帝。

参考答案:故事中,上帝没有创造爱情,起初,他仅仅把人看作一般的生物,是人类自己创造了爱情。爱情的无法毁灭使上帝从"勃然大怒"到"怒不可遏",但最终"久久地伫立凝视着。随后深沉地思索着离去了",这意味着爱情的力量征服了上帝,他在"伫立凝视"中终于意识到人与其他生物的不同,意识到人必须主宰自己的精神和幸福。而他最后的离去,就是对人性力量的认可和屈服。连上帝都无可奈何,正说明了"爱情,它高于上帝",人"成了大地上的上帝"。

(3)从人本身来说,只有能以人的方式去爱的人,才成为真正的人。

参考答案:文章结尾说:"万物生存、繁殖、传宗接代,但只有人才能够爱。""如果不善待爱情,便不能提高到人类美这一高度,就是说它还仅仅是能够成为人但尚未成为真正的人的一种生物罢了。"这些话都很好地解释了"只有能以人的方式去爱的人,才成为真正的人"的含义:真正的爱情远远高于生理需要,爱情中包含的"忠诚""心灵的追念"等人性的光辉,正是人之为人而不是动物的根本标志。

其三,作者在另一封给女儿的信中谈到自己对爱情的认识:"人的爱情应当不仅是美好、诚实、坚贞的,同时也应该是理智和慎重的、机警和严肃的,只有那样的爱情才能带来欢乐和幸福。"深入理解这段话的含义,结合课文内容,写一段话。

此题意在延伸课文内涵,引导学生更深入地思考爱情的真谛。

从上面的分析来看,"研讨与练习"三道题都与情感、态度与价值观的目标有关,足见教材编写者对情感、态度与价值观目标的重视。

四、文本细读

散文、诗歌、小说中的情感、态度与价值观蕴含丰富,我们更应该尝试从其他不容易显现情感、态度与价值观目标的文本中去挖掘。例如说明文,就可以尝试从文本细读的角度挖掘情感态度价值观的内涵。

例如竺可桢《大自然的语言》,来看课文第一段:

立春过后,大地渐渐从沉睡中苏醒过来。冰雪融化,草木萌发,各种花次第开放。再过两个月，燕子翩然归来。不久，布谷鸟也来了。于是转入炎热的夏季，这是植物孕育果实的时期。到了秋天，果实成熟，植物的叶子渐渐变黄，在秋风中簌簌地落下来。北雁南飞，活跃在田间草际的昆虫也都销声匿迹。到处呈现一片衰草连天的景象，准备迎接风雪载途的寒冬。在地球上温带和亚热带区域里，年年如是，周而复始。

教师在备课时首先应该对文本进行细读。课文开头一段科学性和形象性俱佳，既用了科学严密的体现四季更替的词语和句子，如"立春过后""于是转入炎热的夏季""到了秋天""准备迎接风雪载途的寒冬"；也用了许多拟人的修辞手法和描写的句子，如"大地渐渐从沉睡中苏醒过来""燕子翩然归来""北雁南飞，活跃在田间草际的昆虫也都销声匿迹。到处呈现一片衰草连天的景象"。将大自然一年四季的物候景观写得既科学准确又生动形象。

如果再将题目"大自然的语言"与"物候现象"进行对比，看看哪一种说法更好，如果换成其他词，效果又如何？通过对比，我们就不难体会题目生动形象的精妙之处：既引人入胜又使人联想，激发了读者的阅读兴趣。

从文本细读的角度分析，我们要着重思考为什么要"将大自然一年四季的物候景观写得生动形象"，如果不这样写，文本又会是什么样子？还要思考为什么写一篇普通的说明文，作者却要将描写寓于说明之中。

将上述问题思考透彻后，进行情感、态度与价值观教育，就有章可循。我们就不难理解"教学建议"中所说的话："通过本文的教学来丰富学生的科学知识，激起学生探索科学奥秘的志趣。这篇课文同时也告诉我们科学就在我们的身边，科学距离我们并不遥远。"也可以理解竺可桢为何把自己研究的领域不仅仅当作一个谋生糊口的职业，而是当作一个全身心投入的事业。同时可以理解物候学也是他呕心沥血做出了重要贡献的领域之一，他始终从科学的视角，关注着中国的人口、资源、环境问题，是"可持续发展"的先觉先行者。竺可桢一生积极倡导并身体力行地从事科学普及工作，他一直认为科学普及事业是整个科学事业的一个重要组成部分。

五、课例分析

我们不妨从具体的课堂教学来审视情感、态度与价值观目标的实施情况。试以一节公开课为例：八年级上册第14课《故宫博物院》。

先说导入，教师一是用基辛格的话"到了北京不游览故宫和天坛，等于没有来过中国"来激趣。二是介绍故宫为什么又叫紫禁城，紫即紫微星，传说是天子居住之地；禁即守卫森严之意。三是以男女生对抗赛的方式抢答有关课文内容的十个问题，如"故宫博物院最中心的三个殿是什么""明清两代有多少个皇帝在此居住"等课内课外的问题。前两项，可以增长知识和激发兴趣，是不错的导入。但是第三个导入，十个问题偏简单，只考查了学生是否读过课文，但是考不出学生是否理解了课文的主要内容及写作方法的巧妙之处，效率不高。

在第二个环节"整体感知"中，教师设置了两个问题，一是故宫博物院有什么特征；二是这些特征是如何体现的，找出相关的段落文字。第一个问题容易解决，学生很快找出了"规模宏大壮丽，建筑精美，布局统一，集中体现了我国古代建筑艺术的独特风格"这句话。第二个问题是我们在教学中常常无法解决的"预设与生成"的矛盾问题。这个环节很能体现教师的"主导"水平，为什么有些同学找得到相关语句，有些同学却找不到？为什么有些同学找到的语句是这些，而有些同学找到的却是另一些语句？对于找不到和找不对的同学该如何引导、如何评价？此时大多数教师，特别是开公开课的教师，就急于完成自己的教学预设，学生能够找出找对最好，找不出就由教师补充"包办"，最后用 PPT 展示结论以保证教学的完整性。至于学生的思考过程、理解过程和教师的课堂评价引导，都被教师有意无意地忽略了。

之后有一个活动是根据课文内容画出故宫的平面示意图，从课堂评价看，教师主要着眼于学生谁画得比较美观，可以作为范本张贴展示，这一活动充其量只达到了让学生"看懂"课文主要介绍什么内容的目标，而如果把这一活动视为一个教学事件或教学资源，其使用价值却没有得到很好的开发，至少，通过活动，学生不仅可以了解课文"写了什么"，而且可以让学生知道作者是"怎么写"的。这体现出教师在设计这一活动时，也没有考虑让活动效益最大化。

还有一点非常重要，就是常常被教师忽略或虚化了的"情感、态度与价值观"的教学目标。在本次听课中，教师也仅仅是把这篇课文当作一般说明文来进行组织教学，完全忽略或者根本没有去挖掘课文的情感、态度与价值观的内涵，更谈不上去实现这一目标了。如果我们去读一读作者的写作动机，就不难理解作者蕴含于课文中的情感、态度与价值观。

采写《故宫博物院》时，我看得越多，了解得越深，就越感到它的意义和价值。故宫和长城等伟大的建筑一样，表现了我们民族伟大的创造力。

写故宫，光是说清楚，满足于起码的要求，太不够了。也不能只是简单地客观介绍，而应该贯穿一种思想——加深对祖国的爱；体现一种精神——发扬民族的创造精神；增强一种感情——民族的自豪感。《故宫博物院》不是一篇抒情散文，不能离开景物做很多抒情描写，但它应寓情于写景之中，把感情融入字里行间，力求达到这样的效果。"在湛蓝的天空下，它那金黄色的琉璃瓦重檐殿顶，显得格外辉煌……"这是对太和殿外形美的描绘，也是对古代劳动者的歌颂和对古代文明的赞美。"站在景山的高处望故宫……"这种感情表达就更为强烈了。

写《故宫博物院》，我的感情基调是爱和赞颂，着眼于建筑文物的精美，劳动人民的智慧，重要的历史价值。但故宫也是封建统治的中心，它的建筑是为封建统治者服务的，明清两代先后有二十四个皇帝和一个女皇盘踞在这里，对他们我是憎恨和揭露。在太和殿的一段里，我描绘了多姿多态的龙，同时也没有忘记揭露那些把自己神化为受命于天的"真龙天子"。在养心殿一段中，我用了一段带有鲜明色彩的贬义词，表达对祸国殃民的那拉氏慈禧的痛恨。

六、实施意义

从实施意义的层面来看，实施情感、态度与价值观教学目标的意义主要有以下几个方面：

（一）情感、态度与价值观目标的实现是落实三维目标中其他两个目标及形成合力目标的前提和动力

教育的较高境界应当是心灵沟通与心有灵犀。通过心灵和情感上的体验和感知来促进学生的发展，是不同地域、不同时期杰出教育家都特别重视的教育理念。如果能够在教学中，不仅重视学生知识和能力的提升和发展，而且能够抓住时机，润物细无声般地展开情感、态度与价值观教学目标的落实，可以非常有效地构建学生与教师之间，学生相互之间，以语文课堂为平台的情感和理念的交流与沟通。如果语文教学中缺失了心灵沟通的平台，干瘪的知识将会显得支离破碎和毫无生气，不利于学生的理解和

掌握。如果语文教学中无法捕捉到心灵碰撞的火花,任何能力的提升和发展也将意味着如无源之水毫无生机和活力,不能很好地满足学生进一步发展的需求。

(二)情感、态度与价值观目标的实现是落实三维目标中其他两个目标及形成合力目标的落脚点

整体来看,教学三维目标的设计是非常科学的。一方面强调了教学目标的全面性,一方面又体现了教学目标的层次性。如果仅仅重视知识与能力和过程与方法两个目标的落实而忽视最后一个目标,对于各层次不同水平学生的语文学习都将带来一些不同的问题,也可能会或多或少影响到其他两个目标的落实。

对于学习积极性较高、已经养成良好学习习惯的学生而言,在教师的引导下,较好落实前两个教学目标是比较容易实现的。但是随着时间跨度的扩大和考试压力的减小或消除,该层次学生对于语文知识的把握或能力的提升也必然会出现一些消极的侧面。这种现象本身是符合一定的教育心理学规律的。但是在如何尽可能减少这种消极现象扩大化的问题上,如果通过一定的情感、态度与价值观目标的落实,可以极大地弱化这些消极的学习趋势。因为这一目标的实现有助于引发学生语文学习主观能动性和潜在意识的再现。学生即使长时间没有接触和运用相关知识和技能,但有情感、态度和价值观目标的落实基础,则有助于他们在其特殊的教育形态调动下进行语文知识的再现和能力的发展,也有助于学生长期理解和把握相关的语文学习内容。

而对于一些语文学习积极性不太高,甚至几乎为零,尚未形成或正在形成良好学习习惯,学习成绩亦不理想的学生来说,情感、态度与价值观目标的落实就显得更为重要了。因为对于这些学生而言,情感、态度与价值观目标的落实和其他教学目标相比相对容易一些。情感、态度与价值观目标的实现虽然很难从考试分数上体现出来,但可以非常直接有效地让该层次学生体会到学习的乐趣和收获。这可以充分实现让不同层次,特别是所谓学困学生也能有所发展有所进步的教育理念。而且可以通过这种方式逐步调动这些学生的学习兴趣和积极性,最终形成良好的学习习惯,从而最终实现所有的教学目标。

由此可见,重视情感、态度与价值观目标的落实,有利于满足不同学习需求学生的发展,有利于不同层次水平学生在语文学习中有收获有乐趣,

也必将有利于推动其他教学目标的实现。

此外,无论什么层次的学生,在未来的学习和工作中未必能够将语文学习的知识和技能应用到自己的专业和岗位上,但是在情感态度与价值观目标的落实过程中涉及的一些思想和理念,很大程度上是具有普遍指导意义和价值的,也甚至是可以终生受用的。因此,情感态度与价值观目标的落实是整体教育合力目标实现的最终落脚点。

(三)情感态度与价值观目标的实现是促进学生身心全面健康发展和长远发展的必由之路

情感态度与价值观目标的实现尽管很难用试卷分数呈现出来,无法成为衡量学生进步与否的标准,但是对于正处在生理心理发展重要时期的中学生的身心发展而言却是至关重要的。依据美国著名心理学家埃里克森的人格发展阶段理论,中学生正处在青年期(12—18岁),也就是"自我同一性对角色混乱"的发展阶段。这一阶段恰恰是人类个体确立自我人生理想和价值观的重要阶段。人生理想与价值观的确立需要社会、学校和家庭来共同营造良好的积极向上的环境来完成。单纯的、无具体依托的理想和价值观教育容易流于说教,很难形成有效的教育效果,甚至很容易引起学生的逆反心理,从而产生不良的后果。相反,具体到一定的情境和氛围当中的理想和价值观的教育则易于引起学生的深刻感悟和思考,易于通过自身主动的体验来共同实现一定的教育目标。在中学语文教学中,情感态度与价值观目标的落实可以成为学校教育环境中营造有助于学生形成积极向上的理想和价值观的有效平台。

人格发展阶段理论中的"自我同一性"是指个体在寻求自我发展过程中,对自身一些重大问题(理想、职业、人生观、价值观等)的思考和选择。如果人在此阶段没有能够很好地形成清晰和牢固的自我同一性,就很可能会出现个体角色混乱,使得个体逐渐形成与社会要求相背离的同一性,从而出现不被社会承认和接纳,甚至反社会的危险角色。

语文教师通过一定的教学设计,恰到好处地依托语文的教学和学生共同探讨和思考人生重大问题,去进一步去思考和规划如何发展自己,如何处理好自身与他人与社会的关系。这无论对于学生在现实的发展还是未来的长远发展都将起到非常重要的作用。

由此可见,重视情感、态度与价值观目标的落实,不仅有助于学生增强学习兴趣和积极性,有助于在具体的语文知识海洋中,培养高层次研究和探索语文的能力发现,更有助于进一步发现自我,并且发掘自身的价值和意义,从而形成健全人格和适应能力,促进学生的长远发展。

情感、态度与价值观目标的落实,是语文知识和能力学习的总结和升华,是语文教学三维目标当中不可缺少的有机组成部分。该教学目标的确立和落实,关系到其他教学目标的生成在不同阶段的有效性与可能性,关系到学生语文学习兴趣的增强和水平的提高,也更关系到学生未来发展的方向和水平。因此,在语文教学过程中落实好情感、态度与价值观目标意义非常重大。

语文教师在整合教学资源和进行教学设计的过程中,必须善于用心去发掘和捕捉贴近学生发展水平,贴近学生生活,贴近不同层次不同个性学生需要的、富有普遍价值的思想和理念。教师在教学中应当启发和引导学生共同参与到发掘和捕捉相关理念的过程之中,通过师生之间、生生之间的交流互动,为达成教育共识创设良好的学习氛围和环境。此外,在该目标的设立和落实过程中一定要注意有的放矢,不能进行脱离了具体内容的空谈和夸大,避免出现情感、态度与价值观教育的空洞化和形式化。当然,重视该教学目标的落实并不是意味着其他教学目标的弱化和忽视,而是为了更好地全面落实三维目标,从而进一步促进学生的全面发展。

第二节 "鲜活语文"的阅读教学策略研究

长期以来,学术界对语文"教学内容"未作定义,似乎尚未将其作为一个学术命题或研究范畴。自王荣生教授开始,才用一个比较明确的方式对"教学内容"予以辨析,他认为:课程内容是"应该教什么",教材内容是"用什么来教",而教学内容则是"实际上教了什么"。这虽然还不是科学的定义,但是通过比较,我们可以较为清晰地分辨课程内容、教材内容和教学内容,也启发我们去思考、去重视"教学内容"这个学术命题或研究范畴。

关于"教学内容",笔者尝试从三个层面对其特征作一个大致描述:首先是选择性,教学内容首先应当确定阅读取向和选择阅读方法;其次是交互性,教学内容是师生在教与学活动中发生交互作用共同形成的教学信息;最后是生成性,教学内容是教师在充分挖掘文本核心价值和全面解读文本丰富意蕴的基础上依托课堂教学动态生成的教学资源。

诗歌"教学内容"的确定就是指在阅读与鉴赏诗歌的教学活动中,面对着"丰富"和"多样"的文本价值,语文教师在关注文本的核心价值的基础上,深入解读文本的丰富意蕴,合理取舍,确定诗歌"教学内容"的过程。在此,笔者拟就高中诗歌教学内容的确定策略作一些粗浅的探析。

一、阅读取向的确定

诗歌的阅读取向由诗歌阅读主体的阅读目的所决定,就是在诗歌这种特定文本体式中,阅读主体要选择运用符合诗歌这种体式的阅读姿态和阅读样式,即有别于散文、小说等其他体式的阅读取向。

诗歌的阅读是一种审美阅读。在这种审美阅读教学中,语文教师要能有效地帮助学生寻求理解文本和自我建构的阅读取向,就要在审美阅读中与文本进行对话,通过审美阅读培养自己的探究能力、鉴赏能力和批判能力。

意象是诗歌理论中一个非常重要的概念。"意"即欣赏者的心意、情志,"象"即形象、物象,意象即审美主体眼中的形象或心中的物象,是主体与客体的统一,有形与无形的统一。如"鸡声茅店月,人迹板桥霜",从表面看是"鸡声""茅店""月""人迹""板桥""霜"六个词语的连缀,是六种似乎不相干的物象的拼接;而从诗歌艺术角度看,则是六个意象的组合,而且这六个意象又是经过诗人精心选择,是为表达诗人心中的情感服务的。又如古代诗歌中常见的意象"春草""杨柳""梅花""明月""秋风"等,早已不是仅指客观事物本身,而是饱含了诗人强烈的主观感情,作为阅读者和鉴赏者,就不应该仅仅把它们当作简单的物象,而应当选择运用符合诗歌这种体式的阅读姿态和阅读样式,以诗歌审美的阅读取向,与文本对话,引发丰富的情感联想,进而对诗歌进行探究、鉴赏和批判。

二、阅读方法的选择

孙绍振老师在《直谏中学语文教学》说:"抒情诗与散文不同之处,就是它是高度概括的,超越具体时间的确定性,有利于它的深邃概括。"[1]他认为

---

[1]　孙绍振.直谏中学语文教学[M].广州:南方日报出版社,2003:14.

诗歌有自己的"读法"，要符合"诗歌理念"。因此在诗歌的阅读与鉴赏中，首先应当选择、确定诗歌的阅读方法。以下就高中语文诗歌单元教学，结合笔者的教学实践，探究诗歌阅读方法的选择策略。

（一）化繁为简，纲举目张

《蜀道难》中，李白以丰富的想象，大胆的夸张，卓越的艺术构思，纵横飞扬的辞采，流转华美的韵律，创造出一个神奇的艺术世界，达到了前无古人，后无来者的境界，后人无不啧啧称奇。杜甫感叹其"笔落惊风雨，诗成泣鬼神"，明代陆时雍于《古诗镜》中言其"驰走风云，鞭挞海岳"，明代高棅于《唐诗品汇》中称其"妙在起伏，其才思放肆，语次崛奇，自不在言"，清人沈德潜于《唐诗别裁》中赞其"笔阵纵横，如虬飞蠖动，起雷霆于指顾之间。任华，卢仝辈仿之，适得其怪耳，太白所以为仙才也"。鉴于此诗的思想内容和艺术特色之绮丽繁复，在阅读方法的选择上如何化繁为简就显得尤为重要。

如果以全诗的反复咏叹之语"蜀道之难，难于上青天"作为切入点，就能较轻松地把握全诗的主要内容，并理解其对诗意的转折和抒情的变化之作用。

"蜀道之难，难于上青天"在全诗中一唱三叹。从内容上说，一叹在于感叹山高，二叹在于感叹路险，三叹在于感叹人恶。从作用上说，一叹既是作者咏叹的主题，也是诗意转折和抒情变化的标志；二叹是承前启后；三叹是曲终雅奏，是作者再三向友人致殷切关心之意。抓住了反复咏叹之语，就找到了化繁为简、纲举目张的路径。"三叹"有如一根神奇的丝线，串起一个个美丽的神话和一幅幅极具浪漫色彩的画面，也连接了李白的飘逸仙气与丰富的情感世界。

老子有言道："少则得，多则惑。"我们在教学内容确定上也提倡"少而精"。当然，"少"并非不受限制毫无条件的越少越好，而是必须根据课程标准的要求，根据学生的实际，善于挖掘教材中最有价值的部分，合理剪裁，大胆取舍，运用教学智慧，去伪存真，化繁为简。即所谓"大道至简"。

（二）反复诵读，体味真情

读诗可以陶冶性情，可以学习用精练的语言和新颖的意象来表情达意，而许多诗歌非诵读不能尽其情。对于诵读的意义，历代名家早有精辟的见解，杨雄于《答桓谭书》言及："大谛能读千赋，则能为之。"朱自清亦在其

《朗诵与诗》一文中指出:"语言不能离开声调,诗文是为了读而存在的……只有朗读才能玩索每一词、每一语、每一句的意蕴,同时吟味它们的节奏。"熟语"书读百遍,其义自见""熟读唐诗三百首,不会吟诗也会吟"等,无不强调诵读的作用与价值。如反复诵读《大堰河——我的保姆》,不仅可以重新认识一个地主的儿子对自己所属阶级阵营的背叛和对被压迫阶级的同情;而且,艾青对乳母发自内心的敬爱之情,在反复诵读之后,才会有真切的感受。诵读之余,还可以尝试美读,叶圣陶先生说,"所谓美读,就是把作者的情感在读的时候传达出来","激昂处还他个激昂,委婉处还他个委婉"。他还说,倘"美读得其法,不但了解了作者说些什么,而且与作者的心灵相通了,无论兴味方面或是受用方面都有莫大的收获"。叶圣陶强调,美读"是一种侧重于审美欣赏的阅读","一般只适用于文学作品,特别是诗歌和抒情散文";阅读时,"要尽量去体验作品中美好的内容和形式,并陶醉于其中"。巴金先生也曾说过:"读多了,读熟了,常常可以顺口背出来,也就慢慢地体会到他们的好处,也就慢慢地摸到文章的调子。"

(三)品析意象,品味语言

"意象"是我国古典文学的鉴赏术语之一,多见于诗歌,是指客观物象经过创作主体独特的情感活动而创造出来的一种艺术形象。教师如果能够在教学中指导学生品析意象,让学生学会在领悟意象寓意的过程中把握诗歌的内容,领会诗歌的主旨,进入诗歌的意境,感知诗人的情感,也就帮助学生找到了一个诗歌阅读鉴赏的突破口。同时,品味语言也是诗歌教学的重要内容之一。朱光潜先生在《谈美》中说:"诗比别类文学较谨严,较纯粹,较精微。"诗歌是语言艺术的精髓所在,诗歌代表着文学艺术的最高成就。诗歌的语言经过千锤百炼,每一字、每一句都精练含蓄,正如王国维于《人间词话》中所言:"着一字而境界全出。"王国维此语,虽然是用于评析古典诗歌时,强调炼字与炼意,本属诗学创作与评价范畴的言论;但对于现今的诗歌解读仍不乏借鉴意义。所以,学习诗歌,应先从品味诗歌的语言入手。例如,品析艾青的《大堰河——我的保姆》第3节,就应当注意品析意象,品味语言。其中有四个意象"坟墓""瓦菲""园地""石椅"。"坟墓"前有两个定语:"被雪压着的"(显出荒凉)"草盖的"(表现贫困)。"瓦菲"前有三个定语:"关闭了的故居"(无人居住,暗示大堰河死后家破人亡)"檐头的""枯死的"(瓦菲已经体现荒凉,加上"枯死"更显作者心中的悲怆)。"园地"前也有两个定语:"被典押了的"(已经不是自己所有,更显贫困)"一丈平方"（可见其小，但是即使小，也不能拥有，更显出大堰河被剥削、压迫之深）。"石椅"前的定语"门前的长了青苔的"则沉痛写出了大堰河死后，家居的破败荒凉。可见，只有认真品析意象，品味语言，品味其画面之丰、想象之奇、情怀之深与韵律之美，如同品味美酒，绵长芳香，令人身心愉悦，陶醉不已，才能进入作者思想感情的内核。

（四）发挥想象，丰富意境

刘勰于《文心雕龙》中有言："古人云：'形在江海之上，心存魏阙之下。'神思之谓也。"在此，形在江海、心存魏阙的"神思"即为想象力。对于诗歌而言，想象力如同一双翅膀，它可以带领诗人"上穷碧落下黄泉"，身居高楼则"不敢高声语，恐惊天上人"，漠北大雪即"忽如一夜春风来，千树万树梨花开"，思念故人就"渭北春天树，江东日暮云"……想象的触角可凌万顷之茫然，达宇宙之无穷。关于想象，李白可谓此中高手，凭借一首《蜀道难》，被贺知章惊为"谪仙人"。虽未到过四川剑阁，却以惊人的想象力展示了蜀道之艰险崎岖与壮丽磅礴，造就其笔意纵横，豪放洒脱；道之险峻，行之艰难，情之关切，跃然纸上。同样，足迹虽未至浙江新昌，诗人却凭借一首《梦游天姥吟留别》，运用丰富奇特的想象和大胆夸张的手法，描画成一幅亦虚亦实、亦幻亦真的梦游图。对光明、自由的渴求，对黑暗现实的不满，蔑视权贵、不卑不屈的叛逆精神，通过变幻莫测、惝恍迷离、缤纷多彩的艺术想象得以淋漓尽致地发挥。

诗歌语言短小精悍，"言有尽而意无穷"。具体诗歌教学中，教师应引导学生透过诗歌语言浮想其意境，引导学生心随诗句入境，联想蕴含于文字背后的画面，以画入境，以画解诗，启发学生的想象。在诗歌教学中，充分发挥想象，丰富意境对于全面理解诗歌、拓展诗歌阅读视野、提升诗歌鉴赏水平，无疑具有重要的意义。如对《再别康桥》第4节中"虹"的美丽奇幻和"梦"的飘忽诱人进行想象，可以感受其意象奇异，情景交融。不仅写出了拜伦潭水的静美，更表达了诗人对拜伦的仰慕与追怀。

（五）手法分析，涵泳感悟

解读李商隐的《马嵬》（其二），最便捷有效的，莫过于从贯穿全诗的对比手法入手。

首联下句"他生"与"此生"构成强烈的对比，将来世的渺茫难求，与今生夫妇缘分已然断绝的不争事实放置在一起，讥讽之意直接流露。颈联是唐玄宗境遇的今昔对比,突出造化弄人;境遇的变化,令人在体会义山讽刺之意的同时,也会反思造成这一境遇的原因。颔联是李杨现实与理想的今昔对比,突出"当时"海誓山盟的可笑;"六军"停驻不前的现实情景,使生生世世相守的盟誓变得如此不堪一击。尾联是唐玄宗与普通百姓的对比,突出对世事的无奈和对历史的感慨。贵为天子的唐玄宗,作为在位四十多年的皇帝,却无法保住自己的宠妃;而作为普通百姓的卢家,却能与既善"织绮"又能"采桑"的妻子拥有美满恩爱的婚姻,发人深思。

三、文本核心价值的挖掘

蒋红森老师提出了"文本价值的教学选择"观点。他认为"教什么"永远比"怎么教"重要。用以进行阅读教学的文本,其内容是丰富的,其教育教学的价值是多样的,面对着"丰富"和"多样",选择什么样的内容教给学生,或者说要重点从文本中选取什么样的教学价值奉献给学生,这是语文教师进行阅读教学面对文本时首先要回答的问题。

陈日亮老师在《我即语文》中说:教语文,最难的是"取舍"二字;"取舍,是语文教师的终身修炼,它联系着教育的无穷底蕴和教师的全面素养。"①一篇课文存在许多教学价值点,教学设计时,我们不可能涉及一篇课文中所有含有教学价值的信息,甚至对许多重要的价值,也只能有所选择,有所舍弃,这就要求语文教师从文本中正确选择、合适定位教学内容。正所谓"弱水三千,只取一瓢饮",要关注文本的核心价值,更要抓住"语文核心价值";把"语文课"上成真正的"语文"课。试以两首诗为例。

(一)从《秋兴八首》(其一)品笼罩大地的"萧森"

《秋兴八首》写于大历元年(766年)秋天。当时,安史之乱虽然结束,但李唐王朝仍然面临北方军阀重新割据的危险;另外,唐朝与吐蕃在剑南川西的战争也接连不断。杜甫在国家依旧动荡不安、自己仍然客居他乡的社会背景下,写出了这组各自独立而又互相勾连,一脉相通,在思想内容和艺术创新方面都达到很高境界的诗歌。

首联直接写出巫山巫峡的萧森气象。枫树林的颜色固然富丽,但被玉露"凋伤",更见萧索。颔联写出了笼罩天地的萧森氛围。诗人笔下的萧森

---

① 陈日亮.我即语文[M].福建:福建教育出版社,2007:312.

气势,阔大无垠,笼罩天地。羁旅的愁思,家国的忧伤,身世的感慨,显得更加沉郁厚重。之后的颈联和尾联所写的岁暮飘零,羁旅无依的伤感,也在萧森气象的笼罩之下,更加余意无穷。

(二)从《咏怀古迹》(其三)悟"借昭君之事,浇胸中块垒"

王昭君自恃貌美,高标自持,不肯贿赂画工,落得远嫁匈奴、身葬绝域的结局。杜甫咏昭君事迹,不过是借此抒发自己怀才不遇的情怀,浇自己胸中的块垒。

首联起势不凡,作者用高山大川的雄伟气象来烘托昭君这个"窈窕红颜",寄寓其深刻的用意。颔联诗句简短,却雄浑有力:"紫台"和"朔漠",高度概括了昭君离别汉宫、远嫁匈奴的悲慨一生;"青冢"和"黄昏",从时空上写尽了昭君一生的悲剧,令人叹惋;"连"字写出了大漠的无边无际,"向"字写出了昭君的思汉之心。颈联更进一步写昭君的身世家国之情。上句写汉元帝的昏庸,造成了昭君不"见遇"、远嫁塞外的悲剧,自然让人联想到诗人怀才不遇的境况。下句写昭君想念故土、月夜魂归的形象,寄托了诗人思念故乡的深切心情。尾联宕开一笔,写千古琵琶之声,凝聚着昭君的怨恨,点明全诗"怨恨"的主题。

四、文本丰富意蕴的解读

诗歌阅读与鉴赏教学,如果采取了不合适的解读方式,就会导致解读的偏差或错误。

文本解读大致有三种方式:功利解读、科学解读和审美解读。功利解读以了解和掌握文本提供的有用信息和知识为己任;科学解读则以探寻和发现文本的客观规律为目的;审美解读与上述两种解读方式大异其趣,它以观照和体认文本的情感境界为旨趣,最终走向自我理解。

成功的文本解读是为了让教师、学生、课文三者的视界走向融合。因此要将文本解读落到实处,深入解读文本的丰富意蕴,这是语文课堂教学取得成效的最重要的一环。

李商隐的诗,风格缠绵婉丽、意味深长,卓立于晚唐诗坛。《锦瑟》一诗,又是李商隐的压卷之作。关于此诗的主旨和情感,千百年来众说纷纭,莫衷一是。从其高超的艺术成就和具有丰富的多解性来看,古代诗歌难有比肩之作。

《锦瑟》境界既然如此之高,任何阐幽发微都难以达诂,倒不如另辟蹊径,不求甚解,寻找一个解诗的突破口,简略领悟此诗的意境和情感,为今后涵泳此诗、悟其真谛埋下伏笔。

感悟此诗的突破口在于"思"字。首联将"思"烘云托月。"一弦一柱"紧贴"思"字,足见"思"之凝重,"华年"之不堪回首。"思",为全篇的主脑,并由此生发出以下的所有文字。颔联写"思"的具体内容。义山所思如庄周梦蝶,委婉迷茫,境界物我混同、真假难辨;义山所怀如望帝的伤感哀痛托付与杜鹃,凄凉悲慨。义山的高妙之处也在于此,"思"的具体内容实写起来千头万绪,不如化实为虚,以两个古老的典故来代为传达,一切皆在不言中。颈联写"思"的情态。美好的梦想和情思都已破灭,今天思来,唯有如鲛人垂泪感怀;美好的愿望终如蓝田之烟云,可望而不可即,思之空余迷惘与茫然。尾联写"思"的结果。往事不堪回首,不忍也不能"追忆",一切恍若隔世,苦思也是空思,"思"的结果只是平添无限的怅惘。

诗歌阅读与鉴赏属于审美教育,有助于促进人的知、情、意全面发展。未来社会更崇尚对美的发现、追求和创造。《普通高中语文课程标准(2017年版)》对审美教育也提出了具体要求;语文教育也是提高审美素养的重要途径,要让学生在语言文字运用的学习中受到美的熏陶,培养自觉的审美意识和高尚的审美情趣,培养审美感知和创造表现的能力。"审美"一词在课程标准中被反复提及 40 余次,足见审美教育对培育学生核心素养之意义与价值。

诗歌之于语文教师,教什么,不教什么,以及何以教与不教,都必须有明确的觉解。

第三节 "鲜活语文"的教学思维研究

孔子说"学而不思则罔",荀子说"诵读以贯文,思索以通知",马克思说"语言是思维的直接现实"。这些论述从不同角度强调了"思"的重要性,也间接证明了语言学习的过程是思维能力培养的过程。传统的语文教学受应试教育的影响,过分注重知识、技能的教学,忽视了学生基本思维品质及思维能力的培养,"满堂灌""满堂问"的现象严重,加上一些教师教学理念与教学行为上的缺失,更弱化了学生思维能力及思维品质的培养。思维是理性认识活动,是感性认识的提升与概括,是对客观事物的归纳与演绎。全面加强语文教学中的思维品质培养是现代化语文教学的核心基础。

现代语文教学活动中,教师要树立改变思维方式的自我意识,对学生思维品质的培养需从浅层向深层延伸,从已知领域延伸到未知领域,通过别致、新鲜情境的设置和新颖、独特的思维方式来引导、培育学生的创造性思维,最大限度地提升学习的积极性与良好的思维品质。

对比,是一种研究方法,更是一种教学理念和思维品质。教师的思维品质直接影响着教师的教学能力和教学风格,同时也影响着课堂教学活动的开展和教学效果的取得,从而最终影响着学生的发展。在教学实践中,教师如果要努力突破原有的思维定式,使自己的习惯性思维转化为创造性思维,就应当提高自己的思维品质,考虑融入对比的教学理念。通过对比,重新审视教育教学理论,更加明确语文学科的性质,更加深入地了解语文教学改革的方向和途径;通过对比,重新认识教材内容,在全面了解教材内容时代的变异性和不同读者解读的差异性的同时,形成自己独到的见解;通过对比,重新观照教学过程,调整教学方法、教学模式和教学评价,追求教学的独特性和新颖性。在此,笔者结合自己的教学实践,拟从文本解读和课堂教学的角度,浅谈关于语文对比教学思维的思考。

一、文本解读的对比思维

(一)同一单元篇目的多元对比

时下文本解读的流弊之一就是对文本进行概念化分析,用共性掩盖个性,用统一代替差异,忽视文本多元内涵的丰富性。如果对同一单元篇目作多元对比,就可以发现诸多的共性与差异;也只有对比之后,教学目标才逐渐明晰。试以人教版高中《语文》必修1第三单元为例。

1.题材对比

此单元都是写人记事的回忆性、纪念性散文。不同之处在于,《纪念刘和珍君》和《小狗包弟》是写悲惨、忧伤之事,抒愤怒、悲悼之情;《记梁任公先生的一次演讲》和《金岳霖先生》是写伟人、名人之事,抒赞美、颂扬之情。通过对比不难看出,受时代社会主体和主流文化之审美倾向的影响,中学语文教材题材内容比较集中地表现出爱国主义、英雄主义和集体主义的时代主旋律,其美学形态也多聚焦于崇高、壮美的审美取向;同时,语文教材也并不排斥题材的丰富性,不回避鲜活灵动的生活世界,始终关注学生个体情感需求的多样性。希望通过不同文学题材的不同艺术魅力,感染教育对象,激起审美反应,在特定的审美场中建立起一种审美关系,以达到潜移默化地陶冶和教育青少年学生的目的。

2.章法对比

此单元作品的章法都起止自如,开合有度,散而有法,散中见整,呈现出对立统一的奇妙景象。不同之处在于,《纪念刘和珍君》并无成片成线的完整叙述,议论、抒情随处可见,作者完全按照感情脉络建构章法;《小狗包弟》有所不同,作者情感的抒发主要见于文章后半部分,感情线索时显时隐,作者全然按照时间次序建构章法;而《记梁任公先生的一次演讲》和《金岳霖先生》则以作者记忆为线索,从人物性格的不同侧面建构章法。通过对比,学生可以具体感知作者如何紧扣文章主题的布局谋篇,如何注重前后协调,既保持文章的整体风貌,又要求部分内容的独立成章;如何运用写作技巧"结构"文章,营造精妙的开头与结尾等等。例如梁实秋结构文章时,不将征引作为逞才使气的手段,而是力求使学问溶化于行文中,于谈今说古中左右逢源,随手引证,虽篇幅短小,带有俗文化气息,但引章摘句,删繁就简,毫无旁骛,自成一家。

3.语言对比

本单元的散文语言最能彰显作者本人的性格、气质和修养。不同之处在于,由于"三一八"惨案时隔不甚久远,作者激愤还难能抑止,故而《纪念刘和珍君》的语言洋溢着沉痛与凝重;巴金自称语言表达"没有技巧",其作品以叙述语言为主,《小狗包弟》只是呈"自然流"状态,表面上语言似乎非常平淡,但细品之下却可发现其内在的情味淡中见远,淡中见深,淡中见浓;梁实秋学识深厚,一贯主张散文的简洁之美,《记梁任公先生的一次演讲》流畅的白话中夹杂凝练的文言,风格简练,书卷气浓;汪曾祺的散文"闲笔"甚多,表面看来与金岳霖不甚相关,但是语言生动,精彩有趣,又成为文章的有机组成部分,显出作者的写作个性,值得细细品味。对比之余,还可以引导学生根据自己的喜好,自主选择其中的作家作品,对其语言风格作更加深入的研究。如梁实秋的语言缜密有致,简练淡远,看似平常的一段话却十分亲切,能吸引读者反复咀嚼。这与其学养见识笃实深厚、善于"调和"古今中外各种语言成分息息相关。正如他自己在《燕知草·跋》中所言:"以口语为基本,再加上欧化语、古文、方言等分子,杂糅调和,适宜地或咨啬地安排起来,有知识与趣味的两重的同志,才可以造出有雅致的俗语文来。"梁实秋的语言自成一格,其文章语言造诣别人也并非完全不能企及,但是"没有梁实秋先生那样的见解、学识、智慧、修养、胸襟、幽默感以及对人性和世事的透辟了解,是写不出《雅舍小品》那样的文章的"①。

4.情感对比

《纪念刘和珍君》表达了人间的正义、良知和对恶势力的不屈服,彰显了作者刚正不阿的品格和深沉厚重的情感;《小狗包弟》表达了对小狗包弟、对读者、对社会的忏悔,反衬出国人缺失反省之心、忏悔之意的荒诞与不合理;梁实秋与汪曾祺并不避讳师长与常人无异的缺点,他们以或溢于言表的赞美或诙谐幽默的笔调,表达对师长深深的敬爱,描绘出了大师们的独特性格、风采和魅力。我们知道,散文往往是作者面向读者袒露自己心扉的一种文学样式,它与表演、做作和掩饰势同水火;如果失"真",其必然面目可憎,遭人鄙夷。正如刘绪源所言:"以更高的审美尺度来衡量,散文自然不能依靠丰美的文采、精致的结构与圆熟的技巧来立足,而应依靠作者真实地袒露心性,靠这心性本身的丰富与深邃,来与读者达到艺术的、美的交流。"②

(二)同一体裁,不同篇章的纵横对比

要真正进入文本的内核,揭示文本内部结构的深层奥秘,防止陷入在文本表面滑行、对文本作无效分析的泥潭,就应当尝试对文本作切实深入的纵横对比分析。以《别了,"不列颠尼亚"》和《奥斯维辛没有什么新闻》两篇新闻为例,从横向角度看,两篇文章都有一些典型的细节描写,而这些描写又常常以对比的形式呈现,独具匠心。如《别了,"不列颠尼亚"》将紫荆花图案与"不列颠尼亚"号置于同一背景,且将"日落仪式"与"日不落帝国"进行隐性对比,让国人油然而生民族繁荣强盛的自豪感,也启示人们思考其中的深厚内涵。《奥斯维辛没有什么新闻》将废墟上怒放的雏菊花与布热金卡毒气室和焚尸炉并列,顽强的生命与冰冷的死亡同时进入人们的视野,令人触目惊心、终生难忘;作者将两种反差极大的事物放在一起,意味深长,发人深省。

两篇新闻风格迥异,却又各有创新之处。与同类题材的新闻相比,其

---

① 吴奚真.悼念实秋先生[M]//陈子善.回忆梁实秋.吉林:吉林文史出版社,1992:58.
② 刘绪源.解读周作人[M].上海:上海文艺出版社,1994:30.

选材角度和写作方法与众不同。《别了,"不列颠尼亚"》追求新闻事件的历史纵深感,有意避开新闻热点,独辟蹊径,将视线聚焦于英国撤离香港,并将历史事实融入现实场景;《奥斯维辛没有什么新闻》打破新闻的客观报道传统,主观倾诉作者及参观者的所见所感,是难得一见的纯主观性的新闻报道。在具体教学中,还可以分别找一些有关香港回归或奥斯维辛集中营的新闻报道,纵向对比写法的不同和内涵的差异,强化学生对这两篇新闻创新风格的感悟。

(三)篇章内部的精细对比

文学作品是一个浑然天成的有机体,进入文学作品的文本,进行篇章内部的精细对比,要关注篇章内部的"同",更要关注篇章内部的"异";要关注统一,更要关注"矛盾"。如通过篇章内部的精细对比可以发现,《赤壁赋》存在诸多"矛盾":首先是体裁"矛盾",它是一篇文赋,但突破了声律的限制,挥洒自如,既有诗歌的韵致,又有散文的笔势;其次是感情的"矛盾",一篇之中,情感变化一波三折、大起大落,先写游赏之乐,继而由乐转悲,最后转悲为喜;再次是理想追求的"矛盾",文中既有对英雄的仰慕,对建功立业的渴望,又有对生命短暂的悲叹;最后是人生态度的"矛盾",苏轼兼受儒、道、释的深刻影响,时而怀抱的"达则兼济天下,穷则独善其身"信念,时而陷入失意的悲观和怅惘而不能自拔,时而消极与虚无,时而超然而旷达。凡此种种"矛盾",没有精细对比,则难以窥见篇章内部的精微。

二、课堂教学的对比思维

(一)对比之于教学切入点的选择

文学作品是真实性和假定性的统一,既有客观写实,又有虚拟想象。如何寻找最佳的教学切入点,真正引导学生进入文本,永远是优化课堂教学所追求的目标之一。白居易的千古名篇《琵琶行》的教学内容大致有四个板块:故事情节、音乐描写、景物描写和情感描写。表面看来,似乎每个板块均可切入教学,但是仔细一想,从任何一个角度切入,学生思维的深度和问题涵盖的广度都有不同程度的欠缺,难免顾此失彼。如果经过反复对比,选择"座中泣下谁最多,江州司马青衫湿"这一情感高潮点,以"白居易为何而泣"为教学切入点,以"泣"带动全篇,纲举目张,既可把握本诗的叙事脉络,亦可领略音乐描写的神奇魅力,还可以感受琵琶女矜节自持、才艺惊人的风貌,体会江州司马体察入微、文采飞扬的才情,进而感悟作者天涯沦落的怅恨和感慨。

(二)对比之于文本核心价值的挖掘

陈日亮老师说:"教语文,一旦入门道,其实就只剩下'取舍'二字。再进一步,便是'剪裁'。'剪裁'的实质也无非是'取舍'。取舍,是语文教师的终身修炼,它联系着教育的无穷底蕴和教师的全面素养。"①一篇课文存在众多教学价值点,教学设计时,我们不可能涉及一篇课文中所有包含教学价值的信息,甚至对许多重要的价值,也只能通过对比有所选择,有所舍弃。教学《荷塘月色》不能只关注作品文字的清新婉丽,也不能只关注比喻、通感等修辞手法的新奇美妙,而更应该关注作品的情感、道德和文化的内涵。教学《故都的秋》,不能只关注作者对景物细致的观察力和敏锐的感受力,而更应该关注作者阔大的情感视野,领悟作者善于沟通人类的共同经验的能力。如果认真体察五千年文明历史的沧桑演变,民族衰落、国家危亡的深思、悲怆已融入作者喜秋、爱秋的深刻意蕴和丰富内涵;仔细品味爱国之情,忧国之情,已浓浓地浸透了作者的内心与文字;在此基础上,对作者何以为了留住这"北国的秋天","愿把寿命的三分之二折去,换得一个三分之一的零头"的强烈情感的理解,就呼之欲出,水到渠成。深入挖掘领会这些蕴含于文本中的人文思想和文化韵味,是文本阅读的核心价值;而增强语文课的文化内涵,奠定学生的文化底蕴,提升学生的文化品位,更是语文教学的目标追求。

(三)对比之于课堂探究活动的开展

运用对比的教学思维来设计问题、探究文本、开展活动,往往会收到事半功倍的教学效果。《沁园春·长沙》的教学,如果将"百舸争流"中"争"字换成"竞"或"齐",表达效果会有何不同？ 如果将"鹰击长空"的"击"换成"飞",将"鱼翔浅底"的"翔"换成"游",表达效果又有何差异？ 通过对比、探究,学生对作者极富表现力的语言和丰富的内涵,会有更深的体会和感悟。

再如《记梁任公先生的一次演讲》的开篇,两个"倒不是"看似轻描淡写,实则意味深长;"戊戌政变的主角"和"云南起义的策划者",任何一项都

---

① 　陈日亮.我即语文[M].福建:福建教育出版社,2007:312.

够得上叱咤风云、傲视天下；但是与"学术文章对于青年确有启迪领导的作用"相比，作者更倾心于后者，由此，梁任公先生的国学大师形象初步彰显。作者接着补叙过去莅校讲话的显宦和叱咤风云的人物都没能留下深刻印象的情况，进一步凸显大师在青年学子心目中的崇高地位。作者开篇运用对比，就深深地寄托了对梁任公的无限景仰之情。关注这些对比，课堂探究活动的主题就更加鲜明，内容更加充实，价值更加真实。语文教学的空间也因此得以开阔。

教学艺术的本质是教学规律与教学个性的统一，完美的教学艺术是能达到最佳教育、教学效果的各种知识条件、手段与方法的综合。教师只有对教学内容作反复的钻研、对比，才能形成独具慧眼的创见，才能在看似无疑处发现疑问，才能对课堂临时生成问题作及时、恰当的处置。语文教学的对比空间值得每一位语文教师去挖掘、拓展。

以往的高中语文教学在一定程度上依赖学生的记忆，缺乏语文知识（如对比手法）使用的灵活性，并且在生活习惯和学习过程中没有形成良好的语文知识应用概念。因此，改变教育观念和学习观念，根据不同知识类别为学生打下完整的知识基础，帮助学生学习多种语言技能，帮助学生树立语文学习中的思维意识，将语言知识应用于实践，加深学生对语言学习的理解，培养学生的创新思维能力，十分必要。而在高中语文教学中引入对比思维，利用教育实践，为学生提供创新的思考技能，培养学生的创造性思维能力，是提高高中生语言学习水平的有效方法，对解决高中语文教育的一些基本问题有一定的实用意义。

第四节 "鲜活语文"的教学过程研究

关于教学，《学记》有云："是故学然后知不足，教然后知困。知不足，然后能自反也；知困，然后能自强也。故曰，教学相长也。"大意是说，只有通过学习、实践和总结，学会在教学中反思，才能认识到存在的不足和缺点，才能获得发展。理论和实践表明，新课程改革背景下，优化教学过程，继而对整个教学过程进行教学反思，"知困"而后"自强"，方能实现教学相长。

长期以来，语文教学费事费力与效率低下备受诟病。吕叔湘先生在

《当前语文教学中两个迫切问题》中曾痛斥"中小学语文教学效果很差,中学毕业生语文水平很低",面对语文教学存在少、慢、差、费的严重状况,他尖锐批评道:"十年的时间,二千七百多课时,用来学本国语言,却是大多数不过关,岂非咄咄怪事!"①为解决语文教学少、慢、差、费的低效问题,20世纪80年代初期,巴班斯基的"教学过程最优化"理论被引进我国,一些语文教育工作者,积极投身教学实践,希望能够移植、借鉴国外先进教育教学理念,推进优化语文教学过程,提高语文教学效率。

教学过程最优化是苏联当代教育理论家巴班斯基提出的一种教学理论。所谓"教学过程最优化",是指在全面考虑教学规律、原则、现代教学的形式和方法,以及该系统的特征及其内外部条件的基础上,组织对教学过程的控制,以保证过程在最优化的范围内发挥在一定标准看来最有效的作用。教学过程最优化也可以理解为:教师有目的地选定一种建立教学过程的最佳方案,保证在规定时间内解决教养和教育学生的任务,并取得尽可能最大的效果。巴班斯基坚持全面发展的教学目标,为减轻学生负担、提高教学质量找到了新的途径。他以系统方法论来辩证地研究教学、教育过程,使教学论的研究提高到一个新的水平。20世纪60年代以来,教学过程最优化理念不断受到苏联理论界的重视,许多学者对教学过程最优化的各个不同侧面进行了深入研究,并且取得了许多令人瞩目的研究成果。例如赞可夫提出了"教学与发展"理念,认为教学要走在发展的前面,促进学生的发展。他说:"现代生活不仅为学生的发展创造了巨大的可能性,而且对学校在学生发展方面的工作提出了更高的要求。"赞可夫在长期的实践研究过程中,逐步形成了指导各科教学工作的五条"教学原则",即:以高难度进行教学的原则;以高速度进行教学的原则;理论知识起指导作用的原则;使学生理解学习过程的原则;使全体学生都得到发展的原则。赞可夫打破了教学实际上只传授知识、技能和技巧相联系的旧模式,把教学同发展联系起来,建立了一套新的教学体系,从而大大提高了学生掌握知识和技巧的能力,把教学推上了一个新台阶,这也是教学论发展中一次根本性的改革。

巴班斯基的"教学过程最优化"标准,不仅有助于教师论证自己选择和运用的各种教学方法、课堂教学方案,而且能够为教学教育结果的评价提供客观标准,实行有效控制。该理论提供了实施教学过程最优化的程序,

---

① 吕叔湘.吕叔湘语文论集[M].北京:商务印书馆,1983:28.

也提出了预防和克服学生成绩不良的措施,为理论与实践的结合创造了条件。赞可夫的"教学与发展"理念,促进了学生身体和心理的全面发展,它涵盖了学生智力发展,情感、意志、道德品质、个性特点和集体主义精神的发展及身体的发育等各个方面。他们的理论和创新能够独树一帜,在苏联教育界及国际范围内受到极大的重视,对中国和世界上许多国家的教学论研究也产生了深远的影响。然而,其理论也有不完善之处,如"教学过程最优化"在理论阐述方面显得比较粗糙,优选步骤也有些烦琐等;加之我国的教育教学国情有所不同,也不能生搬硬套,照单全收。而且,任何先进的教育教学理论,都不可能具有普适性,正如布莱尔所说:"没有哪一种方法对于所有学习都是有效的。一个学习者觉得有效的方法,另一个学习者可能觉得毫无效果。"所有这一切,都有待于我们在教育教学实践中批判吸收并结合我们自己的国情和实际不断地加以完善。

2017 年 5 月 10 日,福建省"十三五"中小学名师名校长培养工程启动仪式在上杭古田隆重举行。当日晚,语文学科指导教师鲍道宏、应永恒召集中学语文名师培养对象,就研修目标和研修方案作了详细解读,对近期和中远期的研修内容作了具体布置。根据计划,6 月 16 日,福建省语文课程与教学研究所所长、中学语文名师培养对象高级研修班导师鲍道宏教授,福建教育学院赖丽青副教授一行专程莅临顺昌一中对笔者进行现场教学指导。依照鲍老师的要求,笔者开设了《拿来主义》(第一课时)公开课。

一、教学设计

(一)教材分析

在人教版高中语文教材必修部分中,议论文仅占两个单元,主要学习社会科学方面的随笔和杂文。《普通高中语文课程标准(2017 年版)》指出,高中语文课程应使学生具有较强的语文应用能力和一定的审美能力、探究能力。本单元的三篇课文,从应用角度看,都是议论性文章,可培养学生的议论思辨能力;从审美角度看,也属于散文,具有文学性、形象性,富于理趣;从探究角度看,课文阐述的社会人生问题均与学生密切相关,课文的层次结构和语言文字各有特色,值得学生探究。

本单元精心安排了三篇课文,一篇杂文,其余为随笔,均为有思想深度的文章,能够让人深思、清醒,感受到强烈的思想冲击力。鲁迅的《拿来主义》属于杂文,这是一篇传统的保留篇目,写于 20 世纪 30 年代,阐述对文化遗产的批判继承问题,充满科学价值和革命精神,对于今天仍然有很强的针对性与现实意义。文章以小见大,就近取譬,阐明抽象而深刻的道理,具有巨大的说服力和感染力。此外,文章精巧的构思,精彩的比喻,严密的论证,辛辣的讽刺,也值得学生学习。如果能从结构入手,梳理文章,领会作者如何采用选言推理的逻辑思维建构文章,探讨材料与观点间关系,或从不同角度去思考、质疑、阐发,则更难能可贵。

(二)学情分析

在初中阶段形象思维获得发展的基础上,高中学生逻辑思维逐步增强,据此心理特征,应将培养重点放在议论能力上,可尝试引入"选言推理",指导学生分析本文的论证结构。

(三)设计思想

1.指导思想

通过教师的引导,学生体察涵泳,使语文和学生的语文学习鲜活起来。

2.理论依据

以课程理论和学习理论为基础,分析教学中的问题和需求,确立目标,设计解决问题的步骤,选择相应的教学策略,再分析评价学习结果,改进教学,使教学效果最优化。

3.设计思路

(1)知人论世。鲁迅杂文有很强的针对性,写作年代比较久远,时代背景特殊,人际关系复杂,明晰相关背景利于学生理解课文内容。拟从两方面着手:一是让学生自行查找资料,二是教师在课堂上作精要介绍。

(2)理清文脉。鲁迅杂文的语言很有特色,学生阅读理解有相当难度。以往教学大多按部就班,直接进入文本解读,陈旧老套,且收效甚微。不如先从整体架构着眼,梳理文章的论证结构,领会作者如何采用选言推理的逻辑思维建构文章,探讨材料与观点间的关系。

(3)品味语言。在理清文脉的基础上,引导学生再度进入文本,体察涵泳作者语言运用之准确生动与讽刺意味之辛辣犀利,以及运用比喻,以小见大阐明抽象、深刻道理的特点。

（四）教学目标

（1）了解"选言推理"的逻辑思维方式及其在写作上的借鉴意义，把握作者说理思路。

（2）分析课文，了解作者如何运用"选言推理"阐释拿来主义的文化主张；通过自主学习、合作学习，辨析文章中观点与材料的关系。

（3）引导学生尝试用"拿来主义"的观点，阐述如何对待某一文化现象。

（五）重点难点

本课的教学重点和难点都应落在对"拿来主义"文化内涵的理解上，以领悟寓意，获得启示。

（六）课时安排

本课教学时间定为 2 课时，第一课时重在知人论世和理清文脉，从整体架构着眼，梳理文章的论证结构，领会作者如何采用选言推理的逻辑思维建构文章，探讨材料与观点间的关系。第二课时重在品味语言。

二、教学过程（第一课时）

（一）教学导入

1.导入新课

文化无处不在，大到社会历史，小到衣食住行。面对纷繁复杂的文化现象，应该采取怎样的态度和方法才是正确的呢？今天，我们一起学习鲁迅先生的《拿来主义》，或许可以得到启迪和教益。

2.写作背景

作品写于 1934 年，当时国民党政府为对抗革命文化，奉行卖国主义政策，实行反革命文化"围剿"。蒋介石提倡以"四维"（礼义廉耻）和"八德"（忠孝仁爱信义和平）为内容的所谓"新生活运动"，封建遗老遗少叫嚷"发扬国光"，掀起复古主义思潮；资产阶级买办文人鼓吹"全盘西化"，卖国求荣；左翼文艺队伍中，对要不要和怎样继承文化遗产的问题，思想也比较混乱。针对这种错误思潮泛滥的状况，鲁迅撰文阐明关于批判地继承文化遗产的原理和方法，提倡"拿来主义"，主张从文化遗产中吸取精华，剔除糟粕。

（二）整体感知

【思考一】在如何对待文化遗产的态度问题上，所采取的错误做法有哪些？其表现和结果如何？请结合课文逐一分析。

学生思考、梳理，教师引导、总结。

问题一：错误的做法有闭关主义、送去主义和送来主义。

问题二：

1.闭关主义

表现：自己不去，别人也不许来。

结果：给枪炮打破了大门之后，又碰了一串钉子——不行。

2.送去主义

表现：送一批古董到巴黎去展览；几位"大师"捧着几张古画和新画，在欧洲各国一路挂过去；送梅兰芳博士到苏联去，以催进"象征主义"。

结果：①终"不知后事如何"；②他们（我们的子孙）拿不出东西来，只好磕头贺喜，讨一点残羹冷炙做奖赏——有害。

3.送来主义

表现：先有英国的鸦片，德国的废枪炮，后有法国的香粉，美国的电影，日本的印着"完全国货"的各种小东西。

结果：我们被"送来"的东西吓怕了，连清醒的青年们，也对于洋货发生了恐怖——危险。

【思考二】在分析了对待文化遗产错误做法的表现和结果之后，作者提出了"所以我们要运用脑髓，放出眼光，自己来拿！"的主张，前后的因果关系成立吗？请你说说理由。

学生思考、回答，教师点评。

教师：在解答问题之前，先学习一个逻辑知识——选言推理。

举例：

战国时期，齐国的孟尝君准备派人到自己的封地薛邑去收债，他门下有个食客冯谖自告奋勇。出发前，冯谖问收完债买什么回来，孟尝君说就买宫中缺少的东西。冯谖到了薛邑，假托孟尝君的命令，把所有欠债人的债券都烧掉，百姓于是高呼"万岁"。冯谖空手回来，却说他为孟尝君买来了仁义，孟尝君听完很不高兴。一年后，孟尝君回薛邑，距离目的地还差百里，薛邑的百姓扶老携幼，在路旁迎接孟尝君。见此情景，孟尝君才明白冯谖当初的良苦用心。

那么,冯谖是怎么做出为孟尝君买仁义的决定呢?

他先列举了当时人们最想拥有的东西:(1)珍宝,(2)狗马,(3)美人,(4)仁义。

接着冯谖根据孟尝君的实际情况逐一分析:孟尝君宫中积满各种珍宝,所以(1)不需要;孟尝君马房满是猎狗、骏马,所以(2)也不需要;孟尝君后庭美女众多,所以(3)还是不需要;既然前三者都不需要,说明孟尝君所缺的是"仁义",所以就用债款为孟尝君买了"仁义"。

(三)课内延伸

以上就是在逻辑上运用了选言推理的经典例子,那么,什么是选言推理?其推理过程又是怎样的呢?

(1)定义:选言推理是根据选言命题的逻辑性质而进行的推理。

(2)分类:选言推理分为相容选言推理和不相容选言推理两种。

(3)不相容选言推理有两条规则:

①否定一部分选言支,就要肯定另一部分选言支。

②肯定一部分选言支,就要否定另一部分选言支。

("选言推理"的概念根据学情作简要介绍,不必详解;强调规则即可。在具体的课堂教学中,笔者选择学生课外查找资料,自主学习)

(4)不相容选言推理具体分两个步骤:

①面对实际问题或困难,尽可能全面列出解决问题或困难的主张(选言支)。

②对选言支进行综合评估、分析,排除不利或有害的选项,选择正确的主张。

(四)推理过程

现在,我们来梳理一下《拿来主义》的论证逻辑。

1.列出选言支

处理文化遗产的做法有 4 种:闭关主义、送去主义、送来主义和拿来主义。

2.选言推理

因为:(1)闭关主义——不行;(2)送去主义——有害;(3)送来主

义——危险。

所以:要运用脑髓,放出眼光,自己来拿!(实行拿来主义)

(此时可顺势推进,考虑介绍破立结合的论证方式以及因果论证的方法)

(五)学以致用(举一反三)

【思考】对待文化遗产,有多种继承方式,请运用选言推理,分析文章如何做出正确的主张。

学生思考、梳理,教师引导、总结。

1.列出选言支

继承方式有 4 种:逃避主义、虚无主义(全盘否定)、全盘接受和拿来主义。

2.选言推理

因为:

(1)逃避主义,反对旧主人,怕被污染,徘徊不敢走进门——孱头;

(2)虚无主义(全盘否定),勃然大怒,放火烧光,保存自己的清白——昏蛋;

(3)全盘接受,接受一切,欣欣然地蹩进卧室,大吸剩下的鸦片——废物。

所以,应该实行拿来主义,占有,挑选。(或使用,或存放,或毁灭)

(六)拓展训练

近年来好莱坞越来越重视在电影中融入中国元素,从最早的动画电影《花木兰》,到票房不俗的《黑客帝国》《卧虎藏龙》《木乃伊 3》《2012》,再到贺岁档影片《云图》《少年派的奇幻漂流》,这些好莱坞大片无一例外都能找到中国元素的影子。有人说,美国电影使用中国元素是商业利益的驱使。也有人说,这其实是输出美国价值的需要。还有人认为这是美国对中国文化的认同。

对于以上材料,你有何看法?请结合材料,从"如何看待美国电影的中国元素"的角度思考,运用选言推理,提出自己的主张,写一个作文片段。

(七)课堂小结

今天我们学习了选言推理的相关知识,并运用选言推理的逻辑思维研读课文,希望同学们在今后的阅读和写作中,自觉运用这种思维技巧,并努力使之成为自己思维品质的一部分。

(八)布置作业

本文的比喻说理也是一大特点,语言的丰富内涵更值得我们仔细品味,请同学们课后完成"研讨与练习"中的二、三两题。

三、教学反思

《拿来主义》作为中学语文教材的保留篇目,听过多节公开课、常态课,自己也上过几次公开课,感觉均无创新与突破。此次名师培养对象的现场指导课,无论是备课、上课,还是课后鲍道宏老师的点评,笔者都感触良多,收获颇丰。

(一)关于知人论世

导入新课的环节,无法绕开写作背景介绍。对于鲁迅,学生始终是既熟悉又陌生,言其熟悉,从小学到高中,常有"谋面";言其陌生,至多一课一识,谈不上深入了解,更遑论关注鲁迅,进而受鲁迅思想的影响。再者,鲁迅杂文都有很强的时代性和针对性,辞锋所及,夹枪带棒,要理解课文,背景介绍十分重要;而在课堂教学中,教师介绍写作背景或繁或简,或图文兼具,或播放视频,或教师口头讲解,或要求学生翻看教辅,却较少考虑精要、有效;简言之,就是较少考虑如何"活现"背景。如《拿来主义》一课,背景知识涉及的"四维"(礼义廉耻)"八德"(忠孝仁爱信义和平)、"新生活运动"、复古主义思潮等深涩隔膜的词语,如何让生活于现代社会的学生接近体会,需要师生配合,共同激活。在具体的教学实践中,笔者选取"二十四孝"中"埋儿奉母"的故事进行剖析,通过郭巨为尽孝奉母不惜埋葬亲生骨肉的残忍之举,揭示其愚孝和迷信的本质,用活生生的事例代替对生涩抽象概念的解释,让学生真切感知复古主义的愚昧、残忍和虚伪,也借此厘清其与康有为为代表的近代复古主义文化思潮的本质区别。同时,教师也可启发学生展开联想,调动知识储备,开动脑筋"链接"相关内容,激活感知,活现背景,真正实现知人论世。

（二）关于理清文脉

诚如陈日亮先生在《〈拿来主义〉应该"拿"什么来教》一文中所言,将《拿来主义》当作议论文来教,很难用"立论、驳论、论点、论据、论证"的文体知识来加以"验证""验收",用"提出问题,分析问题,解决问题"的结构来衡量这篇特殊体式的杂文也难以一一对应,"议论三要素"更无法涵盖鲁迅这篇对现象高度抽象概括、议论形象化和典型化的形神兼备、风格独具的杂文。鉴于此,笔者认为跳出通常教学设计的固化思维,另辟蹊径,目光从议论文结构的外在之"形"转向文本论证逻辑的内在之"神",不为议论文的"要素"、结构等文体知识所束缚,就能免于用文体知识按图索骥、对号入座却最终难以自圆其说的尴尬。而抓住了"选言推理"这个作者论证逻辑的思维内核,文脉便豁然开朗;抓住了"神",对"形"的理解便水到渠成;学生就容易理解有了论证逻辑作为基石,议论文的论证结构就可以不拘一格。而且,引进逻辑知识,培养学生的理性思维能力,在阅读上有助于理清文脉,对于写作的积极导向作用也不容小觑,它不仅是当下培育学生核心素养的内涵之一,也与国家对创新性人才的迫切需求相吻合。

（三）关于品味语言

教学设计的初衷,第一课时以理清文脉为主,第二课时才重点指导学生品味语言。但是文脉与语言难以截然分开,如陈日亮先生所言,二者关系是"你中有我,我中有你。统则双美,离则两伤"[1]。在理清文脉的教学推进中,势必遭遇疑难词句,对此,笔者极力遵从叶圣陶先生的"不要抽出而讲之"的教学原则,避免生搬教参、硬解词语,尝试以文解文,让词句活在文本中,让语文成为鲜活而有生命的语文。

试举一例:"抛来"和"抛给"有何区别?

要理解"抛来"的含义,首先要找出文中两个关键句子——"要不然,则当佳节大典之际,他们拿不出东西来,只好磕头贺喜,讨一点残羹冷炙做奖赏。""这种奖赏,不要误解为'抛来'的东西,……"通过分析,可以得出这样的理解:"抛来"是讨来的"奖赏",实质是一种施舍;"抛来"之前的"不要误解"四字限定了该词语中性的感情色彩,无轻蔑、侮辱意味。

要理解"抛给",也要抓住两个关键句子——"这是'抛给'的,说得冠冕

---

[1] 陈日亮.我即语文[M].福建:福建教育出版社,2007:299.

些,可以称之为'送来',我在这里不想举出实例。""但我们被'送来'的东西吓怕了。先有英国的鸦片,德国的废枪炮,后有法国的香粉,美国的电影,日本的印着'完全国货'的各种小东西。于是连清醒的青年们,也对于洋货发生了恐惧。"上一句,从"实例"的注释(美国按"棉麦借款"协定运来剩余的小麦、面粉和棉花)可以看出,"抛给"("送来")的东西是自己无用,却硬要对方接受的。下一句,英国的鸦片、德国的废枪炮"吓怕"我们不难理解;法国的香粉、美国的电影、日本的印着"完全国货"的各种小东西,为何"吓怕"我们? 如果我们深入思考就能发现,香粉、电影和各种小东西,看似"小",实则"大";它们既是经济入侵,假以时日,势必削弱民族产业,使我国经济受制于人;同时又是文化殖民,为谋取利益,输入其价值观,淡化被输入国的民族意识,企图以强势文化消灭弱势文化。分析至此,"抛给"包含的别有用心、怀有的险恶企图已昭然若揭。

(四)关于学生主体

此次现场教学指导,一个细节让笔者非常震撼:上课之前,准备进行教学录像,鲍道宏老师并未如惯常将摄像机安置于教室后方,而是径直走到讲台侧面,把镜头对准学生;见笔者疑惑,就解释道,与教师怎么"教"相比,他更想知道学生怎么"学"和"学到了什么"。一语既出,如听惊雷,顿觉开悟。进入课改以来,"以教师为主导、以学生为主体"的主张雷声大,雨点小;"主导为主,主体为辅"的传统意识根深蒂固,积习难改,积重难返。语文教师更多致力于文本解读的精深高妙,在课堂上滔滔不绝、自说自话成为教师集体无意识;对于研究如何激发学生学习兴趣、培养学生学习习惯、最终促进学生终身学习能力的养成,则较少投入,教学之高耗低效,误人废时自然在情理之中。反思此次的教学设计,也存在重教轻学的倾向,体现在理清文脉的教学环节中:引进选言推理,旨在追求教学设计新颖;分析文章推理过程,生怕学生遇到逻辑难题,便反复细致讲解,力求透脱,拖延了时间,预先安排的拓展训练被迫推至课外,学生错失了一次体味、摹习和内化的历练。这分明与叶圣陶先生的"教是为了不教"的教学宗旨背道而驰。

(五)关于反思教学

21世纪以来,我国进入新一轮的语文课程改革,对于语文教学过程,一线教学工作者做出了各种各样的尝试和探究,然而,语文教学"高耗低效"的难题并未完全破解,至今也并未完全走出少慢差费的困境。因此,需要所有语文教师持续反思现今语文教学过程中存在的主要问题,采取有效策略,探寻可行路径,优化语文教学过程,提高语文教学的效率。目前,反思性教学不失为一种可资借鉴的选择。反思性教学的含义,国内外不同的研究者从不同的角度出发,有着不同的界定;我国学者对此也有自己的见解。所谓反思性教学,熊川武认为,就是教学主体(教师)"借助行动研究,不断探究与解决自身和教学目的以及教学工具等方面的问题,将学会教学和学会学习统一起来,努力提升教学实践合理性,使自己成为学者型教师的过程"。① 具体而言,通过《拿来主义》一课的教学,教师自觉地把自己的课堂教学实践(包含教学过程的所有活动细节)作为思考对象,对已经发生的教学活动(预设的与生成的)以及这些教学活动背后所依托的理论、假设,进行有意识的批判分析与再度认知,并力求使之成为教师在教育教学实践过程中发现问题、思考问题、解决问题的一种自觉行为。唯有如此,才能为今后教育教学活动的开展积累经验,优化课堂教学,推动学生核心素养的培育,促进教师的专业成长。

(六)关于教学主张

福建省"十三五"中学名师培养工程的考核标准之一,就是提炼教学主张:通过研究,提炼和概括自己的教学思想和主张,构建和完善自己的教学模式,形成和完善自己的教学风格。初见考核标准,心下十分惶恐。构建和完善自己的教学模式,形成和完善自己的教学风格,努力一把或能奏效。提炼和概括自己的教学思想和主张,甚感倾尽全力也无法企及,只因语文教学思想与主张,大师与前辈早有宏论,如海立云垂,且皆精辟道出语文教学之真谛,值得穷尽一生去感悟、践行;创新与超越,我等只是心向往之,却仅能望洋兴叹。但是,经历此次名师培养对象的现场指导课,再经鲍老师课后点拨指引,转念又想,自己从教近 30 年,积有一些实践经验和粗浅心得,借名师培训平台,经专家引领和自主研修,沉潜于课堂教学,探寻如何体察涵泳,使语文因此鲜活可感,从"术"起步,冀近于"道",或有所成。思虑至此,又觉任重道远,不啻为一种鼓励和鞭策。

---

① 熊川武.论反思性教学[J].教育研究,2002(7):12-17,27.

参考文献

[1]《语文建设》编辑部.语文学习任务群的"是"与"非":北京师范大学王宁教授访谈[J].语文建设,2019(1):4-7.

[2]贝弗里奇.科学研究的艺术[M].陈捷,译.北京:科学出版社,1980.

[3]陈琦,刘儒德.当代教育心理学[M].北京:北京师范大学出版社,2000.

[4]陈日亮.我即语文[M].福建:福建教育出版社,2007.

[5]成尚荣.教学主张的追求[J].教育视界,2016(5):4-8.

[6]创建素养导向学业质量标准,实现学校育人模式根本转型[EB/OL].(2018-01-16)[2020-04-20].http://www.moe.gov.cn/jyb_xwfb/xw_fbh/moe_2069/xwfbh_2018n/xwfb_20180116/zjwz/201801/t20180117_324896.html.

[7]丹尼尔·坦纳,劳雷尔·坦纳.学校课程史[M].北京:教育科学出版社,2006.

[8]关鸿羽,白铭欣.提高教育教学质量的策略与方法[M].北京:中国和平出版社,2000.

[9]纪德奎.新课改十年:争鸣与反思——兼论新课改如何穿新鞋走出老路[J].课程·教材·教法,2011,31(03):18-24.

[10]教育部召开普通高中课程标准修订工作启动会[EB/OL].(2014-12-08)[2020-04-20].http://www.moe.gov.cn/jyb_xwfb/gzdt_gzdt/moe_1485/201412/t20141208_180670.html.

[11]鞠九兵.教学主张课程化的价值与路径[J].中小学教师培训,2018(5):46-49.

[12]李海林.言语教学论[M].上海:上海教育出版社,2000.

[13]李霄文.小学生高年级语文核心素养培养策略研究[D].锦州:渤海

大学,2017.

[14]林崇德.构建中国化的学生发展核心素养[J].北京师范大学学报(社会科学版),2017(1):66-73.

[15]刘绪源.解读周作人[M].上海:上海文艺出版社,1994.

[16]卢梭.爱弥儿[M].北京:商务印书馆,1983.

[17]陆宗达,王宁.训诂方法论[M].北京:中国社会科学出版社,1983.

[18]吕叔湘.吕叔湘语文论集[M].北京:商务印书馆,1983.

[19]明一.聚焦立德树人　引领语文改革——2015年高考语文试题评析[J].中国考试,2015(11):3-10.

[20]倪文锦.语文核心素养视野中的群文阅读[J].课程·教材·教法,2017(6):44-48.

[21]桑哲.落实"以生为本"理念　追求"教书育人"实效——访全国劳动模范、著名特级教师于漪[J].现代语文,2007(10):4-6.

[22]施丽.生态语文教学:让语文"活"起来[J].人民教育,2015(16):71-73.

[23]石中英.教育哲学[M].北京:北京师范大学出版社,2001.

[24]孙绍振.直谏中学语文教学[M].广州:南方日报出版社,2003.

[25]索绪尔.普通语言学教程[M].北京:商务印书馆,1980.

[26]王宁.训诂学原理[M].北京:北京国际广播出版社,1996.

[27]王荣生.《语文课程标准》的"对话理论"[J].语文学习,2002(11):4-7.

[28]王晓春.语文课如何是好[M].北京:中国轻工业出版社,2009.

[29]吴奚真.悼念实秋先生//陈子善.回忆梁实秋[C].吉林:吉林文史出版社,1992:58.

[30]武宏志.批判性思维:语义辨析与概念网络[J].延安大学学报(社会科学版),2011,33(01):5-17.

[31]肖川.教育的智慧与真情[M].长沙:岳麓书社,2013:20.

[32]熊成钢.语文教学应训练直觉思维以培养语感[J].辽宁师范大学学报(社科版),1997(2):32-36.

[33]熊川武.论反思性教学[J].教育研究,2002(7):12-17,27.

[34]叶浩生.西方心理学理论与流派[M].广东:广东高等教育出版社,2004.

[35]叶嘉莹.唐宋词名家论稿[M].北京:北京大学出版社,2008.

[36]余朝开.生成鲜活的语文课堂[J].新课程学习(社会综合),2009(12):267-268

[37]余映潮.余映潮的中学语文教学主张[M].北京:中国轻工业出版社,2012.

[38]张绍军,张传燧.基础教育课程改革的国际化与本土化[J].教育科学研究,2014(03):17-23.

[39]赵莹莹.从"语文素养"看"语文核心素养"的内涵及特征[J].牡丹江大学学报,2016,25(11):173-176.

[40]周义澄.科学创造与直觉性[M].北京:人民出版社,1987.

[41]朱兴杰.开掘鲜活语文课程资源的五条途径[J].江苏教育·中学教学,2013(1):91.

[42]朱自清.经典常谈[M].北京:北京大学出版社,2009.